Wiglaf Droste
Vollbad im Gesinnungsschaum

Wiglaf Droste, 27. Juni 1961 bis 15. Mai 2019, Schriftsteller, Journalist, Dichter, Polemiker, Satiriker, Vortragsreisender, Sänger, hat über dreißig Bücher geschrieben und war an vielen anderen als Beiträger beteiligt. Er schrieb für den Rundfunk, die *taz, junge Welt* und viele andere Zeitungen. Zuletzt erschienen: »Die schweren Jahre ab dreiunddreißig«, Berlin 2019, und »Chaos, Glück und Höllenfahrten. Eine autobiographische Schnitzeljagd«. Berlin 2021. Die hier versammelten Texte sind zwischen 1994 und 2018 entstanden.

Edition
TIAMAT
Deutsche Erstveröffentlichung
Herausgeber:
Klaus Bittermann
2. Auflage: Berlin 2023

www.edition-tiamat.de
Druck: cpi books
Buchcovergestaltung: Felder Kölnberlin Graphikdesign
Buchumschlag unter Verwendung eines Fotos von
Axel Martens
ISBN: 978-3-89320-303-1

Wiglaf Droste

# Vollbad im Gesinnungsschaum

Sprachkritische Glossen

Herausgegeben von
Klaus Bittermann

Critica
Diabolis
317

Edition
TIAMAT

# Ömm ...

Schriftdeutsch täuscht. Das Wort, das in Deutschland am häufigsten gesagt wird, liegt in Schriftform gar nicht vor. Es heißt »Ömm ...«, und es ertönt, wo immer einer den Mund aufmacht: »Ömm ...« Manchmal heißt das Wort auch »Äääh m ...« oder »Öööh ...« oder »Äääh ...«, aber Platz eins der sinnlos von sich gegebenen Geräusche hält unangefochten: »Ömm ...«.

Besonders erstaunlich ist, dass »Ömm ...« das Lieblingswort von Leuten ist, die beruflich mit Sprache zu tun haben. Ein Schriftsteller beginnt seine Lesung mit »Ömm ...«. Die Fernsehmoderatorin begrüßt ihre Gäste mit »Ömm ...«, ein Germanist eröffnet ein Literaturfest mit »Ömm ...«, und der Nachwuchs hat es perfektioniert: Der Vorsitzende der »Jungen Liberalen« kommentiert den Rücktritt eines Bundespräsidenten, indem er in einem dreiminütigen Interview etwa fünfzigmal »Ääääh...«, »Ööh...« und »Ömm...« von sich gibt. Man kann schon die Reden schreiben, die er als Minister halten wird.

Es sind nicht die Kassiererin oder der Tankwart, die das Land mit »Ömm ...« kontaminieren; es sind die sogenannten Profis, die den Grund- und Grunzton der öffentlichen Rede bestimmen.

Wurde nicht einmal das Gebot »Du sollst nicht stammeln« erlassen? Nein? Dann wird es aber Zeit. Ein Experte für Wählerverhalten stellt seine Thesen vor; sie lauten »Ömm ...« und »Ömm ...«. Professoren diverser Disziplinen sitzen an einem künstlichen TV-Kaminfeuer und kommentieren das Weltgeschehen: »Ömm ...« – »Oh nein, Herr Kollege, es ist vielmehr ›Ömm ...‹«.

Warum sagen alle »Ömm ...«, wenn sie zu anderen sprechen? Was wollen sie ihnen oder sich selbst damit signalisieren? Begrüßenswert ist, wenn jemand erst denkt und dann spricht; so entstehen Momente des Schweigens und der Stille, die aber offenbar als unangenehm oder peinlich empfunden und zugeömmt werden. »Ömm ...« oder manchmal auch »Öööhm ...«: Das Geräusch hat etwas von Blöken, ohne aber die Musikalität zu entfalten, die einer Schafherde innewohnt.

In »Ömm ...« wird die menschliche Sprache zur Flatulenz; der Kopf lässt schlechte Luft ab, sonst nichts. Denn offenbar herrscht in ihm die Angst, dass sekundenkurzes nichts Sagen mit generellem Nichts-zu-sagen-haben verwechselt wird oder dass eine Redezeitlücke sofort von einem anderen dazu genutzt wird, dazwischenzufitschen und das Wort an sich zu reißen. Und so wird dann geömmt, damit statt der Rede ein Platzhaltergeräusch ertönt: »Ömm ...«.

»Im Anfang war das Wort«, heißt es in der Bibel; der Nachsatz »und das Wort hieß ›Ömm ...‹« steht dort aber nicht.

# Auf der Wortschatzinsel

Der Duden ist ein gefährliches Buch. Wer es zur Hand nimmt, um sich nur eben mal kurz der richtigen Schreibweise eines Wortes zu versichern, findet sich eventuell noch Stunden später blätternd und sinnend wieder: Ist »Bratpfanne« nicht ein herrliches Wort? Was für ein schöner Klang: Auf das gedehnte, öffnende »Brat«, folgt erst das luftige »pf« und als trockener Abgang dann »anne«, was an einen alten Rattelschneck-Witz erinnert: »Wie heißt du? Anne? Anne Fresse oder was?«

Das klingt roh, doch die Bratpfanne zeigt sich hilfreich bei der Kulturleistung, das Rohe zu überwinden. Welche Köstlichkeiten man in einer Bratpfanne zubereiten kann – es sei denn, man wäre Karl Mays kleines sächsisches Alter Ego »Hobble-Frank«, der als Gefangener der Indianer Elch in Schießpulver briet. Und woher stammt eigentlich die Redewendung »Den könnte ich mit der nassen Bratpfanne erschlagen«? Muss die Pfanne zu diesem Zweck tatsächlich nass sein?

Als ich im Duden auf die Bratpfanne stieß, hatte ich eigentlich das Wort »Bowdenzug« nachschlagen wollen, das bei mir als Kind immer »Bautenzug« hieß. Ob die sich selbst »Biker« nennenden Radfahrer, die bunt behelmt und in grelle Pellen eingezwängt für Verkehrs-und-Augen-Krebs sorgen, auch wissen, dass die Zugkraftübertragungskabel ihrer Bremsen nach dem englischen Erfinder Bowden heißen?

So kann es einem ergehen, wenn man die weite Welt des Duden betritt, eine Worschatzinsel voller Abenteuer und Geheimnisse. Dass man die in Deutschland gebrauchten

Worte wenn nicht im Kopf, so doch handlich gebunden im Regal stehen haben kann, ist auch Konrad Duden (1829-1911) zu verdanken, einem Philologen, dessen *Vollständiges Orthographisches Wörterbuch der deutschen Sprache, nach den neuen preußischen und bayerischen Regeln* im Jahr 1880 im Verlag des Bibliographischen Instituts Leipzig erschien und als erstes verbindliches Regelwerk der deutschen Sprache gelten darf.

Zwar begannen die Brüder Jacob und Wilhelm Grimm schon 1838 die Arbeit an ihrem »Deutschen Wörterbuch«, mit dem sie den ganzen Wortschatz der deutschen Sprache heben, ihrem Reichtum und ihrer Fülle ein Denkmal setzen und der Herkunft der Wörter auf den Grund gehen wollten und das auch auf unfeine Wörter und Schimpfvokabular ausdrücklich nicht verzichtet. Doch dieses Jahrhundertgroßvorhaben verschlang die Lebenszeit unzähliger Sprachwissenschaftler; erst 1961 konnte eine erste vollständige Ausgabe des Deutschen Wörterbuchs vorgelegt werden. Sie wog 84 Kilogramm.

Konrad Duden ging es dagegen um eine Vereinheitlichung der Schreibweisen; im kleinstaatlichen Deutschland des 19. Jahrhunderts hatten Verlage und Schulen ihre jeweils eigene Hausorthographie. Erst nach der Reichsgründung 1871 wurde der Wunsch nach einer allgemeingültigen Sprachordnung Befehl. Konrad Duden war der erste Hausmeister der deutschen Sprache. Das »Deutsche Wörterbuch« der Grimm-Brüder und ihrer Nachfolger ist das Paradies der deutschen Sprache; der Duden ist vergleichsweise ein Vorgarten Eden.

Allerdings ein blühender, den zu betreten unbedingt lohnt. Gemessen an der medialen Sprachwüste, in der jede Banalität unisono als »Wahnsinn«, »irre« oder »brutal wichtig« ausgeschrien wird und sogenannte »Eliten«

zehntausendmal am Tag Einschüchterungsnullwörter wie »Effizienzoptimierung« oder »Optimierungseffizienz« von sich geben, gilt unbedingt das Wort des Dichters F.W. Bernstein: »Lesen gefährdet Ihre Dummheit«, im Original sogar »Dumheit«. Wer die Sprache liebt, muss Medien meiden und zu den Quellen gehen, von denen der Duden eben eine ist.

Der Eiertanz um die letzten Rechtschreibreformen hat dem Ansehen des Kompendiums geschadet; was von Dudens Nachfolgern in seinem Namen als angeblich »richtig« festgelegt wurde, löste meist alberne, aber fast immer erbittert, kleinlich und humorfrei geführte Debatten aus. Wenn Philologen unter sich sind, ist das nicht lustig, allenfalls unfreiwillig komisch. Als Herausgeber der Zeitschrift *Häuptling Eigener Herd* sehen Vincent Klink und ich uns seit Jahren »außerstande« beziehungsweise in zwei Worten »außer Stande«, Autorinnen und Autoren mit Rechtschreibregeln von erschütternder Vorläufigkeit zu behelligen.

Bei aller Gelassenheit gibt es auch Irritationen: Die dudenkorrekte Steigerungsform von »naheliegend« lautet nicht »näherliegend« sondern »naheliegender«. Gut vorstellen kann ich mir zwar die Lokalzeitungsmeldung »Ein am Ufer der Nahe liegender Mann erlebte am späten Freitagabend eine böse Überraschung, als ein in der Nähe frei laufender Dobermann Anstalten machte, das Gemächte des tief gebräunten Sonnenfreundes mit einem Snack zu verwechseln, einem Leckerchen, einem Appetithappen, einer Zwischenmahlzeit, einem Schoko-Riegel...«. Als Komparativ von »naheliegend« aber ist »naheliegender« eben nicht naheliegend, sondern fern jeder Logik.

Lieber halte ich mich an Joachim Ringelnatz, der empfahl, der Welt »mit kindlichem ›Ätsch-Ätsche‹« zu begegnen, rufe, wenn es denn dudenkonform sein muss, Konrad Dudens Maxime in Erinnerung: »Schreibe, wie du sprichst« und empfehle die Schreibweise al gusto. Denn in den Abweichungen von der Norm und in den Fehlern wird das Richtige umso deutlicher sichtbar. Klugheit ist die Fähigkeit, richtig und falsch trennen zu können. Man muss dazu beides kennen. Drastisch gesagt: Wer waschzwanghaft die Scheiße leugnet, soll auch vom Essen nicht reden.

Trotz aller ihm auch innewohnenden Rechthaberei ist der Duden eine Fundgrube für Wortschatzsucher. Und allen, die mit der aus ihrer Hohlbirne herausgequakten »Nachhaltigkeit« die Sprache zu mindern und sich selbst zu vergrößern trachten, sei gesagt: Eure Nachhaltigkeit hat nicht den geringsten Nachhall. Aber vielleicht wird ja etwas draus, wenn endlich auch Zuhälter Nachhaltigkeit fordern?

Auch wenn sich die Blödwelt noch so anstrengt: sie kriegt die Sprache nicht kaputt. Sprache ist ein Ozean und kann modische, wichtigtuerische Bescheuertheiten wegstecken, sie sich einverleiben und verdauen. Und sie kann zurückschlagen: präzise, klar, auf den Punkt, opulent, bildhaft und sinnlich. Dagegen kommt kein Bürokratenheer an, jedenfalls nicht im richtigen Leben.

»Der Herr ist mein Hirte, mir wird nichts mangeln«, heißt es in einem berühmten Psalm, der tröstlich gemeint ist. Ich kenne »mangeln« aus meiner Kindheit: Mit meiner Omma holte ich die Wäsche aus der Heißmangel. Meine katholischen Mitschüler kannten das Wort auch und sprachen, nach dem sie Priesterkontakt hatten, den Psalm etwas anders: »Der Herr ist mein Hirte, er wird mich mangeln.«

Menschen bezahlen fürs Lügen und lassen sich dafür bezahlen; ihre Sprache aber verrät sie alle.

# Querdenker

Freude schenken – noch querer denken: Als meine Bekannte und Faxfreundin Claudia Rein 1991 ein bisschen schwanger wurde, ihren langjährigen Freund (heute sagt man: Lebensabschnittspartner) und zukünftigen Kindsvater, Herrn Gerold Denker, ehelichte und daraufhin Claudia Rein-Denker, bzw. Claudia Denker-Rein zu heißen drohte, bzw. auch nur Claudia Denker oder eben wie immerschon weiterhin Claudia Rein, da beteiligte ich mich gerne an der aufkeimenden Wie-soll-es-denn-heißen?-Debatte und schlug vor, das Kind solle, wenn es denn ein Knabe werde und den Nachnamen Rein erhalte, auf den Vornamen *Ausländer* hören; falls aber der Familienname Denker laute, möge man ihm den Rufnamen *Quer* geben bzw. verpassen, denn ein *Ausländer Rein* oder ein *Quer Denker* hätten mir viel Spaß gemacht, hätten auch die Insgesamtidiotie des Daseins im großen Wurf abgebildet und wären in Sachen *politischer Korrektheit* richtungweisend gewesen. Die schöne Chance aber wurde leichtfertig vertan und ein Mädchen geboren, Pia muss der arme Wurm heißen, die Fromme – was aber, wenn auch von den Eltern unbeabsichtigt, wieder sehr gut auf den sog. Querdenker verweist, allein schon wg. Friedrich Karl Fromme von der *FAZ*, der ein Klasse-Querdenker ist, aber zu ihm und verwandten Sprengköpfen komme ich, wenn überhaupt, erst später.

Jedenfalls ist dem Querdenker etwas Frommes, Frömmelndes durchaus wesenseigen, denn wiewohl der Querdenker nach Querkopf (Karl Valentin) und Querulant (Horst Tomayer) klingt, so ist er doch keiner, der quertreibt oder -schießt, sondern im Gegenteil wohlgefällig in der

Mitte der Straße (Middle of the Road, Chirpy Chirpy Cheep Cheep und alles) läuft, ja mitschwimmt – dieses aber kritisch! Im scharfen Tonfall des bedrohten, angegriffenen Außenseiters, sogar Ketzers längst Mehrheitsfähiges und Binsenweises herauszuposaunen, das ist wahre Querdenkerei. In diesem Sinne sind z.B. Reinhard Mohr, Matthias Horx und Daniel Cohn-Bendit Querdenker *de luxe* (wie mir überhaupt Frankfurt am Main eine Zentrale oder sogar Metropole des Querdenkertums zu sein scheint, wo etwa die Anbiederei an Nation und Vaterland noch immer als mutiges Eintreten für Minderheit und Menschenrecht und ditt und datt verhökert worden ist).

Öligkeit und Opportunismus sind Bedingung für korrektes Querdenken; bevorzugt wird diese Disziplin im Feuilleton ausgetragen, wohin sie ja auch gehört, ins gänzlich Durcheinandere, in die Heimstatt von Vagheiten aller Art. Man denkt nicht mehr, man denkt jetzt quer! heißt die Parole, mit der Weltergewichtsintellektuelle aufgefordert werden, jeden halben Gedanken, wenn er nur abgestanden genug ist, auf viele hundert Zeilen aufzupumpen und als *Essay* in Druck zu geben. Botho Strauss und Martin Walser taten sich im *Spiegel* als Querdenker im Sinne völkischer Mobilmachung hervor, so flott und forsch wie Hans Magnus Enzensberger an selber Stelle hat noch keiner dem deutschen Spießer seine Angst ums Eigentum schöngeredet, so als Weltdurchdringung, Aufklärung etc.

»Wer's wagt, quer zu denken, wird weggehobelt«, behauptet der *Max*-Chefredakteur Andreas Wrede im Januar 1994, bevor er vollends ins Esoterisch-Orthopädische abdreht: »Wir wissen, dass gerade die Mechanik der Macht meistens nur funktioniert, wenn das Rückgrat stumpf poliert ist, ohne jede Maserung, ohne Ecken und Kanten. Schrecklich glatt.« Das ist ja schrecklich, und deshalb fordert er auch »Wieder und wieder: positive thinking!« Bzw. eben *quer thinking*: »Tausende Querdenkereien müssten blühen.« Gar heftig heult der Modemann, und keiner setzt den Hobel an. Im Gegenteil: Der Goldmann Verlag etabliert gleich eine ganze Reihe, »Querdenken«, herausgegeben von Prof. Dr. Horst Herrmann: Eugen Drewermann ist selbstverständlich ebenso mit von der Partie wie Regine Hildemann, nein Hildebrandt; beide übrigens unter demselben schönen Titel »Was ich denke«. Na, wird schon sowas sein.

Der Berliner *Tagesspiegel*, dessen Motto »Rerum Cognoscere Causas« auch sonst adäquat mit »Lirum, Larum, Löffelstiel« übersetzt werden kann, entdeckt am 21.1.1994 auf der Fressmesse namens »Grüne Woche« sogar »Querdenker, die sich geradeaus durchsetzen«, nämlich z.B. die Keramik-Galeristin Marina Gensch, deren »neuestes Projekt« eine »Ausstellung mit Vorschlägen zur Gestaltung von Neubautüren« ist, »an der sich ihr Sohn Sohn mit eigenen Entwürfen beteiligen wird«. Desgleichen wird auch die Bio-Brot-Bäckerin Beate Etzel-Spahn als Querdenkerein gefeiert, weil sie a) nebenbei noch »Damenschneiderin« ist und b) ihr Brot ans KaDeWe verkauft. Als »Vordenker der deutschen Wein-Szene« dagegen firmiert ein Armin Diel, warum, ist eh wurscht, wo quer nicht nur gedacht, sondern auch getöpfert, geschneidert, gebacken, gegessen und getrunken wird; doch, Querdenker, das ist ein schöner Beruf, das mache ich jetzt auch.

Seine definitive Würdigung erfährt der Querdenker allerdings durch die charmante und hochverehrte Gisela Güzel, die in Kenntnis der durchschnittlichen männlichen Anatomie ganz bezaubernd formulierte: »Nimm ihn quer, hast du mehr.«

# Mein Freund ist Ausländer

Als ob die Welt voll Pfaffen wär: Bereits 1991 behaupteten, neben diversen Flachkräften des öffentlichen Lebens wie z.B. Biolek, Gottschalk, Wickert, Jauch, Maffay usw., auch die im Sportgeschäft tätigen Herren Breitner, U. Hoeneß, Gross und Thränhardt via tausendfach für lau geschalteter Anzeige: »Ich bin ein Ausländer«, ein Satz, der mindestens zwei grobe Unwahrheiten enthielt, denn bei den o.g. Figuren und ihren Mitunterzeichnern ist es ja bereits eine Lüge, wenn sie nur »ich« sagen. Die Wohlfeilheit der These so vieler guter Deutscher, sie seien, ohne dafür auch nur das Risiko eines Nachteils in Kauf nehmen zu müssen, gratis und per Dekret zu Ausländern geworden, hätten also Verfolgtenstatus erlangt, ohne im mindesten verfolgt zu sein, fiel zumindest einigen Landsleuten auf, und als am 12. Dezember 1992 sämtliche Spieler der ersten Fußballbundesliga für 90 Minuten von Werbe- zu Gesinnungsträgern umgerüstet wurden, da war aus »Ich bin ein Ausländer« ein abgeschwächtes »Mein Freund ist Ausländer« geworden.

Ja, wie nun?, möcht' man sich fragen, wer ist denn jetzt Ausländer, bzw. welche Parole blüht uns demnächst? *Elf Ausländerfreunde sollt ihr sein*? Oder, für den Fanblock quasi, *Der nächste Ausländer ist immer der schwerste*? *Mein Freund war Ausländer*? Oder, wie es Kollege Friedhelm Eckenga der fußballspielenden Sorte Mensch anempfiehlt: *Mein Freund ist aus Leder*? Und ist eine noch stillosere Verspottung der Opfer deutscher Nazis denkbar als das *Heute die, morgen Du*-Konzert am 13. Dezember 1992 in Frankfurt/Main, das selbstgefällige, die eigene

Schulter klopfende Abdudeln miesen Kunsthandwerks, das dumpfe Prahlen mit Plattitüden wie z.B. dem *Sascha*-Scheißdreck der Toten Hosen, begleitet von und gewürzt mit dem Gerede über – was sonst? – *Wut und Trauer und Betroffenheit*? Was ist gewonnen, wenn die Eiskunstläuferin Witt sich am 26. Januar 1993, anläßlich des Aktionstages *Mit Hand und Fuß gegen Fremdenhaß*, ebenfalls Frankfurt/Main, als Eishockeytorfrau verkleidet und BAP dazu ihren Kumpelrock des Grauens aufspielen, eine Band, die längst den *Musikantenstadel* für die Kleinen und Mittleren betreibt, ohne das selbst auch nur zu ahnen? Muß man der Maxime folgen, daß es besser sei, lieber etwas Dummes und Falsches zu tun als gar nichts? Ist es eventuell nicht doch ein kleiner Bruch in der Logik, wenn man zunächst Trauerflor für den heimgegangenen Protofaschisten H. Neuberger trägt und ein paar Wochen später sein Trikot mit Ausländerfreundlichkeit ziert? Kann man alles mit allem verkeilen ohne Sinn und Verstand bzw. haben jetzt eigentlich alle endgültig das Rad ab?

Mit ziemlicher Sicherheit ja. Im März 1988 schrieb ich in der *taz*: »... Fußballspieler stammeln in Talkshows für den Frieden, statt Flanken zu schlagen, Tore zu schießen oder per Blutgrätsche voll durchzuziehen, an jeder Ecke triumphiert die Gesinnung über Verstand und Profession.« Das Gewürge ist wüster geworden seitdem, und was in den Stadien an symboltriefendem Simulationsaktionismus abgezogen wurde – z.B. die *Wir sind die Fans!*-Kampagne –, ist Teil des allgemein um sich greifenden Konsensunfugs; Solidaritätskitsch und aufgeblasene Gratisbekenntnisse sind der dünnste (und eben auch dümmste) gemeinsame Nenner, auf den sich die vielbeschworene »Gemeinschaft der Demokraten« einigen kann. Wer klug ist, läßt die Finger davon: schließlich handelt es sich bei dieser Volksgemeinschaft um dieselbe, die das hiesige Asylrecht deart perforiert hat, daß es diesen Namen nicht mehr verdient. Daß aber auch kritische Patrioten heim ins Reich wollen, überrascht nicht; für sie – und nur für sie – sind Lichterketten und *Mein Freund ist Ausländer*-Aktionen inszeniert.

Zwar hat man nicht das geringste geändert oder auch nur verhindert, kann aber in der schönen Gewißheit umherstolzieren, seinen guten Willen bekundet zu haben; zudem weiß man sich im Verbund mit Millionen von anderen skeptischen Volksgenossen, die sich für die Selbstverständlichkeit, das Anzünden und Totschlagen anderer – aus dem einzigen Grund, daß sie keine Deutschen sind –, nicht gutzuheißen, ebenso in die Brust werfen wie z.B. Deutschlands geschwätzigster Werbehengst Michael Schirner, der auf Plakatwänden die Fotografie eines männlichen schwarzen Models mit der Headline *Ein schöner Schwiegersohn* versieht und diese, hier stimmt das Wort einmal, durch und durch rassistische Kampagne flott zu ihrem Gegenteil umlügt. Landauf, landab predigen ölige Kabarettisten ihr bißchen Gesinnung, und das irgendwie ganz bestimmt schwerhumanistische Publikum darf sich selbst beklatschen, bzw. wenn in Deutschland getrauert wird, dann eben nur um Deutschland und um das schöne, mühsam erarbeitete Image im Ausland; drei tote Türken in Mölln z.B. sind hierzulande eben nicht zuerst drei Mordopfer, sondern ein *Anschlag auf das Ansehen Deutschlands.* So geht das.

Das Gerede von »Freunden« und »Freundschaft«, und damit soll es auch langsam gut sein mit Text und Thema, ist widersinnig bzw. sogar gemeingefährlich idiotisch; bedeutet es doch, daß man erstens jedermann, mit dem man nicht befreundet ist (und das sind ca. 98,374% der Menschheit), getrost umbringen kann und darf bzw. man zweitens eben mit aller Welt befreundet sein müßte, um nicht zu morden oder ermordet zu werden. Und drittens legitimiert der Spruch *Mein Freund ist Ausländer* das heimtückische (oder heimtürkische? – Gruß an Günther Willen!) Begehren, daß jeder Ausländer per se ein guter Mensch zu sein habe, und wehe nicht...; dabei muß er vielmehr das Recht haben, genauso unangenehm zu sein wie jeder Deutsche. Unerfreuliche Verhaltensweisen wie sich öffentlich am Sack kratzen, das Automobil mit Breitreifen und Spoiler und sich selbst mit Goldkettchen zu behängen, sind nicht an eine bestimmte Nation gebunden. Und so pflegt man halt höfliche Distanz – also exakt das Gegenteil von Freundschaft – zu dem Teil der Erdbevölkerung, zu dem man am liebsten »Mitmensch, du dumme Suppe!« sagen möchte, also den bereits erwähnten ca. 98,374%, egal ob In- oder Ausländer; bloß daß der Ausländer gemeinhin den nicht zu unterschätzenden Vorteil bietet, eine Sprache zu sprechen, die man nicht oder nur rudimentär versteht, weshalb man ihm gern und großzügig unterstellen kann, er gebe möglicherweise weniger Unintelligentes von sich als die eigenen Landsleute ständig.

Wie sagt es Peter Stuyvesant: *Wir sind Eine Welt. Die Erde ist unsere Mutter.* Und das ist schon mehr Anbrüderei, als man ertragen kann.

# Körpersprache

Auch bekannt als Wink mit dem Zaunpfahl: So wird ein Zungenkuß höchst selten als Einladung zum Prügeln gelten, und nur ein sehr jesusmäßiger Mitmensch wird die geballte Faust, die ihm gerade unter die Nase gehalten wird, als Geste der Herzlichkeit auffassen. Warum also das so Offensichtliche wichtig zur »Körpersprache« aufblasen? – Hier kommt Samy Molcho ins Spiel. Samy Molcho ist, lt. Prospekt vom »verlag moderne industrie«, »der weltbekannte Künstler, Regisseur und Hochschul-Professor«, der »für alle, die Samy Molcho nicht erleben können, weil er ausgebucht ist, jetzt auf Video« die letzten Fragen beantwortet: »Was bedeutet es, wenn Ihr Gesprächspartner den Kopf gerade hält?« Wer das wissen will, muß Samy Molcho fragen, denn der verfügt nicht nur über das zweite Gesicht und das dritte Auge, die zusammengerechnet das fünfte Rad ab ergeben, sondern sogar über »die Kompetenz für Körpersprache« und hilft z.B. »erkennen, wann Ihr Verhandlungspartner bereit ist, den Vertrag zu unterschreiben«. Welchen Vertrag? Schatz, hast du den Generationenvertrag gesehen? Ich glaube, unser Sohn ist gerade zur Unterschrift bereit. »Der Körper ist ein Handschuh der Seele, seine Sprache das Wort des Herzens«, sagt Samy Molcho. Fingerhandschuh oder Fäustling? Hier schweigt Samy Molcho, aber: »Der Körper schweigt nie.« Ja, schwatzhaft ist er, und eitel dazu, der olle Leib; sein Lieblingsbuch ist »Körper in Cafes« von Robert Gernhardt, und gerade wieder liegt mir Kamerad Körper in den Ohren und rezitiert Robert Gernhardts Gedicht »Siebenmal mein Körper«:

»Mein Körper ist so unsozial. / Ich rede, er bleibt stumm. / Ich leb ein Leben lang für ihn. / Er bringt mich langsam um.«

Von der Körpersprache ist es nur ein kleiner Schritt zur Körperarbeit, die allerdings nicht darin besteht, z.B. einen Schrank von A nach B zu tragen oder ein Klafter Holz zu spalten; auch die Körperarbeit findet im Seminar statt - möglicherweise sogar mit Samy Molcho? Schließlich gibt es Trauer-, Scham-, Beziehungs- und Sozialarbeit; da kann der angehende Off-Schauspieler nicht arbeitsscheu abseitsstehen. Sondern muss, wie der Tänzer Ismael Ivo, der anläßlich der Berlin-Potsdamer »Friedensuni« im September 1995 ein »Delirium of a Childhood« hampelt, die Gliedmaßen von hier nach dort schlenkern und somit Körperarbeit leisten. Aber macht die auch frei?

Wohltuend aufs Gemüt ihrer Betreiber wirkt sich in jedem Fall aus, was die *FAZ* am 1. September 1995 »Körperpolitik« nannte: Ariane Mnouchkine und drei ihrer Theaterkollegen hatten soeben ihren Hungerstreik zugunsten Bosnien-Herzegowinas beendet, waren also von der Körperpolitik zur simplen Körperarbeit zurückgekehrt, ohne daß es aber bei einem der Fastenden zum Äußersten gekommen wäre – zum Körperstreik, vulgo: Herzilein macht bumm, finito, Pepito.

Vor den Körperstreik hat die Welt jedoch den »Körperdurst« gesetzt; den verspüren in erster Linie Leute, denen es etwas bedeutet, »fit wie'n Turnschuh« zu sein und die deshalb in Freizeitkleidung um den Block rennen oder radeln. Anschließend ist dann der Körperdurst groß. Löschen kann man ihn mit Hilfe von Erzeugnissen, die die isotonischen Getränke herstellende Industrie großzügig bereithält: Man nimmt, ich habe es selbst gesehen, z.B. ein Fläschchen »Gatorade« (wie Ghetto) und gießt sich den

Inhalt aus ca. 30 Zentimetern Entfernung dergestalt von oben in den Schlund, daß gut die Hälfte auf Gesicht und Turnhemd spladdern. Und was das wiederum körpersprachlich zu bedeuten hat, weiß ganz sicher Samy Molcho.

# Mit Nazis reden

Am Mittwoch, dem 25.8.1993, hatte man erneut Gelegenheit, deutschem TV-Topjournalismus beizuwohnen. In den *ARD-Tagesthemen* führte Sabine Christiansen ein Interview mit dem damals sächsischen Innenminister Heinz Eggert über die Frage, ob man junge Neonazis in freundliche, milde Menschen verwandeln könne, indem man sie mit Jugendzentren, Sozialarbeitern usw. überhäufe. Eggert, dessen Äußeres immer wieder in Erinnerung ruft, daß die Folge *Amok in Bethel* aus der TV-Serie *Peter Strohm* noch nicht gedreht worden ist, kippte die Interviewsituation um und fragte Frau Christiansen: »Wann haben Sie oder ich das letzte Mal mit einem Rechtsradikalen gesprochen?«

Nun ist allgemein bekannt, daß Sabine Christiansens berufliche Qualifikation im Besitz eines CDU-Parteibuchs besteht, und gerne erzählen Kollegen, daß sie, als einzige in der *Tagesthemen-Redaktion,* nicht in der Lage sei, sich ihre Nachrichtentexte selbst zu schreiben. Ihre parteigebundene Beschränktheit macht Frau Christiansen dadurch wett, daß sie bei jeder ihr sich bietenden Gelegenheit mit Volkes Stimme spricht; ihr journalistisches Rückgrat kommt dem einer Salatschnecke gleich. Und dennoch hätte selbst sie auf Eggerts o.g. Frage mit Leichtigkeit antworten können: »Aber wieso? Das tue ich doch gerade«, oder, ganz simpel: »Warum? Ist das jetzt Pflicht?«

Es scheint so. Alle Welt sucht das Gespräch mit Rechtsradikalen. Warum? Haben sie einem etwas zu sagen? Ist nicht hinlänglich bekannt, was sie denken, fordern und propagieren? Wo liegt der beschworene aufklärerische Wert, wenn Henryk Broder in der *taz* Franz Schönhuber interviewt? Muß man an jeder Mülltonne schnuppern? Niemand wählt Nazis oder wird einer, weil er sich über deren Ziele täuscht – das Gegenteil ist der Fall: Nazis sind Nazis, weil sie welche sein *wollen.* Eine der unangenehmsten deutschen Eigenschaften, das triefende Mitleid mit sich selbst und den eigenen Landsleuten, aber macht aus solchen Irrläufern der Evolution arme Verführte, ihrem Wesen nach gut, nur eben ein bißchen labil etc., »Menschen« jedenfalls, so Heinz Eggert, »um die wir kämpfen müssen«.

Warum? Das Schicksal von Nazis ist mir komplett gleichgültig; ob sie hungern, frieren, bettnässen, schlecht träumen usw., geht mich nichts an. Was mich an ihnen interessiert, ist nur eins; daß man sie hindert, das zu tun, was sie eben tun, wenn man sie nicht hindert: die bedrohen und nach Möglichkeit umbringen, die nicht in ihre Zigarrenschachtelwelt passen. Ob man sie dafür einsperrt oder ob sie dafür auf den Obduktionstisch gelegt werden müssen, ist mir gleich, und wer vom Lager für andere träumt, kann gerne selbst hinein. Dort, in der deutschen Baracke, dürfen dann Leute wie Rainer Langhans, Wolfgang Niedecken und Christiane Ostrowski zu Besuch kommen und nach Herzenslust mit denen plaudern, zu denen es sie ständig zieht.

# Wir bieten Schutz vor rassistischen Übergriffen

Schwarz auf gelb gedruckt, klebt der kühne Satz wie eine TÜV-Plakette an den Türen von Cafés und Bars, von Brot- und Fahrradläden – bevorzugt allerdings in Quartieren, wo mit derlei Übergriffen nicht gerechnet werden muß. Richtig gut ist die Gesinnung eben erst, wenn sie wirklich gar nichts mehr kostet.

Im Gegenteil – durch den schwarz-gelben Punkt signalisieren Kneipiers und Einzelhändler ihrer Kundschaft: Hier kannst du reinen Herzens konsumieren, alles dufte und korrekt hier, hey Leute, kauft beim Trödler Abraham, hier seid ihr unter euch und könnt über den »Hitler in uns allen«, »die Nazis in den Köpfen«, über Windeln wechseln, den Dalai Lama und das I Ging plaudern und ungestört am weichen Keks knabbern.

Abgesehen von dieser unangenehmen Mixtur aus Gratismut und Abgreife stellt sich bei der vollmundig angebotenen Schutzzone ein praktisches Problem: Wenn die studentischen Hilfskräfte und Szene-Figuren, die in solchen Etablissements das Gros des Personals stellen, mit der Hilfe so schnell bei der Hand sind wie mit dem Service, kann der im Fall des Falles rassistisch Attackierte erstmal ein Viertelstündchen vor sich hin verbluten, bevor er überhaupt wahrgenommen wird.

Während drei deutsche Patrioten auf ihn einprügeln und -treten, halten die Tresenkräfte ein munteres Schwätzchen und lassen genervt durchblicken, daß sie dabei nicht gestört zu werden wünschen. Im besten Fall wird dem mittlerweile krankenhausreifen Gast ein launiges »Kollege kommt gleich« zuteil; eher aber muß er damit rechnen, daß eine der Bedienungen sich ihm nach frühestens 20 Minuten zum ersten Mal nähert, um den mittlerweile Verstorbenen anzuherrschen: »Kann ich bei dir schon mal abkassieren?«

# Angedacht

»Wir hatten das so angedacht«, sagt der junge Mann, und es fällt ihm dabei gar nichts auf oder ein. Im Gegenteil; er hält das für völlig normal und für eine selbstverständliche Redensart: »Wir hatten das so angedacht.« Wer aber behauptet, er habe »etwas angedacht«, teilt auf diese Weise mit, dass er sich nicht das Geringste gedacht, sondern wahllos alles an sich gerakt hat, was an Ideenfetzen gerade so herumschwirrte, und nun mit großer Geste in den Ventilator wirft: »Wir hatten das so angedacht.«

Wer etwas »angedacht« hat, betreibt Brainstorming ohne Brain. Er unterzieht sich eben nicht der schönen Mühe eines Gedankens, sondern kratzt bloß eklektizistisch zusammen, was er zufällig aufgeschnappt hat und das diffus durch seine Birne wabert. Diesen Wirrsing schiebt er als Schwarzen Peter jemand anderem zu – »wir hatten das so angedacht und jetzt bist du dran« –, der die Sache aufdröseln und ihr Gehalt und Struktur geben soll. Wer »angedacht« hat, ist ein Denkfaulpelz oder ein raffinierter Schlaumeierdummkopf, der andere für sich arbeiten lässt und anschließend aber eine geistige Urheberschaft für sich reklamiert, für die ihm jegliche Voraussetzung fehlt. »Angedacht« kommt von Andenken, und die gibt es im Andenkenladen, auch Souvenir-Shop genannt. Genau da gehört das Vakuum ja auch hin, das sich als »angedacht« aufplustert und bläht.

Wenn einer sich mit der Drohung »Wir hatten das so angedacht« nähert, ist auch simple Dreistigkeit mit im Boot; wer sich arglos oder aus Unachtsamkeit mit »Angedachtem« ankobern und anheuern lässt, darf anschließend entfremdete Denkarbeit leisten für substanzfreie Windmacher, die nichts wissen außer dem Einen: wie man andere für sich arbeiten lässt und wie man »ein Projekt anschiebt«, das man zuvor »angedacht« hat.

Wenn man die Angeberstanze »Ich habe ein Projekt« ins Deutsche übersetzt, heißt sie: Ich will nicht arbeiten, aber gern darüber reden und vor allem andere dazu überreden, die eventuell anfallende Arbeit dann möglichst unbezahlt zu erledigen zugunsten dessen, der »das Projekt angedacht und angeschoben« hat. Wenn mehrere solcher Windeier und Blasebalge zusammenkommen, entsteht die größtmögliche denkbare Gedankenferne. Sie heißt Marketingabteilung.

# Wider die Burka-Versteck- und Blähsprache

Als Anfang bis Mitte der 90er Jahre des 20. Jahrhunderts der Begriff »Gutmensch« in die »politisch« genannten, meist flauen, weil medial implodierenden »Debatten« des Landes eingeführt wurde, hatte das seine guten Gründe und seine volle Berechtigung. Kurt Scheel, neben Karl Heinz Bohrer Herausgeber der Zeitschrift *Merkur*, warf das Wort »Gutmensch« in die öffentliche Waagschale, und es hatte Gewicht. »Gutmensch« war in seiner, Scheels, Definition die Bezeichnung für jene Diskutanten, die sich ihr stets ausschließlich moralisch begründetes Rechthaben in einer Aufplusterungs- und Verstecksprache als Verdienst auch rhetorisch an die Brust hefteten, wobei es sich um einen intellektuell gleichermaßen unredlichen, armseligen wie vor allem fadenscheinigen, langweilenden Vorgang handelte.

Kurt Scheel, von des Lesens eher unkundigen oder unwilligen Konkurrenten wegen seiner *Merkur*-Herausgeberschaft gern gratis und zu Unrecht in eine in diesem Fall imaginierte reaktionäre Ecke gestellt, hatte der Kraft des Arguments das Wort geredet, also einer Mühe, der sich viele seiner Gegner nicht zu unterziehen bereit oder fähig zeigten und zeigen. Die Anregung, die in sich selbst und in toto falsche Sprache der als »Gutmenschen« bezeichneten Selbstlober lexikalisch zu sammeln und quasi in Sprache zu übersetzen, wurde vom *Merkur*-Autor Gerhard Henschel aufgegriffen, der im Jahr 1994 gemeinsam mit dem Verleger Klaus Bittermann in dessen Berliner Edition Tiamat die Aufsatzsammlung »Das Wörterbuch des Gutmenschen« herausgab. Obwohl nicht einer der Beiträge als rechtskonservative Propaganda misszuverstehen war oder das bis heute wäre – es sei denn mit einer pauschalen Voreingenommenheit, die manchen Lesern eben innewohnt –, wurde das Buch von nahezu allen Seiten gegen seine Absichten gewendet. Die als eher linksliberal, wie sie es in ihrer gewöhnlichen Stammelsprache ausdrücken, »sich verortenden« Kritiker begriffen den Begriff nicht und wollten nicht verstehen, dass es sich um ein sprachanalytisches, decouvrierendes, lügendetektorisches Werk handelte, und neoliberale wie offen rechts agierende Kräfte jubelten auf, als habe man sie munitioniert. Beides war so intendiert und tendenziös wie also falsch, und je mehr das Wort »Gutmensch«, das niemals als »Kampfbegriff« gedacht war, sondern als Subsumierung für die öffentlich ausgestellte Wühltischsprache vom als links sich empfindenden Trödler, wurde plötzlich zu einer streng antihumanistischen Aggressionsvokabel, die auch und vor allem gegen jene in Stellung gebracht wurde, die für eine ebenso empathische wie gleichsam vernunftgeprägte Gesellschaftsordnung – also für Freiheit, Gleichheit und Brüderlichkeit – eintraten und das weiterhin tun.

Die schlichten unter ihren Gegnern ließen sich davon blenden und schlugen den Sack, nicht die Esel. Als Klaus Bittermann und ich im Jahr 1995 den zweiten Band des »Wörterbuchs des Gutmenschen« edierten, trugen wir dem Rechnung und klärten das beabsichtigt herbeigeführte Missverständnis auf; es nützte nichts. Auch eine Best-of-Zusammenstellung beider Bände bei Piper konnte die Chose nicht retten; die Rechten hatten ihre Niederbrüllvokabel gefunden (die zu erfinden sie selbst viel zu dumpf gewesen wären), und ihre beleidigten Kontrahenten prügelten verbal auf die Analytiker der »Gutmenschen«-

Sprache ein. Dieses Kuddelmuddel hält bis heute an und nützt ausschließlich den Unvernünftigen bis Böswilligen aller Seiten. Sprache ist nicht gesellschaftlich losgelöst, und wer sie zur Selbstdarstellung, sei es als nichts riskierender Großmund-halb-bis-dreiviertel-irgendwie-Linker oder als »Rohr frei!« brüllender Rechter gebraucht, kann an ihr klar erkannt und mit ihr zum Beweise dingfest gemacht werden. Das ist gut, also das Gegenteil von gutmenschelnd. Wenn anti-rechte Politik einen »sensibleren Umgang mit Sprache« verlangt, ist das immer dann richtig, so es sich um die Ächtung von Herabsetzung und andere Ausdrücke von Niedertracht handelt; es ist allerdings falsch und selbstverlogen, wenn der eigene schwammige Schaum im Hirn und vor dem Mund sich als einzig korrekte und erlaubte Art des Sprechens zu adeln und zu etablieren sucht.

Der Begriff »Gutmensch« ist also mitnichten eine Erfindung von Guido Westerwelle, der NPD oder der AfD-Irgendwie-nur-so-und-irgendwie-dann-aber-doch-nicht-so-richtig-Faschisten, sondern ursprünglich die Zusammenfassung einer berechtigten Kritik an einer sich aufblähenden Sprache, die sich in ein moralisches Recht wirft, das sie niemals redlich erworben und erarbeitet hat. Sie wurde und wird von diversen Vertretern der Grünen, Wohlfühl-SPDisten und anderen Schlabbergestalten vor sich her getragen wie eine Burka, hinter der kein Licht leuchtet.

# Gewalt und Sprache

Der deutsche Flüchtlingsrat hat einen sensibleren verbalen Umgang mit Flüchtlingen gefordert. Das ist gut und richtig; Sprache ist eine Waffe, die tiefe Wunden schlagen kann, auch lebenslang. Mit Sprache kann man Angst erzeugen, einschüchtern, traumatisieren. Das kann mit dem spitzen Degen genauso passieren wie mit dem kriminotorischen »stumpfen Gegenstand«, dessen verbales Adäquat die Pöbelei ist, die plumpe Bedrohung, die Androhung von körperlicher Gewalt bis hin zu Stein- und Flaschenwurf gegen und Menschenhatz auf Wehrlose und Hilfesuchende. Man muss kein Christ sein, um zu wissen, dass Maria und Josef heute in Deutschland bürokratisch korrekt, also eiskalt abgeschoben würden.

Sprache kann ein Instrument der Aufklärung sein, ein Mittel zur zumindest partiellen Überquerung des Ozeans unserer Unwissenheit, ein Spender der Freude, eine nie endende Spielwiese und eine Möglichkeit, einander beizustehen und zu ermutigen. Tatsachen aber können durch Sprache und Sprachregelungen nicht verändert werden, und es ist eine Tatsache, dass vielen Inländern die Flüchtlingspolitik, die Angela Merkel zumindest nach außen propagiert, viel zu »lasch« ist und »überhaupt nicht hart durchgegriffen wird«, wie es dann heißt. Darüber hinaus gibt es längst eine Kreidefresser- und Schaumsprache, hinter der miese Haltungen respektive schäbige Haltungslosigkeit harmlostuend in Deckung gehen können, weil deren Anwender ja »nur das beste für uns alle«, das »Gesamtwohl« und den »sozialen Frieden« im Auge haben, mit dessen Aufkündigung sie offen drohen.

Sonn- und Feiertagsreden mit dem Tenor »Wir haben nichts gegen Flüchtlinge, aaaaber...« klingen nicht wie das Gebrüll der NPD und die Hetze von Pedigree/Pegida bis AfD, arbeiten ihnen aber zu. Selbst eine Sprache, die genau das lügendetektorhaft decouvriert, reicht als Mittel gegen die Aushöhlung demokratischer Restbestände nicht aus; wenn die hiesige Geschäftsordnung nicht reformierbar ist, muss sie durch eine bessere ersetzt werden. Sprachliche Sensibilität, so sehr ich sie schätze und mir als Grundton wünsche, kann das alleine nicht.

# Textur seidig, nicht komedogen

Wenn einer keinen lesbaren Text zustandebringen kann, fängt er an, von »Textur« herumzufantern. Die *FAZ*- und *FAS*-Cuisinepolizyste Jürgen Dollase exerziert das seit Jahren vor; was der alte Wallenstein-Sauerkrautrocker zu Ungunsten des Lesers zusammenzumpelt, kann man in jedem Seminar für präzises Schreiben als Material zur Abschreckung verwenden. So gesehen hat auch das Aufgedunsene, Angeberhafte sein Recht und seinen Grund.

Die »Textur« hat nach den Ausflügen ins Hamsterbackenfeuilleton längst wieder die Werbesprache erreicht, der sie ursprünglich entstammt; über eine Gesichtscreme las ich, dass sie »dank ihrer seidigen Textur genüsslich in die Haut einzieht und ihr ein intensives Gefühl neuen Wohlbefindens schenkt«.

Was Cremes alles können: genüsslich einziehen – wer genießt hier, die Creme oder die Haut? – und nicht Wohlbefinden, aber doch, das ist ein großer Unterschied, »das intensive Gefühl von Wohlbefinden« schenken. Außerdem ist die Creme laut Packungsbeilage »nicht komedogen«, was bedeutet, dass sie keine Mitesser und keine Pickel verursacht. Hut ab!

In der Zeit des Heranwachsens sagten oder sangen wir gern und häufig »Ich hau dir gleich, du Eiterschwamm, in deine Pickelschnallotingawamm...«; »Pickelschnallotingawamm« ist eine eher mild umschreibende Form der Bezichtigung »Pickelschnauze«, die unverblümt und direkt auszusprechen selbst wir jugendliche Pubertäter nicht über die rohen Herzen brachten.

Heute ist die Textur der Sprache derart sanft, dass man Pickel davon bekommt, wie auch das Lesen von Ausgehschreiberartikeln und Cremewerbetexten komedogene Wirkungen erzeugt, als ertappe man sich beim Betrachten von Komedogencomedians, die ihre Texturen herunterpromptern, bis der Hautarzt kommt.

# Allerlei Geld

Es gibt das Schweigegeld, das Blutgeld, das Kopfgeld, das Schwarzgeld, das Schmiergeld, das »Fuck you!-Money«, wie Briten und Amerikaner ihr auf die hohe Kante gelegtes Geld nennen, das ihnen gestattet, eine Arbeit abzulehnen, die sie nicht tun wollen; das Haushaltsgeld, das Kostgeld, das Korkengeld, das Inflationsgeld und das Weihnachtsgeld sind, wie der legendäre Kohlepfennig, ein wenig aus der Mode gekommen, aber das Spielgeld, das Klein- oder Klimpergeld, das Hartgeld, das Spritgeld, das Fahrgeld, das Krankengeld, das Essensgeld, das Handgeld, das Übergangsgeld und das Ruhegeld sind durchaus noch geläufig.

Der Schweizer kennt auch das Sackgeld, was Taschengeld bedeutet, denn in der Schweiz ist der Sack eine Tasche, weshalb es auch das Sackmesser gibt, wobei es sich um ein Taschenmesser handelt, mit dem man sich üblicherweise aber nicht den Sack ab- oder aufschneidet.

Der zwischen Leipzig und Basel pendelnde Gewährsmann UD Braumann berichtete kürzlich von einem »Reuegeld«, das beispielsweise Schweizer Schwimmerinnen und Schwimmer entrichten müssen, wenn sie die Qualifikation für einen Wettbewerb geschafft haben, im Wettkampf aber dann doch langsamer schwimmen. Sie werden mit einem Reuegeld gebüßt, obwohl sie ja vorher Startgeld zahlen mussten, das aber nichts mit zwielichtigen »Start-Ups« zu tun hat. Muss Frau Zschäpe, die Ärmste, auch Reuegeld zahlen? Der Duden jedenfalls kennt das Reuegeld; es ist die Abstandssumme, die bei einem Vertragsrücktritt fällig wird und auch »das Forfeit« genannt wird.

Ich trat zurück von Adelheid,
der allerschlimmsten Frau der Welt.
Für Torheit zahlt man dann das Forfeit,
das reuelose Reuegeld.

# Gewinnen statt siegen

Was wäre der Welt erspart geblieben, wenn die deutsche Sprache die Worte »Sieg«, »Sieger« und »siegen« nicht kennte und im Portefeuille hätte. »Sieg« reimt sich nicht umsonst auf »Krieg«, ein Sieger ist ein Krieger, wer siegen will, muss zuvor andere bekriegen. Dem Sieg wohnt etwas Triumphatorisches inne, eine Grundaggression, eine Entschlossenheit, andere niederzuwerfen, um selbst als Nummer eins dazustehen.

Vollends pervertiert wurde der Sieg durch das »Sieg heil!«-Gebrüll der Nazihorden, und wenn im Fußballstadion das bedrohliche »Sieg! Sieg!« aufgrollt, ist das »heil!« mitgemeint; entsetzlich rohe, dumme und ihre Roheit und Dummheit stolz ausstellende Anhänger hat jeder Club, auch meiner, zu meinem Leidwesen. Sportreporter faseln von »Siegergenen« und »Siegermentalität«, auch von »Siegerzigarren« war zeitweise die zungenkrebsende Rede, als wäre das nicht Kokolores und ein ganz besonders unangenehmer noch dazu.

Dies alles wäre leicht zu überwinden, wenn man Sieg, Sieger und siegen durch Gewinn, Gewinner und gewinnen ersetzte. Wäre ein »Gewinnfried« mythentauglich und wagnerkompatibel? Kaum, und auch die »Gewinnlinde« hätte es Anfang bis Mitte der 40er Jahre des 20. Jahrhunderts kaum zum Frauenvornamen gebracht. Der Unterschied zwischen gewinnen und siegen ist das nach Quietscheentchen klingende Quentchen Glück, das ein Gewinner braucht wie beim Kartenspiel oder der Lotterie; wer nicht verbissen gesiegt, sondern glücklich gewonnen hat, muss nicht auftrumpfen und ist er- und verträglicher. »Nie wieder Sieg!« schließt »Nie wieder Krieg!« mit ein; die dümmliche »So sehen Sieger aus!«-Anflanscherei unterbliebe, und »Siegertypen« genannte Dauergrinser und Zähnefletscher wären entwaffnet.

Wer siegt, hält das ausschließlich für sein eigenes Verdienst und bindet sich den passenden Orden chronisch selber um; wer gewinnt, weiß, dass er, so gut er dafür gearbeitet haben mag, eben auch Dusel und Schwein gehabt hat. Dass man lieber gewinnt als verliert, ist klar; genauso wahr ist, dass man nur durch das Verlieren oder die bloße Möglichkeit dazu sein Welt- und Menschenbild, also seinen Horizont erweitern kann, statt ihn durch Fixiertheit auf dauerndes Immersiegenwollen zu verengen.

»Gewinn heil!« grölt sich einfach nicht gut, das holpert, und Holpersteine schaffen Gelegenheit zum Innehalten in einer erfolgsorientierten, auf Sieg und Sieger dressierten, zugerichteten Welt. Wie singt Bob Dylan in »Love minus zero, no limits« so gewinnbringend paradox: »She knows there's no success like failure and that failures no success at all.« Noch Fragen? Das wollen wir doch schwer hoffen.

# Greendenker, Querpeaceler

Wie so viele NGO's beziehungsweise NOGOs geht auch Greenpeace in der Vorweihnachtszeit verstärkt potentielle Spender und Helfer an. Fair enough; warum sollte Greenpeace verwehrt sein, was beispielsweise Abtreibungsgegnern gestattet ist, die zum Beweise der Existenz des Satans süß-sauer eingelegte Embryonen in gewaltigen Einmachgläsern liturgisch herumschütteln?

Von den mir nicht gänzlich unsympathischen Greenpeace-Aktivisten könnte man allerdings etwas weniger Plumpes erwarten als eine »QUERDENKER GESUCHT«-Kampagne; »Querdenker« ist eine Bezeichnung für Menschen, die daran gewöhnt sind, mit ihrem eigenen Kopf zu denken und nicht konformistisch mit den anderen Kindern herumzublöken, und die für diese Selbstverständlichkeit aber bitte nicht mit der Invektive Querdenker belegt werden wollen.

Und so werden in der »QUERDENKER GESUCHT«-Ankoberei die Eigenschaften eines tiptoppen Greenpeacelers genauestens aufgelistet: »beharrlich genau wissenschaftlich unerschrocken glaubwürdig attraktiv kompromisslos kreativ durchsetzungsstark pfiffig engagiert gewaltfrei mutig visionär friedlich unabhängig«. Man wäre von dieser Lektüre auf den Tod müde, stünden da nicht auch die beiden Rettungsringvokabeln »pfiffig« und »attraktiv«. »Pfiffig«, das klingt so 50er Jahre-schmissig, nach Pfadfinderuniform, und »attraktiv« ist auch prima; wer sucht schon gezielt unattraktive Mitarbeiter?

Nachdem ich mir unerschrocken einen Löffel gewaltfrei geschleuderten Honig auf eine friedliche Stulle gestrichen und sie äußerst durchsetzungsstark verzehrt hatte, las ich das »Querdenker«-Schreiben noch einmal durch und legte es dann behutsam – dieses schöne Adjektiv hatten die Greenpeacekeeper vergessen –, aber durchaus mutig und kompromisslos ins Altpapier. Denn beim Abfall gilt: Der Mensch soll trennen, was er zuvor ungelenk zusammengefügt hat.

# Konsequent! Konsequent!!

Jeder Gedanke, und sei er noch so klug, luzide und stringent, führt, wenn er nur konsequent zu Ende gedacht wird, in den Irrsinn.

Das festzustellen spricht nicht gegen das Denken, sondern gegen die gleichermaßen närrische wie mörderische Konsequenz, eine ortsunabhängig provinzielle Mischung aus Mangel an Neugierde, Offenheit und Lernfreude, die dumpfe Sturheit zu Charakter und Haltung aufzublähen sucht.

Wer vor lauter Konsequenz dieser Art nicht fünfe (oder, richtig, fümmwe) gerade sein lassen kann, wird »die Konsequenzen tragen« müssen – gern von Vätern oder Lehrern oder Lehrervätern gebrüllt: »Das wird Konsequenzen haben!« – und rechteckig enden; in der Konsequenz ist, in letzter Konsequenz, der Sarg quasi schon mit drin.

# Zeitfensterln gehen

Ich saß auf dem Fenstersims und kuckte ins Wetter, als mir einfiel, dass es heute ja »Zeitfenstersims« heißen müsse. Ein Redakteur hatte mich angerufen, eigentlich ein heller Kopf und überhaupt keine Dunkelrunkel, aber die Frage nach beziehungsweise die Phrase von »dem Zeitfenster« war auch ihm entschlüpft. Nach dem Zivildienst hatte ich ein paar Wochen als Aushilfs-Fensterputzer gearbeitet; in jetzigen Zeiten beziehungsweise »Zeitenfenstern« hätte man mich über eine »Zeitfensterarbeitsagentur« als »Zeitfensterputzer« angestellt.

Es gibt Wörter, durch deren übermäßigen habituellen Gebrauch die Welt noch hohler, noch idiotieumwehter wird, als sie es ohnehin schon ist. Das Blähwort »Zeitfenster« gehört in seiner ihm innewohnenden Wichtigtuerei unbedingt dazu; es suggeriert, das man die Zeit, also auch die Lebenszeit und die Zeit auf Erden nicht mehr als Ganzes ansieht, sondern sie in Scheiben schneiden kann. Hätte Marcel Proust ein Werk namens »Auf der Suche nach dem verlorenen Zeitfenster« geschrieben? Gab es ein »Zeitfenster der Kirschen«? Brachten sich Menschen durch einen Sprung aus dem »Zeitfenster« ums Leben? Nicht dass ich wüsste.

Wäre ein noch so herabgesunkener Schnulzensänger dazu bereit gewesen, sich mit dem Lied »Ich steh' am Zeitfenster und wart' auf dich...« in eine Blamage zu stürzen? Und wäre es jemals zum »Prager Zeitfenstersturz« gekommen? Hatten Häuser »Zeitfensterfronten«? Gab es »Zeitfenster mit Butzenscheiben«? »Panoramazeitfenster«? Hätte die Menschheit je von einer »Zeitfenstermaschine«

geträumt oder gehört? Gab es eine »zeitfensterlose Schönheit« und eine »zeitfensterlose Kunst«? Folgte das Meer den »Gezeitenfenstern«? War das Wort »Zeitmanagement« nicht schon aufgeblasen genug? Musste es nun auch noch ein »Zeitfenstermanagement« sein?

Und wie sah es in der Welt der Publizistik aus? Würde aus dem *Time Magazine* das *Time Window Magazine*? Aus der altehrwürdigen *Times* das *Times Window*? Aus der *Neuen Zürcher Zeitung* das *Neue Zürcher Zeitfenster*? Allein *DIE ZEIT* aus Hamburg, wo neben den Gespenstern von Bucerius, Dönhoff und Schmidt, protestantische »Pflichtethiker« allesamt, auch der Zeitfenstergeist spukt, hätte es sich verdient, in *DAS ZEITFENSTER* umgetauft zu werden.

Der zwischen Leipzig und Basel pendelnde Sprachforscher UD Braumann schrieb mir, er habe das Wort »Zeitpuffer« hören müssen, noch dazu aus dem Mund einer von ihm geschätzten Buchhändlerin, die ihm aber immerhin habe folgen können, als er sie gefragt habe, ob das etwas zu essen sei; mit der Formulierung »Zeitfensterpuffer« hätte sich diese Frage dann wohl erledigt.

Wie es so ist, wenn man sich für einen Sachverhalt interessiert und erst einmal so richtig erwärmt und entflammt hat, waren Braumann immer mehr seltsame Zeit- beziehungsweise Zeitfensterwörter ein- und aufgefallen. So gab es die »Zeitfensterschleife«, den »Zeitfenstermesser«, auch »Zeitfenstereisen« genannt, die »Zeitfensterrechnung«, im Sport die »Zeitfensternahme« respektive die »Zeitfensternehmer«, die »Zeitfensterachse«, das Kaff »Zeitfensterhain«, den »Zeitfenstervertreib«, den »Zeitfensterdieb«, LTI-artig auch »Zeitfensterklau« genannt, ferner die »Zeitfensterbegrenzung«, die »Zeitfensterersparnis«, den »Zeitfenstergewinn« wie den »Zeitfensterverlust« und die »Zeitfenstererfassung«. Auch die »Zeitfensterschiene« und der »Zeitfensterfresser« waren Braumann aufgestossen, der »Zeitfensterbedarf«, die »Zeitfensterdifferenz«, der »Zeitfenstermangel«, die verschiedenen »Zeitfensterzonen« und die »Zeitenfensterwende«. Die »Zeitfensterverzögerung« kam hinzu, die »Zeitfensterbestimmung«, auch der »Zeitfensterpunkt« durfte dem »Zeitfenstergenossen« ebensowenig fehlen wie »Zeitfensterraffer«, »Zeitfensterverlauf«, »Zeitfensterdauer«, »Zeitfensterkarten«, das »Zeitfensterraster«, die »Zeitfenstergeschichte«, der »Zeitfenstergeist«, die »Zeitfensterreise« und die aufgeplusterte »Zeitfensterlinie«, der »Zeitfensterverzug« und die »Zeitfensterskala«, die »Zeitfensterlupe«, der »Zeitfensterschritt«, der »Zeitfensterraum«, das »Zeitfensterintervall« und natürlich die »Zeitfensterschrift«.

Auch den »Zeitfensterrahmen« gab es, wie den »Zeitfensterzeugen«; »tickende menschliche Zeitfensterbomben« nebst »Zeitfensterzündern« waren in aller Munde, jedermann stand unter »Zeitfensterdruck«, der eine »Zeitfensterkonstante« war wie die »Zeitfensternot« und die »Zeitfensterumstellung«, und Radiohörer kannten das »Zeitzeichen«, das aber zu gut ist, um zum »Zeitfensterzeichen« degradiert zu werden, denn es hat mit den »Zeichen der Zeitfenster« nichts zu tun.

Ich saß weiter auf dem Fenstersims, rauchte eine schöne Kubanische und sah in frohem Sinnieren in den Abendhimmel. Als jugendlicher Leichtathlet, Schwimmer und Skifahrer hatte ich dann und wann meine »persönliche Bestzeiten« verbessert; waren das in Wahrheit »Bestzeitenfenster« gewesen? Ach was. Und, jung und sportlich wie ich war, hatte ich etwas getan, das man »fensterln« nennt. Eine von mir verehrte Schönheit, deren Vermieterin wegen und gegen »Herrenbesuch nach 22 Uhr« aufpasste wie ein Schießhund, ein Luchs oder ein Lachs, obwohl ich doch gar kein »Herr« war, sondern nur ein jugendlicher Frischling, hatte spätabends ihr Fenster geöffnet. Dass sie ihr langes Haar herabließ wie Rapunzel, war schön, nützte aber nichts; ich musste die Fassade hinaufklimmen. Und schaffte es, innerhalb eines engen Zeitfensters zu ihrem Schlafzimmerfenster zu gelangen.

Ich nahm einen letzten Zug aus der Zigarre, schwang mich über die Fensterbank ins Zimmer und dachte leicht melancholisch: Wenn die jungen Burschen nicht mehr bei den Mädchen fernsterln, sondern nur noch »zeitfensterln« gehen, dann ist das doch ein unwiederbringlicher und für die Angehörigen der menschlichen Spezies tragischer Verlust an unmittelbarer Lebensfreude. Dann schloss ich das Zeitfenster, stellte es »auf Kipp« und ging die Tageszeitfensterung lesen, denn tagsüber hatte ich dazu kein Zeitfenster gefunden.

# Rote Linien

Wie oft ich in den vergangenen Jahren den Satz hörte, »Hier wurde eine rote Linie überschritten«, kann ich nicht sagen. Es gibt so viele rote Linien wie die täglichen Kerosinstreifen über dem Frankfurter und Berliner Flughafenhimmel; das Land ist überzogen von einem Netz roter Linien, vertikal, horizontal, parallel und im Zickzack einander kreuzend, es ist ein schier undurchdringlicher Verhau von roten Linien.

Seltsam mutet aber nicht nur der inflationäre Gebrauch der roten Linie an, sondern die Verwendung des Begriffs überhaupt. Während im Amerikanischen die »Red line« oder auch »Thin red line« sprachlich verankert ist, wirkt die rote Linie im Deutschen aufgesetzt und aufgemalt, wie eine der üblichen Simulationen eben. (Abweichung eins, für unsere Rätselfreunde: Vertausch im »üblichen« das »ich«, dann bist du fix beim üblen ich.) Im Deutschen ist eher »die Grenze« oder auch »die allerletzte Grenze überschritten«, während der die Zugehörigkeit zum Bildungsbürgertum insinuierende »Rubikon« ausgedient hat und offenbar versiegt ist; auch Cäsar ist aus der Zitatenwelt verschwunden, den riss Axel C. Springer mit sich ins Grab. Manchmal ist hierzulande noch melodramatisch »das Tischtuch zerschnitten«, aber eine rote Linie? Wer an seinem Unterarm eine rote Linie entdeckt, weiß, dass er eine Blutvergiftung hat. Alles andere ist verbaler Pustekuchen.

Wenn ich in jugendlicher Weltvergessenheit das Fenster zum Lüften auf Kipp stellte (Anmerkung zwei: Bitte nie »auf Kippe« sagen, eine Kippe raucht man entweder, bzw. wirft man sie weg, oder man bringt Müll dorthin), ohne vorher den Heizkörper auf Null zu stellen, stand, als hätte er's geahnt, mein Vater, der einer Generation angehört, die immer und überall Verschwendung wittert, im Zimmer und grollte: »Fenster zu! Wir heizen hier doch nicht für den Hof!«

Mein Fenster ging gar nicht auf den Hof, sondern auf die Straße. So spitzfindig konnte ich ihm nicht kommen, verkniff mir aber die gespielt naive Bemerkung nicht, »Wieso? Der Hof hat es doch auch gern schön mollig warm!« Mein Vater, eine Zornisse von Mann, antwortete barsch und klar, ohne eine rote Linie zu bemühen. Er sagte nur unmissverständlich: »Es reicht!« Bis heute halte ich diese Formulierung für vollkommen ausreichend, mit einer roten Linie muss niemand herumhantieren, zumal die Linie im deutschen Sprachgebrauch ebensogut blau, grün, gelb, violett et cetera oder schlicht klar oder schlank sein könnte, einmal durch den Farbkreis gejoggt und in die Malerpalette gesprungen. (Abweichung drei: Erst viel später fiel mir auf, dass »Heizkörper« ein treffliches Wort ist für Mann und Frau, wenn sie einander inniglich zugetan sind; viele Heizkörper haben Rippen, und der biblischen Legende nach wurde Eva von Gott aus einer Rippe Adams geformt.)

Die rote Linie aber wird weiter Konjunktur haben und Karriere machen in Deutschland; sie ist übertrieben genug, dass man sich gewichtig mit ihr aufblähen kann, das mag man hier. Wenn sich beim nächsten Mal eine dieser gerissenen alten Tanten an der Käsetheke vordrängelt, werde ich sie mutig andonnern: »Hier ist eine rote Linie überschritten!« und dabei eine ernste Miene aufsetzen.

So ist das mit der Blasebalgsprache: Die verwendeten Begriffe gibt es gar nicht, dennoch sind sie in aller Munde. Wer rote Linie sagt, gibt sich den Anstrich von Klarheit und Entschiedenheit, von markiger Entschlossenheit zu kompromisslosem, kernig-kantigem Handeln; es ist reine Rhetorik. Eine rote Linie ist in der deutschen Sprache so einleuchtend wie der alberne Schaumstreifen, mit dem Fußballschiedsrichter eine Abwehrmauer zu reglementieren versuchen und dabei aussehen, als spielten sie zum ersten Mal im Leben mit Rasier- oder Teppichschaum.

Rote Linien? Ich ziehe rote Linsen, Rote Beete und sogar eine rote Nelke im Knopfloch entschieden vor. Und rote Lilien sowieso.

# Anbaden

Im späteren Frühjahr kommt es im Freibad oder am See zum »Anbaden«; die Vorsilbe »An« in Anbaden (oder auch in, müffel, Angrillen) ist so alt wie rätselhaft. Wäre der erste Kuss im Jahr dann das Anküssen? Der erste Sex im Leben wäre demnach das Anvögeln, Anficken, Anpoppen, und der erste Rektalverkehr das Ananalen? Was aber ist mit der Ananas? Nennt man deren Erstverzehr dann Anananassen?

Das Anklopfen, Anmelden, Ankobern, Anfassen, Anstrengen, Anecken, Anhaben, Antackern, Anflanschen, Anschleimen oder das Anquatschen und Anlabern (merke: immer »von der Seite«) sowie das Anschwitzen und Anbrennen (in der Küche) haben dagegen nichts Anorganisches an sich, während der Anwalt wieder angeklebt wirkt, weil er ja nicht waltet, sondern Anwandlungen hat und eben anwaltet und etwas »angedacht« hat. Die Behauptung, etwas »angedacht« zu haben, heißt nur, dass man nicht zuende gedacht hat beziehungsweise eigentlich noch gar nicht und gar nichts, sondern irgendetwas schnell und beliebig Herangegrapschtes in den Ventilator wirft.

Das Gegenteil von analog, das immer so klingt, als ob Anna wieder gelogen hätte, ist nicht alog, sondern digital – wie das tiefe, tiefe Digi-Tal der Tränen, der Einsen und bevorzugt der Nullen.

Gegen das »Andenken« lobt man sich die guten alten Andenken aus dem Andenkenkiosk – bitte nicht »-shop« oder »-center« dazu sagen, das klingt und riecht immer so nach »WC-Center« –; die mögen kitschig oder nutzlose Stehrümchen sein, sind aber eben Andenken zur Erinnerung und wurden nicht, brrrr, »angedacht«, auf das dann zwangsläufig das selbstsatte, angeberische »Wir haben das mal angestoßen« folgt – nein, mit solchen möchte man nicht anstoßen. Während das Anstupsen wie das Angestupstwerden wirklich schön sind: neckisch, vertraut, ermunternd, dezent.

Im Rundfunkstudio – wo ich ab und an zu tun habe – gibt es zum Ein- (nein, in diesem Fall nicht zum An-) pegeln das Ansprechen (siehe auch: räuspertaste dich da mal ganz vorsichtig ran...). Aber das ist ein anderes Thema, so wie ja nach Arthur Rimbaud auch Ich ein Anderer ist, und die Folgen dieses reichlich angejahrten wie auch abgestandenen Diktums müssen dann andere ausbaden.

# Dicke Denke an der Raste

»Denke«, »Kenne«, »Schreibe«, »Tanke«, »Raste«: Optimistische Philologen könnten wohl meinen, bei diesen viel gebrauchten Wörtern handele es sich um den von ihnen bevorzugten Umgangston, den Imperativ – oder aber um die jeweils dritte Person Singular Konjunktiv von »denken«, »kennen«, »schreiben«, »tanken« und »rasten«. Die Worte beschrieben also in indirekter Rede, dass jemand denkt, etwas kennt oder schreibt, dass er oder sie tankt oder rastet. Aber erstens gibt es keine optimistischen Philologen, sondern nur zermürbte und kulturpessimistische, und zweitens handelt es sich nicht um Verbformen, sondern um moderne Substantive. Mangelt es jemandem an einer zündenden Idee, dann hat er einfach nicht »die richtige Denke«. Verfügt er nicht über ausreichend Wissen, fehlt ihm »die nötige Kenne«. Manchem Schriftsteller wird »eine gute Schreibe« attestiert; der Leiter des Göttinger Literaturherbstes sprach sogar schon von »geilen Briten«, die »einen heißen Reifen schreiben«, weshalb er sie »nach vorne bomben« wolle. Das passt dann schon eher an die »Tanke«, den Treffpunkt von zum Komasuff entschlossenen jungen Menschen, die das Wort »Tankstelle« nicht mehr vollständig auslallen können, sondern es gerade noch zur »Tanke« schaffen, oder, falls sie motorisiert sind, zur »Raste«, der Autobahnraststätte.

Das »Denken«, das »Kennen« und das »Schreiben« sind sächlich abstrakt – in der Umgangssprache werden sie weiblich konkret: die »Denke«, die »Kenne«, die »Schreibe«. Hat, wer schnell laufen kann, analog »eine gute Renne«? Und wer treffsicher schießt, »die richtige

Knalle«? »Tanke« und »Raste« allerdings sind keine Verweiblichungen, sondern Abkürzungen – Ausdrucksformen also, die einerseits die Sprache schneller machen und andererseits die Souveränität des Sprechers unter Beweis stellen sollen. Wer zugunsten einer Initiative Transparente malt und Flugblätter schreibt, der fertigt in seiner eigenen Sprache – beziehungsweise seiner eigenen »Spreche« – »Transpas« und »Flugis« für die »Ini« an. Das klingt niedlich, cool, locker, flockig und fluffig, es scheint die Zugehörigkeit zur richtigen Gruppe zu beweisen – und es suggeriert, da beherrsche einer den Gegenstand, mit dem er es zu tun hat.

Die DDR-Wortschöpfungen »Plaste« und »Elaste« dagegen dienten ursprünglich der gesellschaftlichen Unterscheidung; »Plastik« und »Elastik« waren englischstämmig, kapitalistisch und böse, Plaste und Elaste deutsch, sozialistisch und gut. Wer heute »Plaste« oder gleich »Plaste und Elaste aus Zschkopau« sagt, betont damit entweder seine DDR-Herkunft – oder demonstriert, durch ironischen Gebrauch, dass er zur DDR auf Abstand hielt und immer noch hält, obwohl es sie längst nicht mehr gibt.

Die Bundesrepublik ihrerseits hatte vieles, das es in der DDR nicht gab – zum Beispiel Religionsunterricht, der bei Schülern selbstverständlich verkürzt »Reli« hieß, manchmal aber auch »Region«. Diese saloppe sprachliche Entheiligung setzt sich fort, wenn im Andenkenladen christliche Devotionalien als »Devos« angeboten werden, was stark nach dem englischen Plural »Devils« klingt, nach Teufeln. Und die Dämonen des Kommerzes und des schlechten Geschmacks stecken ja tatsächlich in jeder Devotionalie, in jedem Kitschbild vom Pontifex, in jedem Kruzifix aus Plastik oder Plaste, das man sogar an der Tanke kaufen kann oder an der Raste.

# Inter esse oder Interessen?

Etymologisch stammt das deutsche Substantiv »Interesse« vom lateinischen Verb »inter esse« ab und bedeutet: »dabei sein«, »dazwischen sein«, »beteiligt sein«, »an etwas Anteil nehmen«. »Interesse« ist aber auch ein juristischer Terminus, der sich vom römischen »quod in re est« ableitet; in diesem Verständnis heißt »Interesse«: »was in der Sache liegt«, »worum es geht«, »was von Wichtigkeit ist«.

Über die Unkenntnis solcher nur scheinbar belanglosen Feinheiten kann ein Präsident stolpern, stürzen, fallen – indem er von Interessen spricht, ohne zu wissen, wovon genau er redet. Der Hang zum routiniert engagierten Herumschwatzen war ohnehin das hervorstechende Markenzeichen Horst Köhlers. Dann aber sprach er im Radio einen Satz, der ihm zum Verhängnis wurde und der wörtlich und ungekürzt so lautet:

»Meine Einschätzung ist aber, dass insgesamt wir auf dem Wege sind, doch auch in der Breite der Gesellschaft zu verstehen, dass ein Land unserer Größe mit dieser Außenhandelsorientierung und damit auch Außenhandelsabhängigkeit auch wissen muss, dass im Zweifel, im Notfall auch militärischer Einsatz notwendig ist, um unsere Interessen zu wahren, zum Beispiel freie Handelswege, zum Beispiel ganz regionale Instabilitäten zu verhindern, die mit Sicherheit dann auch auf unsere Chancen zurückschlagen negativ durch Handel, Arbeitsplätze und Einkommen.«

Nachdem ich mich durch den Rohr-frei-Schwall von 76 Wörtern zuerst hindurchgehört und später hindurchbuchstabiert hatte, fragte ich mich bang: Und wer übersetzt das jetzt ins Deutsche? Muss ich denn alles machen? Doch auch dieses Joch noch nahm ich auf mich. Niemals bin ich als staatstragend aufgefallen und werde damit auch nicht anfangen; wenn man aber die Möglichkeit hat, einem Bundespräsidenten bei einer Alphabetisierungskampagne zu helfen, die nicht in Afrika, sondern in seiner eigenen Gummibirne stattfindet, darf man gnädig sein und ein paar Momente Lebenszeit opfern. Behinderte verdienen unseren Respekt; bei den Indianern galten sie als besondere Lieb- und Schützlinge des Großen Manitu, daran will ich mich halten.

Was also sind die Interessen in Afghanistan, die Horst Köhler quallmundig »unsere Interessen« nannte, obwohl sie ganz sicher nicht die meinen und auch nicht die der meisten Insassen dieses Landes sind? Was wollte er seinen Zuhörern mit dem Satz, der ihm einen Ehrenplatz unter den rhetorischen Rosinenbrötchen der deutschen Stammelpolitik sichern wird, verklickern? Dass man ein bisschen interessiert ist an dem, was in Afghanistan geschieht und deshalb in mitmischerischer Absicht bewaffnete und besoldete deutsche Touristen dort hinschickt? Oder dass am Hindukusch selbstverständlich für die Freiheit der Deutschen Bank und der deutschen Rüstungsindustrie gemordet und entsprechend auch gestorben wird?

Köhlers verquollene Worte spiegeln die Verheucheltheit der deutschen Politik, die längst im Krieg ist und sich aber feige und schmutzig herauszuwinden sucht. Die Grünen, die Köhlers Sturz betrieben, sind prinzipiell gegen den Krieg – und in jedem einzelnen Fall schweren Herzens dafür. Dieses schwere Herz ist der moralische Mehrwert der Grünen. Mit der Gründung der Grünen endete die Politik in Deutschland; der Kleingartenverein ist in zwei Zeilen zusammenfassbar: Ist das Hirn zu kurz gekommen / wird sehr gern Moral genommen. So ist man wieder da, wo sich alle Öffentlichkeit erschließt: in der Sprache. Hören Sie noch einmal hin: »Meine Einschätzung ... aber, dass insgesamt wir auf dem Wege sind, doch auch in der Breite der Gesellschaft zu verstehen, …ein Land unserer Größe … im Notfall auch militärischer Einsatz … unsere Interessen …«

Womit mein Interesse am Schicksal eines sprachlich und kopfmäßig Insuffizienten rückstandslos erloschen ist.

*Inter esse* an Köhler? – Ach nein!
Wer will schon beim Lallen dabei sein?

# Murmeltier und Hechtsuppe

Zum »Tag der deutschen Sprache« am 12. September 2009 fühlte sich die Opernsängerin Edda Moser zu einer Diagnose nicht nur bemüßigt, sondern sogar im Stande. »Die deutsche Sprache verendet wie ein krankes Tier«, behauptete, hochdramatisch und schon selbst schier zuckend, die Künstlerin; ein paar Nummern kleiner hatte sie es offenbar nicht. Die Sprache aber hält viel aus, die hysterisch kitschige Metapher einer Opernsängerin ebenso wie den zeitgleich zum wiederholten Male vergeblich unternommenen Versuch eines Journalisten der *Leipziger Volkszeitung*, einen halbwegs unfallfrei formulierten Kommentar zu schreiben: »Faruk Husni aus Ägypten ist ein Antisemit. Das kommt in den besten Familien dieses und vieler anderer Länder vor.« Dieses Länder? Von Singular und Plural hat der Autor, ein professioneller Schreiber, offenbar noch nichts vernommen. Aber wozu die einfachsten Regeln kennen, wenn es doch nur darum geht, mit den ältesten Gemeinplätzen über die besten Familien der Welt ein gegen Antisemitismus ebenso notorisch geübtes wie aggressiv unempfindliches Publikum anzukumpeln?

Wer die Sprache liebt, wer ihr auf den Grund gehen und ihr auf all ihre schönen Schliche kommen will, hat mannigfach Gelegenheit dazu, und Freude macht das auch. »Hier zieht es ja wie Hechtsuppe«, sagt einer, und der Zuhörer wundert sich: Kann Hechtsuppe ziehen? Und wenn ja, wie macht sie das? Auskunft gibt, wie immer, ein kluges Buch: »Die Redensart ›Es zieht wie Hechtsuppe‹ hat nichts mit dem Fisch zu tun, sondern kommt vom jiddischen ›hech supha‹ – starker Wind«. Diese und andere Erklärungen hat Christiane Schlüter in ihrem Buch »Da liegt der Hase im Pfeffer. Redewendungen und ihre Herkunft« zusammengetragen. »Du kriegst die Motten!« ruft aus, wer seinen Unglauben äußern möchte; ursprünglich sind »die Motten« eine volkstümliche Bezeichnung für Tuberkulose. Wenn einem nicht gleichgültig ist, was man sagt, tut man gut daran, um die Mehrdeutigkeit von Wörtern zu wissen.

Apropos Wissen: »Wer weiß, wo Barthel den Most holt, der weiß, wo es etwas zu holen gibt, kennt alle Tricks und Kniffe. Man denkt an den süddeutschen Barthel (Kurzform von Bartholomäus), und an den Most (den jungen Wein). Die Redewendung kommt aber aus der Gaunersprache Rotwelsch, wo Barthel eigentlich jiddisch barsel ›Eisen‹ bzw. im Rotwelschen ›Brecheisen des Einbrechers‹ ist und Most jiddisch moess, ›Geld‹.« Das schreibt Heike Olschansky in ihrem Nachschlagewerk »Täuschende Wörter. Kleines Lexikon der Volksetymologien«.

Hier bekommt man Antworten auf Fragen, die man sich stellt, wenn man Sprechen nicht für einen bewusstlosen, vollautomatischen Vorgang hält: Ist ein Pappenstiel aus Pappe? Murmeln Murmeltiere? Warum heißt man den Tolpatsch einen Tolpatsch? Handelt es sich bei Fleischpflanzerln wenigstens zur Hälfte um ein vegetarisches Gericht? Wird ein Lungenbraten tatsächlich aus der Lunge eines Tiers geschnitten?

Und ist es nicht soviel reizvoller, sich diese und anverwandte Fragen zu stellen und klug beantworten zu lassen, als verdrossen und gnatterig über den Verfall der deutschen Sprache herumzunöckeln und zu eddamosern?

# Damen- und Herrendämmerung

Das Wort »Krise« ist ein Einschüchterungsinstrument. Es soll Angst erzeugen, das ist sein Sinn, und es erzielt Wirkung, eben weil es vage und diffus ist. Wenn man sie distanziert betrachtet, entpuppt sich die Krise als Aufbauschware von so geringem Gewicht, dass die Angst ausbleibt und dem Gelächter weicht.

Viel Feuilletonistisches ist über »die Krise des Mannes« ventiliert worden, und entsprechend geht unter manchen Frauen das Gerücht um, diese Krise sei auch für Frauen gefährlich. Handelt es sich um eine mediale Halluzination, oder gibt es sie tatsächlich, die Krise des Mannes? Und stünde nach der Herrenkrise bald eine Damendämmerung ins Haus? Müssen sich gestandene Frauen wie ich lebenslang um verängstigte Männlein kümmern?

Gegenstand der allgemeinen Klage ist die Annahme, Männer wollten oder könnten keine Männer mehr sein. Es fehle ihnen der Mut zur Männlichkeit. Schuld sei der Feminismus, der durch Erosion des männlichen Selbstbewusstseins auch die Erektion ins Wanken gebracht habe. Der museale Feminismus aliceschwarzer'scher Provenienz habe Männer undifferenziert als »Schwanzträger« verächtlich gemacht; seine Protagonistinnen hätten nichtsdestotrotz erwartet, dass die Träger wie das Getragene auf Wunsch jederzeit zur Verfügung stünden. Schön war das nicht, klug ebenfalls nicht, aber musste man es ernst nehmen?

Das Lamento über den armen Mann wurde weiter angefacht durch Herbert Grönemeyers »Wann ist ein Mann ein

Mann?« Die Antwort war leicht: Wenn er solches Geplärre nicht auch noch mitsingt, beispielsweise. Das modische Bedürfnis nach weinerlicher Beschwerdeführung wird durch permanente Selbstbejammerung befriedigt: Man müsse als Mann heutzutage ja nicht nur Ernährer und Verdiener sein, sondern auch noch fanatisch treusorgender Vater, ein Koch auf Profiniveau, ein begeisterter Müllrunterbringer im athletisch gestählten Körper eines Unterhosenmodels, der auch ein diversifiziertes Portefeuille an Freizeitaktivitäten im Angebot hat und jederzeit *bella figura* macht. Bei sogenannten Frauenthemen soll er kein verächtliches Gesicht ziehen, und ein partytauglich skandalöses Buch soll er zumindest soweit vom Hörensagen kennen, dass er halbwegs unfallfrei darüber mitquakeln kann. Das sind so Sorgen. Wer jeder Mode aufsitzt und dann auch öffentlich darüber herumheult, muss sich fragen lassen, ob er nicht aus selbstverschuldeter Dämlichkeit vom Schwanz- zum Leidträger herabgesunken ist.

Die gute Nachricht zum Frauentag lautet: Nicht alle Männer sind dumm. Deshalb sind handkehrum aber nicht schon automatisch alle Frauen klar im Kopf. Auch die tiptopmoderne Frau ist eklektizistisch zusammengeklempnert nach Maßgabe des Konsumismus. Karriere, Kinder und Beauty pellt sie täglich aus dem Ei und geht anschließend nahtlos zu feurigem, hemmungslosem Sex über. Das stimmt zwar überhaupt nicht, aber die Emanzipiertheitsdarstellerin hat zumindest den Katalog der Frauenzeitschriftentaffheit drauf, die Rhetorik, die Körpersprache, den Chic, den Look, und ihr Parfum ist die Suggestion, dass sie zu jeder Zeit über jede Option verfügen könne. Es soll Leute geben, die das »irre spannend« finden und, unangenehmer, das dann auch noch genauso sagen. Und wenn du gähnst, dann gähnt auch ein Teil von mir.

Die »Anforderungsprofile«, von denen zu Beginn des 21. Jahrhunderts soviel die Rede ist, zielen nicht auf Frauen und Männer, sondern auf Konsumenten; geschlechtsspezifische Unterschiede sind nur insofern von Belang, so sie das Konsumverhalten prägen. Für Frauen und Männer dagegen gilt: Sie sind aus Fleisch und Blut und sie reden zuviel, auch und im besonderen über Frauen und Männer. Aber mit Humor und mit einer Ohrendunstabzugshaube ist auch das zu ertragen.

# Wenn ein Paket beschlossen wird

Die Stimme des Radiosprechers sagte: »Das Paket kann beschlossen werden.« Ich zuckte zusammen. Wie jetzt? Paket? Beschließen? – Quatsch! Pakete packt man, oder man bekommt sie, Pakete kann man verschicken oder empfangen, nicht aber beschließen.

Dennoch gibt eine seriös wirkende Radiostimme das von sich, und sie klingt, als ob sie wisse, wovon sie spricht: »Das Paket kann beschlossen werden.« Ich möchte mich nicht als übermäßig sensibel (und schon gar nicht als sensirrbel) darstellen, aber ich bekomme Trommelfellzirrhose, wenn ich das oder eine nicht minder deprimierende Variante anhören muss: »Das Paket kann verabschiedet werden.« Denn was beschlossen ist, kann auch verabschiedet werden, und wenn das Paket auf die Reise geht, steht ein Dutzend Männer mit ernstem Gesichtsausdruck und steifem Anzug am Ufer, nimmt Abschied und singt Lebewohl: »Good-bye, Paket, good-bye, good-bye, auf Wiederßähn …«

Ich bin nicht wolkenkuckucksverheimert; mir schwant schon, was das für eine Art Paket sein soll, das erst beschlossen und dann verabschiedet wird: ein Konvolut von Gesetzen, ein Knäuel oder Bündel bürokratischer Verordnungen, aber beim Wort »Bündel« denke ich gleich an ein Mündel beziehungsweise schlagartig an mündelsichere Wertpapiere, von denen ich einst las oder hörte: mündelsichere Wertpapiere, was für eine Einflüsterung, bis heute weiß ich nicht, worum es sich dabei handelt, doch tagelang könnte ich dieses Mantra ventilieren und durchgrübeln, »mündelsichere Wertpapiere, aaah …«, aber das führt vom

Wege ab, das bringt alles durcheinander, da kommt man in Tüdder, wie meine Omma sagte, Liesbeth Kotsch, geborene Pluppins, aus Tilsit in Ostpreußen, die begnadetste und vorbildlichste Paketpackerin meiner Kenntnis.

Wahrhaftige Lebensrettungspakete schickte sie mir Anfang und Mitte der achtziger Jahre nach Berlin, gefüllt mit selbstgestrickten Socken, Schinken, Wurst, Käse und immer zwei Schachteln filterlosen Zigaretten, an denen zuverlässig ein mit Tesafilm fixierter Zettel klebte: »Aber nur zum Anbieten!« Einmal kam ein Paket abhanden; Omma schickte ein neues, und als ich es aufmachte, lag obenauf ein Zettel mit der Anrede »Hallo, Dieb!« Der potentielle Paketschänder wurde darauf hingewiesen, was für ein haltloses, verkommenes, schurkisches, übles, widerwärtiges und ahndungswürdiges Subjekt er sei, wenn er es wage, auch dieses Paket an sich zu bringen und seinem rechtmäßigen Empfänger zu entreißen. Ich möchte nicht der Dieb dieses Paketes gewesen sein; soviel Hornhaut auf der Seele gibt es gar nicht, dass man nicht für den Rest seines Lebens eine liebende ostpreußische Großmutter als Nemesis gespürt hätte, den heißen Atem ihrer Rache stets im Nacken, eine Kriemhild, dem Bösbock hinterhersteigend bis in die letzten Verästelungen seiner Alpträume noch.

Sprache ist nicht nur Mittel zum Zweck der Kommunikation – sie ist eine Möglichkeit, die Welt zu erlernen, sie sich zu eigen zu machen, nicht in einem rohen, barbarischen Akt der Unterwerfung und Untertanmachung, sondern langsam, behutsam, staunend, hingebungsvoll. Sprache wohnt die Chance inne, die Welt spielerisch zu begreifen, ohne sie dumpf zu begrapschen. Macht man aber bewusstlos und lieblos von ihr Gebrauch, wird sie stumpf und schäbig. Das Wort »Paket« mag für manche einen profanen Klang haben und mit jenem schalen Beigeschmack der Entwertung versehen sein, der Wörtern wie »Briefzentrum« oder »Serviceleistung« längst anhaftet. Weil ich aber weiß, wie viel Liebe in den fünf Buchstaben steckt, aus denen das Wort Paket gemacht ist, werde ich es immer verteidigen gegen Sprechautomaten, die Pakete beschließen und verabschieden wollen, obwohl das überhaupt nicht geht.

# Über das Vertrauen

Seitdem das Wort »Finanzkrise« in die medialen Ventilatoren geworfen wird, ist auch die Vokabel »Vertrauen« inflationär in Umlauf. Das Gerede vom Vertrauen ist das Echo des Krisengeschreis; der Vertrauenshöker folgt dem Finanzbetrüger wie ein Schatten. Wo betrogen wird, unterschlagen und gestohlen, müssen anschließend rhetorische Beruhigungsmittel ausgeschenkt werden. »Vertraue miiir ...!«, sang schon die Schlange Kaa in Walt Disneys Trickfilmadaption des »Dschungelbuchs« von Rudyard Kipling.

Um den kleinen Mowgli ungestört fressen zu können, bedurfte die Würgeschlange seines Vertrauens. Ähnlich überzeugend gebärden sich Vertreter von Wirtschaft und Politik, die »Rettungspakete schnüren«, »Regenschirme aufspannen« und um einen »Vertrauensvorschuss« werben, der ja längst gewährt und verspielt worden war.

Das Publikum wird versechsjährigt: Mutti Staat und Vati Wirtschaft bringen die Welt schon in Ordnung, und bald ist alles wieder gut. Hauptsache, alle gehen schön wählen und legitimieren durch solchen Vorschuss den Schaden. Gegen jeden Erkenntnisgewinn soll Vertrauen als *carte blanche* gegeben werden. Infantilisierung und Debilisierung sind nicht nur beim Kitsch mit »Knut« und »Flocke« die Hauptaufgaben der Medien. Denen genau deshalb nicht zu trauen ist.

Man kann jemandem trauen, und man kann sich etwas trauen. In diesem seligen Zustand kommt man auf die Welt. Später begegnet man dann Leuten, die viel von Vertrauen reden: Eltern, Kindergärtnerinnen, Lehrer. So lernt man, auf Sprache zu achten: Die Vorsilbe »Ver« sagt in diesem Fall sehr deutlich, dass man sich ver-traut hat, also jemand Falschem traute. Wenn der Pfarrer von Vertrauen spricht, zuckt der Ministrant zusammen: Aua, Kirche von hinten.

Dennoch gibt es gute Gründe, kein misstrauischer Mensch sein zu wollen. Man möchte nicht mit einem leninistisch verbissenen »Vertrauen ja, aber immer auch prüfen!«-Gesicht herumlaufen und das Arge, das man ja meiden will, durch permanente Vorhersicht erst anziehen. Kassandrahaften, sich selbst erfüllenden Prophezeihungen haftet etwas Miesepetriges an, und Zivilisationspessimismus verströmt immer auch den Hauch von billigem Parfüm. Ein Mensch, der fröhlich leben will, muss bereit sein, betrogen zu werden. Warum sonst heiraten Menschen?

Betrug und Verrat sind anthropologische Konstanten und Tatsachen des Lebens. Nur Unerwachsene oder Heuchler streiten das ab – und reden, betrügend, von Vertrauen. Wenn ich jemandem mein Vertrauen schenken will, ist das ganz allein meine Sache und meine Entscheidung. Wenn es ausgenutzt wird, habe ich die Folgen zu tragen. Aber niemand muss so beschränkt und so langweilig sein, dass er sein Vertrauen an Wirtschaftsbosse und Bankiers, ihre Politiker und Journalisten und andere Angehörige der ehrenwerten Gesellschaft verschenkt.

# Von der Schneekatastrophe zum Gaskrieg

In Deutschland war Winter. Das hatte es lange nicht gegeben; in den Krawallmedien, die Anfang 2009 die bedauerliche Tatsache ihrer 25-jährigen Existenz als Grund zum Feiern missverstanden, kommt längst kein Winter mehr vor. Sondern stattdessen: »Schnee-Chaos!« Oder, noch *Bild*-kompatibler: »Schnee-Katastrophe!« Was ins Deutsche zurückübersetzt bedeutet, dass man vielleicht die Scheiben seines Autos freikratzen oder eine Viertelstunde lang auf einen Zug warten muss.

Dann aber kam tatsächlich ein Winter, und mit dem eisigen Wind aus den sibirischen Lagern bekam man, ebenfalls aus Russland, eine weitere und offenbar hoch willkommene Hiobsbotschaft frei Haus geliefert: den Gas-Krieg. Russland und die Ukraine befinden sich schon lange in einem Streit, der medial als Duell in Szene gesetzt wird: Moskau gegen Kiew, Gazprom gegen Naftogaz, Putin versus Timoschenko. Von »Gas-Diebstahl« war die Rede, auch die Europäische Union hatte viel dazu zu sagen. Als in einigen Ländern das Gas knapp zu werden drohte, wurde der eigentlich strafrechtlich relevante Vorwurf der ökonomischen »Geiselnahme« erhoben.

In Deutschland hätte man ein paar seltene, angenehm verlangsamte Wintertage genießen können. Der damalige Bundeswirtschaftsminister Michael Glos betonte mit bernhardinerhafter Jovialität: »Deutschlands Wohnzimmer bleiben warm.« Doch ohne Schreckensszenarien scheint vielen das Leben keinen rechten Spaß zu machen. In den Redaktionen der Vulgärmedien malt man sich also Katastrophen aus. Katastrophen sind die »Sissy«-Romane des Journalismus, sie kosten nichts und erzielen große Wirkungen beim Publikum.

Darf sich Europa, darf sich Deutschland, dürfen WIR uns von Russland erpressen lassen? – So fragen Leitartikler, und man weiß wieder, warum und wofür Kriege geführt werden und weshalb deutsche Soldaten in Afghanistan schon mal üben. Menschenrechte sind ein gut klingender Vorwand für wirtschaftliche Interessen, und in mancher Schreibtisch- und Laptop-Existenz liegt viel kriegerisches Potential verborgen. Zwar ist niemand bedroht in Deutschland, doch genügt es, sich das vorzustellen und sich in die Rolle eines Großstrategen hineinzuphantasieren.

Mir aber gefiel es, den rhetorischen Katastrophismus auszublenden und einfach den Winter einen Winter sein zu lassen. Durch knackende Kälte zu stapfen und sich anschließend am Feuer zu wärmen, ist eine archaische Lust. In der Sauna zu schwitzen und sich im frischen Schnee zu wälzen, beschert animalische Freude und bärenhaftes, großes Glück. Man ahnt, wie frei Bruno sich gefühlt haben muss, bevor er genau deshalb abgeknallt wurde – nicht zu vergessen, wo: im sogenannten Freistaat Bayern.

# Warum ich kein Hypochonder geworden bin

Hypochonder? Ich weiß nicht, was das sein soll – das Wort klingt in meinen Ohren wie eine Mischung aus HypoVereinsbank und Expander; von beidem verstehe ich nichts. Der *Kluge*, das etymologische Wörterbuch der deutschen Sprache, klärt mich auf: »Person mit unbegründeten Krankheitsvorstellungen. Rückbildung zu *hypochondrisch*, schwermütig (zunächst nur über Männer gesagt, im Gegensatz zu [weiblich] *hysterisch*). Es geht zurück auf griechisch *hypochóndrios*, unterhalb des Brustknorpels liegend. (…) Nach antiker Auffassung saßen die Gemütskrankheiten im Unterleib.« Ich will nicht klüger als der *Kluge* sein, sondern den Sachverhalt vielmehr in meinen eigenen Worten bestätigen: Sitz der Seele ist die Möse / Ohne Liebe wird sie böse.

Schon allein deshalb möchte man doch kein Hypochonder sein, kein männlicher Hysteriker, der in zwanghafter Selbstbeobachtung Krankheiten an sich entdeckt, egal, ob er sie hat oder nicht oder ob er sie von all der Einbildung erst bekommt. Hans Christian Andersen litt an solchen Krankheitsphantastereien; Eckhard Henscheid konstatierte an sich, als er vor Jahren das Rauchen aufgab, die Stoffwechselumstellungsfolgekrankheiten gleich en gros. Was die unterdessen erfolgte Generaleinführung des Rauchverbots aus sogenannten volksgesundheitlichen Gründen in einem ganz anderen Licht erscheinen lässt: Was ist gewonnen, wenn aus Millionen von schmaddrigen Teerabhustern Millionen von Nervenbündeln werden, die 147 oder 159 neue Krankheiten an sich diagnostizieren, und die ihre Entdeckungen ja auch nicht für sich behalten, sondern sie ohne jede Rücksicht auf Kamerad Mitmensch ausjallern?

Über Krankheiten reden ist etwas für Kranke oder für Leute, die sonst nichts oder nichts mehr haben, mit dem sie sich spreizen und wichtig machen können. Mit bedeutungsgesättigter Miene und Stimme sitzen sie da und reißen Gespräche an sich, um die vom Arzt erstellte Diagnose langatmig, dabei jedes einzelne Wort zäh malmend und auskostend wiederzukäuen und die Zeit eben nicht gnädig ruckzuck totzuschlagen, sondern streckfolternd zu zerquälen. Der Arzt, selbstverständlich eine Kapazität auf seinem Gebiet, findet gerade ihren Fall ganz besonders speziell und hochinteressant, und dann muss man stundenlange Amateurmedizinermonologe und Selbstdiagnoseexpertisen über sich ergehen lassen. Selbstverständlich gibt es eingebildete Kranke; es kommt aber eben auch häufig vor, dass einer durch Krankheit erst eingebildet wird.

Nach einem unfreiwillig durchlittenen Vortrag über Heimtücke und Gefahr von Zeckenbiss, vulgo Borreliose, stand ich auf, beugte mich über den Siechtum simulierenden Sprecher, brachte meinen Mund an sein rechtes Ohr und flüsterte nach Art Marlon Brandos im ersten Teil von Francis Ford Coppolas »Paten«, also gedehnt und wie mit tamponierten Backentaschen: »Es ist mir eine Ehre, für Sie zu arbeiten, Don Borreliose … Wissen Sie, ich brauche Schutz … für meine Familie … Nur Sie in Ihrer unendlichen Güte können ihn gewähren, mi Padrino, nur Sie allein, Don, Don Borreliose ...!« Es nützte nichts; der Auswalzertänzer seiner eigenen Krankengeschichte ließ sich das Heft des Laberns nicht mehr aus der Hand nehmen.

Es gibt viele gute Gründe, kein Hypochonder zu sein. Der wichtigste ist dieser überlegen-ironische Blick, den manche Frauen aufsetzen, wenn ein Mann tatsächlich krank ist. Sie haben dann dieses implizite »Ja, ja, der Ärmste, er hat mal wieder nichts« in den Augen; die Unterstellung, ein Mann mache per se und qua Geschlecht aus einer leicht verschnupften Mücke einen krebskranken Elefanten, während Frauen an und für sich und überhaupt ja sowas von tapfer seien. Als letzte Trumpfkarte spielen sie ihr Frausein aus: »Und überhaupt, du kannst gar nicht mitreden, du hast noch nie ein Kind bekommen!« Allein um solchem Passionspathos zu entgehen, stelle ich mich lieber gesund als krank oder tot.

Hypochonder? Schon das Wort ist ohne Liebreiz. Es spricht sich mit unangenehm rachigem »ch« – manche, vor allem die der deutschen Sprache abholden Insassen Bayerns, sagen allerdings »Hypokonder«, so wie sie China »Kina« nennen. Hypokonder reimt sich auf Anakonda, also auf Würgeschlange, und das war's dann auch schon. Das Breitreifenbayerische hat sich noch nicht zum Mitglied der Menschensprachenfamilie entwickelt, sondern entstammt noch direkt dem rückwärtsgewandten Teil einer muffigen Lederhose. In Bayern nennen sie das, auch anatomisch verblüffend, Mundart.

Angesichts einer mit Hypochondern und Simulanten vollgeprengelten Welt ziehe ich es vor, das Gegenteil eines Hypochonders zu sein: ein stoischer Ärztevermeider, der sich nicht in Behandlung begibt, sondern sagt: »Ach, das ist doch nichts, das vergeht schon«, und am Ende wird es dann richtig blöd. Aber was soll ich machen? Stil zählt mehr als Gesundheit.

## Herzstrittmatter, Fiskuswerfer

Es ist mir in diesem Leben bisher nicht gelungen, mich für das Wort Rente zu entflammen. Der Tag, an dem ein Nachbar mir völlig ungebeten erzählte, er habe sich seine Wohnung als »Einstieg in seine Altersversorgung« gekauft, war der letzte, an dem ich mit ihm so etwas ähnliches wie Konversation machte; ich möchte anders sterben als zu Tode gelangweilt. Vom sprichwörtlichen kleinen Sparer heißt es, dass er hinterher immer der Dumme sei – das ist nur die halbe Wahrheit, er ist es auch schon vorher. Mit der Bausparvertragsorte Mensch kann man mich jagen. Wer Gespräche über günstige Kreditkonditionen führen will, möge die Gelegenheit meiner Abwesenheit dazu nutzen und sich anderswo die Zinsfüße waschen.

Jawohl, die Zinsfüße – denn auch ich habe eine Kasse, in die ich einzahle, weil der Mensch nun einmal in irgendeine Kasse einzahlen muss; er ist so beschaffen, es ist ihm ein Bedürfnis, es gibt ihm ein gutes Gefühl, das er nicht reflektieren, sondern einfach nur haben will. So stellte ich eine Pappschachtel auf den Schreibtisch der Süßen und erklärte sie zur persönlichen Sparkasse. Zwar hätte ich jeden Tag einfach so und anlasslos ein Geld dort hineinlegen können, aber ganz ohne sportlichen Ehrgeiz hatte die Sache keinen Reiz. Also behauptete ich kühn, in nur kurzer Zeit ein Häuschen im Mecklenburgischen zusammenkalauern zu können; pro Kalauer sollten jeweils drei Euro fällig sein. Mit einer Bayreutwilligkeit, wie sie sonst nur der Regisseur Schlingensief an den Tag legt, machte ich mich an die Arbeit – und siehe, die ersten drei Euro waren im Sack.

Ich setzte an zum Quantensprung von Agadir und ließ nichts mehr aus. Niemals würde ich die Flinte in den Doppelkorn werfen, erklärte ich – und zahlte ein. In der irischen See stehend nannte ich mich Usama Bin Baden und setzte noch einen drauf: U sama denn hier gelandet?, rief ich und manifestete rundheraus: Das Auge friert mit, warf mich dennoch ins Meer und schwärmte unverzüglich von der herrlichen Marlon Brandung – federleicht waren zwölf Euro gewonnen, die Sache ließ sich gut an.

Beim Sardellenessen bezichtigte ich mich, ein Anchovinist zu sein, gelobte aber Besserung: Bald schon wäre ich ein Gatto macchiato. Au-er, das tat schon sehr weh, mir selbst übrigens am meisten (wie sonst schlagende Eltern immer besonders abgefeimt erzählen), auch wenn mir das keiner glauben wollte, aber ich hatte, mit Asterix gesprochen, einen Kessel zu füllen. Eine Limonade wurde bestellt – Hoppe hoppe Reiter, wenn er fällt, dann *Sprite* er, kommentierte ich, die Anwesenden sackten gequält zusammen, und langsam schwante mir, dass meine Mission harsche soziale Folgen nach sich ziehen würde.

Im Zoo bewunderte ich lauthals eine Herde Dalai Lamas, beim Lesen Chestertons brachte ich Pater Browning ins Spiel. Dem deutschen Literaturbetrieb empfahl ich einen Herzstrittmatter, im Lokal bestellte ich einen strammen Hacks, und im Fahrstuhl eines Dubliner Hotels behauptete ich felsenfrech, der Buchstabe G stehe nicht für Ground Floor, sondern für Gerdgeschoss – womit ohne Zweifel ein Tiefpunkt erreicht war, in jeder Hinsicht.

Für die Olympischen Spiele ersann ich gemeinsam mit Friedrich Küppersbusch eine neue Disziplin: Fiskuswerfen. Das immerhin wurde mit Freuden aufgenommen – wer schleuderte nicht gern die Geldeintreiberschergen so weit von sich wie möglich? Bei Verhandlungen mit dem

Reclam Verlag gelang mir der Durchbruch als Übersetzer. Reclam, sprach ich, heiße auf deutsch: wieder klamm. Der Witz stieß indes nicht auf Gegenliebe – gut möglich, dass diese drei Euro mich teuer zu stehen kommen, aber mit so etwas muss man rechnen, das kann schon mal vorpommern.

# Im Sparadies der Friseure

In einem Land, in dem *Bild* als Zeitung durchgeht und Guido Knopp als Historiker firmiert, gelten Friseure als Hirnforscher. Und führen sich manchmal auch so auf.

Wer mit offenen Augen durch die Welt geht, liest schon rein gewohnheitsmäßig alles, was geschrieben steht im öffentlichen Raum, auch wenn er sich damit manche Last aufbürdet. Neben dem Kontoauszugsdrucker der Sparkasse hing ein Plakat, das ein »Sparadies« anpries. Unübersehbar und gleich mehrfach verhieß man mir: das Sparadies.

Lüge, Betrug, Heuchelei und Nepp sind ja immer in ausreichender Menge und Vielfalt vorhanden und im Angebot. »Sparadies« jedoch hat die Ausstrahlung einer unerwünschten Zugabe: 25 Jahre Kundendasein bei der Sparkasse lehrten mich, dass ich bei diesem Anbieter jeden Service am Automaten selbst erledige und dafür dann Gebühren zahle. So sieht das Sparadies aus, das Sparadies auf Erden.

Kopfschüttelnd verließ ich die Filiale dieses Geldinstituts und raufte mein Resthaar – das, wie ich feststellte, lang und wallend zu werden drohte, als sei ich ein Jugendlicher, oder, bedauernswerter, ein Operettenkünstler. Die Matte muss ab! Die kommt runter! Du gehst zum Putzer!, beschloss ich barsch und machte mich daran, einen Friseurladen aufzusuchen. Ich fand auch gleich einen; er hieß aber »Hair Force One«. Ungläubig las ich das und floh, Blitzeis im Genick.

Aber wohin mich begeben, wohin mich wenden? »Hairdamit«, verlangte der nächste Friseur im Stil eines Straßenräubers, Wegelagerers und Raubritters. Dem wollte ich nicht in die Hände fallen, aber auch keine Coiffeurstube namens »Kopfsache« betreten – dagegen war ja das legendäre »Gard Haarstudio« aus den 70er Jahren mit Jacques Galèt eine humanistische Angelegenheit gewesen.

Ich taumelte weiter. »McCut« hieß der nächste Haar- und Halsabschneider, und es nahm kein Ende mehr. »Die Frisierbar« las ich und lächelte noch, »Cuthaarstrofal« ließ mich beinahe zusammenklappen, »Wächst schon wieder« warb dagegen relativ charmant mit dem eigenen Unvermögen. »Eckzackt« war von grausamer Zwanghaftigkeit, einem »Headhunter« wollte ich meinen Kopf nicht einmal äußerlich anvertrauen, und »Querschnitt« klang ganz übel. Die »Vier Haareszeiten« mied ich ebenso entschieden wie »Fön-X«, »Hairlich«, »Kamm Hair«, »KammIn«, »Joe's Hairport« »Haireinspaziert«, »Spektakulhair«, »Millionhair«, »Die Kopfgeldjäger«, »Mata Haari«, »Haaribo«, den »Haar-M«, die »Haarvantgarde« und die »Haarchitektur«. Gab es denn keine Friseurbuden mehr? Wie den »Salon Maucke« in Magdeburg, der eben kein Fußpflege-Etablissement ist – das dann analog und genausogut auch »Quantensprung« heißen könnte –, sondern tatsächlich ein Schuppen zum Haareschneiden?

Nein, einfache Friseure sind weitgehend ausgestorben. Statt ihrer gibt es jede Menge Aufgebrezeltes. So findet sich eine »Hair-Killer«-Kette »mit der Lizenz zum Stylen« ebenso wie ein »Haar und Bewußtsein«. Darüber hinaus sind, unter langsamem, qualvollem Erlöschen, zu verzeichnen und hinzunehmen: ein »Schnitt-Punkt«, ein »Director's Cut«, ein »Schneideraum«, ein »Hairgott«, ein »Hairkules«, ein »Open Hair«, ein »Kamm back«, zu dem ich niemals zurückkehren würde, ein bedrohlich entgültig klingender »Final Cut«, der einem das Rasiermesser an die

Kehle zu setzen scheint, ein »Haarlekin« – ist das ein Spezialist für Clownsfrisuren? –, ein »Haarmäleon«, eine »Haarmonie« und, wahrscheinlich für die Sadomaso-Fraktion, eine »Haarpune« und ein »Haarakiri«. Und in Berlin-Pankow findet sich ein »Friseur Tsunami«; da kann man sich wahrscheinlich eine Welle machen lassen.

Erfreulich vergeblich allerdings suchte ich einen schwarzen Friseur namens »Haarlem«. Und eine Billigfrisurenbude mit Namen »Haartz IV« zu eröffnen, wo ein Armutseinheitsschnitt mit der Rasiermaschine angeboten wurde, war bisher ebenfalls noch keinem Discounterschurken eingefallen.

Ich atmete auf; zu früh allerdings. Denn um mich vollendet am Kopf innen zu vernichten, war das »cHAARisma« ausgeheckt worden: kleines c, großes H-A-A-R, und dann klein »isma« – cHAARisma. Ich war im siebten Kreis der Wortspielhölle. Wohin fliehen, wohin nur? Zu »KreHaartiv«? Ich brach in die Knie. Das ist das Ende, dachte ich, aber ich täuschte mich. Ein so leichter Tod war mir nicht vergönnt.

Inzwischen zwar gewappnet, amalgamiert, in Drachenblut gebadet und schier auf alles gefasst, was Friseure der Sprache an Gewalt zufügen können, hatte ich doch mit einem nicht gerechnet: »Kaiserschnitt«. Es tat so weh, ein Messer trennte mir den Bauch auf, ich schrie vor Schmerzen, verstarb, verließ die irdische Hölle – und erwachte wo? Genau: im Sparadies, wo man »Haarva Nagila« sang. Und das ist nicht an den Haaren hairbeigezogen. Außer natürlich vom Friseur meiner Träume: »Haarald«, der auf seiner »Haarley« durch Köln knattert und dabei sein Lieblingslied singt: »Verdamp lang hair...«

PS: Und dann erreichte mich auch noch folgende Elektropost des Kollegen Ralf Sotscheck von der irischen Westküste:

Lieber Wiglaf,

»Kamm back« ist ein Tiefpunkt. Aber es geht noch tiefer. Wie wär's mit »Kammouflage«, dem flotten Tarnschnitt für den modernen Soldaten? Oder mit »Kamma Sutra«, dem Haarschnitt, der Frauen schwach macht? »Let's kamm together«? Oder »Kammembert«, wenn sonst alles Käse ist?

Au Mann.

Muss jetzt unser Leihpferd wieder einfangen, es hat sich auf die Nachbarwiese abgesetzt. Werde mich als Hafer tarnen. War Haferkamm nicht ein Kammissar beim Tatort?

Gruß,

Ralf

PPS: Damit Sie klar sehen: Ralf Sotscheck ist unbelehrbarer Anhänger der terroristischen Vereinigung Hairtha BSE.

# Schnellstmöglichst mega

Der Superlativ greift um sich. Dessen er habhaft werden kann, das grapscht er sich und bläst es auf. Aus Nichtigkeiten macht er: das Beste, das Größte, das Schärfste oder das Allerschlimmste. Was nicht gigantisch daherkommt, geht unter und wird unsichtbar, als existiere es nicht.

Telefonisch buchte ich ein Zimmer im Steigenberger Esplanade Hotel in Jena. Zunächst geriet ich in die Warteschleife und wurde von einer seifenreklamefreundlichen Automatenstimme »um etwas Geduld« gebeten. Zur Sedierung wurde Lullsoßenmusik gespielt. Es handelte sich also um einen jener Vorgänge, die allgemein nicht mehr als unangenehm empfunden, sondern als normal erachtet werden, weil man sich an den Niedergang gewöhnt hat und sich pragmatisch in ihm einzurichten versucht. Dazu bedarf es einer kosmetischen Sprache; dieselbe Telefonstimme versicherte mir, dass man sich »schnellstmöglichst« um mich kümmern werde. Bei »schnellstmöglichst« wurde ich endgültig hellhörig wach: doppelter Superlativ, das ist dann schon Superlativitis.

Wer sich verbal derartig die Beine ausreißt, hat keine Kraft mehr, seine Ankündigungen noch wahrzumachen; wo ein zweifacher Superlativ im Schaufenster liegt, da ist am Lager Ebbe. Rhetorisches Hyperventilieren führt zu nichts – außer zum Verlust von Sprache und Verstand respektive dem Rest, der davon noch übrig ist. Im Kult des permanenten Besten muss es den Superlativ unbedingt auch in verdoppelter Form geben: Die »bestgehütetsten« Geheimnisse werden gelüftet, der »bestverdienendste« und »bestaussehendste« Mann wird bestaunt, das »meistverkaufteste« Automobil bejubelt, das ist nun einmal »am optimalsten«, schließlich fährt es »schnellstmöglichst«. Der im Wort »schnellstmöglichst« sich manifestierende Zwang, mit jedem Satz die Bereitschaft zur Erringung eines goldenen Leistungsabzeichens zu demonstrieren, bringt das Simulationsleben im Konsumismus auf den Punkt: »schnellstmöglichst« sich und alles zur Ware machen, so gewinnstbringendst es gerade ebenst noch geht.

Das Dresdner Mercure-Hotel lässt sich gleichfalls nicht lumpen und bietet »Style und Design, Wohlfühl-Atmosphäre, persönlichen Service und beste Citylage. Hier lebt man als Vier-Sterne-Gast«. Dass eine Innenstadtlage automatisch eine »beste Citylage« sein oder doch wenigstens genannt werden muss, ist längst Pflicht und Ehrensache; eine »Wohlfühl-Atmosphäre« klingt entfernt nach hundehaufiger Reklame für Romika-Schuhe: »Reintreten und sich wohlfühlen.« Und als »Vier-Sterne-Gast« kann man es sich nicht einfach gut gehen lassen, da muss man etwas leisten, sonst wird ein Stern aberkannt und der Gast degradiert, wahrscheinlich zum Drei-Sterne-General.

Über die Stadt Chemnitz – früher: Karl-Marx-Stadt, noch früher: Chemnitz – wird auf einer Ansichtskarte verbreitet, sie sei »toll – super – nett – riesig – fantastisch – zauberhaft – liebenswert – einmalig – herzlich – prima«. Wer diesen Adjektivbeschuss überlebte, kann selbst nachschauen, wie ihm die sächsische Stadt gefällt. In Mode- und Mediensprech wäre sie aber unbedingt »mega«.

»Mega« ist überall, fällt aus jedem Mund, dringt in jedes Ohr. Kamerad Mitmensch macht zehnmal am Tag eine »Mega-Erfahrung« und findet das, wie es von ihm verlangt wird, entsprechend »mega-geil«. Die Nachrichtenillustrierte *Der Spiegel* klassifiziert einen Film als »Mega-Blockbuster« – ließe sich das gegebenenfalls noch steigern?

Mit »SuperMegaDollyBlockwartBuster«? Oder muss es in Zeiten der gratis-in-die-Schuhe-schieberischen 68er-Dämonisierung statt Blockwart besser gleich »ErnstBlochwart« heißen?

Ohne Megaphon-Geschrei geht gar nichts mehr – je brüllendlauter, desto mega. Wer das griechische »mega« korrekt mit »groß« oder »Million« übersetzt, ist ein Altmodiker und damit »mega-out«; wer »MEGA« für die Abkürzung von »Marx-Engels-Gesamt-Ausgabe« hält, liegt zwar völlig richtig, wird aber in einer von Kenntnisfreiheit und stolzer Ignoranz durchprägten Informationsgesellschaft auf den Schrottplatz verwiesen. »Max ist tot!«, frohlockte bereits 1989 Norbert Blüm. Max? Welcher Max? Das Geheimnis seiner Botschaft erschloss sich in Blüms Mundart: Auf hessisch ist Marx eben: Max. Und vor allen Dingen: tot – also garantiert kein bisschen mega.

# Mit Mayo rutscht die Info besser

Es gibt Abkürzungen, die so schmerzen wie eine Amputation am lebenden Wort ohne Narkose. Wenn aus einer Information eine »Info« wird, bekommt man es mit Geiz zu tun, mit Geiz an Gedanken. Wer Sachverhalte zu kniepigen »Infos« verknappt, muss diese zur Kompensation dann tüchtig auswalzen und nennt das »Kommunikation«, denn wer nichts wird, wird Kommunikationswirt. Wenn er ausgelernt hat, kann er fließend kommunizieren, ohne dabei von der geringsten Sinnbeimengung gestört zu werden, und sagt also: »Diese Info muss kommuniziert werden.« Kommu, die kleine Nikation, ist schließlich die mediale Info, und das ist logo; logo kommt aber nicht von Logik, sondern von Logorrhöe.

Info ist der schabbelige Rest von Information; ein höchst verwunderlicher Rest wohnt indes auch dem Info-Wort »Restjugoslawien« inne, das seit einigen Jahren kursiert und grassiert. Wenn es ein »Restjugoslawien« gibt, müsste es folgerichtig auch Restjugoslawen geben. Weil es aber offenkundig allzu unhöflich wäre, jemanden einen »Restjugoslawen« zu nennen – »Guten Abend, Herr Girrschitsch, Sie sind ein vitaler, fleißiger Restjugoslawe« –, sagt man das lieber nicht, das klänge gleich nach Versehrtensport, nach Arm oder Bein ab, jedenfalls nicht gut, sondern nach Krieg. Den die Nato gegen Serbien vulgo Restjugoslawien zwar führte, dessen Folgen man aber lieber verschweigt.

Und so kommt es zu der erstaunlichen Tatsache, dass es Restjugoslawien gibt, nicht aber einen einzigen Restjugoslawen. Der dann ohnehin bloß mit »Reststrommengen«

hausieren ginge, von denen auch niemand sagen kann, was sie bedeuten.

Vom Restjugoslawen und der Reststrommenge ist es nur ein kleiner Schritt zum »Resto«; ein Resto ist das, was von einem Restaurant übrigbleibt, wenn das Schischi-Publikum mit ihm fertig ist. Für alle, die ins Resto essen gehen möchten, kann man einmal den Küchenboden kehren und das Ergebnis mit Schauspielergrandezza servieren: Meine Herrschaften! Exklusiv der schäbige Rest – möge er munden wie die Pest! Woraufhin die Kundschaft mit den Zungen schnalzt und aufstöhnt vor eingebildeten Wonnen: Aaah, Resto al Pesto – Maître, Sie verwöhnen uns, Sie sind zu gütig …!

Nach dem Besuch im Resto können die Schaumacherkarren erklommen werden, in denen Damen und Herren vom Sterne Möchtegerne sich herumkutschieren lassen und die nicht Limousinen, sondern »Limos« heißen müssen, was sehr gut zu ihren Insassen passt. Damit der Matsch sich runde und auch besser in die Gehörgänge hineinflutsche, braucht es ein Gleitmittel: Mayo. Mit Mayo rutscht die Info besser. Man soll niemanden und nichts unterschätzen, auch keine Mayonnaise. Im holländischen Lokal »De Prins« in Essen sah ich, wie weit man es als Lebensmittel bringen kann: Eine »Mayo des Monats« wurde dort feilgehalten und prämiiert. Fasziniert von der Welt und ihren Möglichkeiten stippte ich eine Fritte in den weißen Schlabber, hielt inne und dachte: Wenn nun auch nichts mehr aus mir werden will oder soll – einen Ehrgeiz hätte ich noch, eine Ambition, ein Ziel: in diesem Resto einmal Mayo des Monats sein, und das als Info kommunizieren, aber logo.

# Mein Schuh, meine Welt

»Mein Schuh. Meine Welt.«, steht auf einer Einkaufstüte; eine Frau trägt sie flinken Schrittes davon. Obwohl ich mit Werbung aufwuchs, mit dem Lenor-Gewissen, mit Ariel für den porentief reinen Arier, mit Redleffsen, dem Würstchen mit dem Reißverschluss, und mit Joghurt, so wertvoll wie ein kleines Steak, und mir also die Mischung aus Idiotie und Infamie, die man Reklame nennt, durchaus geläufig ist, vermag ich dieses kaum zu fassen: »Mein Schuh. Meine Welt.« Sicher, die Welt riecht nicht immer gut und manchmal vielleicht sogar auch nach Käsfuß mit Musik, aber dass sie auf die Größe eines Schuhs zusammenschnurrte, das kann tatsächlich nur ein Werbetexter ersonnen haben, einer, der die Welt, in seinen Worten gesprochen, »herunterbricht« auf das Banale, Gewöhnliche, Vulgäre, das er aus ihr macht. Klein und käuflich muss sie sein, nur dann passt sie in seinen Schrumpfkopf hinein.

Längst hat die Werbung ein gigantisches Konsumenten-Ich entwickelt. »Füttere mich!«, brüllt es, und mehrmals täglich und im Idealfall rund um die Uhr quengelt es: »Wo ist mein Geschenk?« Der nahezu harmlose »Konsumterror«, von dem in den Sechziger und Siebziger Jahren die Rede war, ist lange tief verinnerlicht; der Terrorist ist inzwischen der Konsument selbst, er ist sein Kern, er sitzt in seinem Inneren und gibt keine Ruhe – das ist das Ich, das übrigblieb, Millionen von Ichs, die Arbeits-, Jubel- oder Konsum-Masse sein dürfen und sonst nichts, und die darauf mit noch weiter übersteigertem Ich-Ich-Ich-Gespreize reagieren.

Der Versuch, sein Ich aus anderen Quellen als dem Konsum zu speisen und zu formen, ist am Rande der Strafbarkeit angesiedelt und wird als antisozialer Akt bewertet. Gesellschaftliche Abstrafung ist allerdings nur in seltensten Fällen notwendig; von klein auf wird dem heranreifenden Konsumenten zu verstehen gegeben, dass er seine Welt, sein Leben, sein Ego allein im Konsumismus finden und ausprägen kann, im bewusstlosen Haben, im hemmungslosen Greifen. Die Beute ist der Konsument selbst; in der erworbenen Ware hält er sich selbst in der Hand, sein Leben, seine Welt.

In dem Wissen, dass Beutejäger und Beute längst unteilbar eins sind, bewirbt ein stammhirnauslöschender Sender sich und sein Programm analog mit der Parole »Mein RTL«; je weniger dem Konsumenten das eigene Leben gehört, desto lauter muss er »Meins! Mein Leben! Meine Welt!« behaupten. Allein im Konsum ist ihm das Recht auf eine Existenz zugebilligt; zurückgeworfen auf nichts als die Konsumkraft, lautet sein verzweifeltes Credo: Ich konsumiere, also bin ich.

»Bei vielen Menschen«, wusste Theodor Adorno, »ist es bereits eine Unverschämtheit, wenn sie Ich sagen.« Der scheinbare Nullinger-Slogan »Mein Schuh. Meine Welt.« sagt nichts anderes; er treibt Adornos Diktum sogar noch auf die Spitze. So wird die zum Konsum blasende Werbung selbst zum Instrument fundamentaler Konsumkritik. Wenn einem das nicht die Schuhe auszieht.

# Aus, ein, auf, ab – und durch!

»Kannst du mir das bitte ausdrucken?«, frage ich den Radioredakteur, damit er den Text, der noch im Computer steckt, aufs Papier befördern und ihm damit aus der virtuellen in die wirkliche Welt hineinhelfen möge. Ausdrucken? Ich wurde selbst stutzig: Wieso *aus*drucken? Es geht ums Drucken, wozu die Vorsilbe »aus«? Damit wir uns besser vorstellen können, wie das bedruckte Blatt *aus* dem Drucker her*aus*kommt?

Ob ich einen Roman »als Hörbuch einlesen« könne, möchte eine Verlagslektorin wissen; ich tu es gern, aber: »*ein*lesen«? Wo denn nur hinein? Durch das Mikrophon *in* den Rechner, in dem der Roman dann verschwände? Reicht es nicht, wenn ich den Roman einfach *lese*? Muss es »einlesen« sein? Gibt es überhaupt einen Unterschied zwischen Lesen und Einlesen? Oder geht es darum, den Vorgang des Lesens mit zusätzlicher Bedeutung *auf*zuladen? Und das Hörbuch durch das *Ein*lesen *auf*zuwerten, so wie man einen Hering schmackhafter macht, indem man ihn *ein*legt? (Und wenn wir gerade schon bei »schmackhaft« sind – könnte man den Fernsehkoch Johann Lafer nicht zu einem Jahr Schmackhaft verdonnern, wenn er sich wieder einmal als Werbeträger verdingt? Meinetwegen auch *auf* beziehungsweise *zur* Bewährung?)

Ich könne ihm eine Nachricht auf seinen Anrufbeantworter »aufsprechen«, sagt ein Freund. Ich finde *sprechen* völlig ausreichend, aber wenn er darauf besteht, spreche ich ihm auch etwas *auf*. Wo aber läge anschließend die *auf*gesprochene Nachricht? Oben *auf* dem Anrufbeantworter? (Der streng genommen gar kein Anruf*beantworter* ist, sondern ein Anrufentgegennehmer oder Anrufaufzeichner.) Wenn aber die Nachricht *in* der Maschine steckt, habe ich den Anruf dann nicht eher *ein*gesprochen?

»Das müsste man gegebenenfalls *ab*klären«, lautet eine gängige adäquate Antwort auf all diese Fragen. Zwar genügt es, einen Sachverhalt zu *klären*; einer *Ab*klärung bedarf niemand, und es gibt sie wohl auch gar nicht, außer in der Welt, in der man *ab*tanzt und sogar *ab*hottet, bis auch das *ab*gefrühstückt ist, wahlweise sogar *abgemolken*, Hauptsache *ab dafür* – das klingt so entschieden, so stark, so *ab*solut. Die Buchstaben »Ab« sind sinnvoll bei Abenteuern, beim Abendbrot im Abendrot, beim Abmurksen des Abtes, beim Abakadabra, beim ABC, beim Absatteln, beim Abluchsen, beim Theaterabonnement oder beim Absinth. *Abklären* muss man nichts, das ist überflüssig, wenn auch *kein Bein ab*.

Nachdem der freundliche Redakteur diesen Text *aus*druckte und wir noch Details *ab*geklärt hatten, las ich ihn *ein*; dann wurde er von den Technikern *ab*gespeichert, anschließend hörten wir ihn noch einmal gemeinsam *ab*. Nein, das stimmt nur zur Hälfte; wir hörten ihn auch *durch*!

Und das alles, damit die Hörerinnen und Hörer ihn später *an*hören könnten. Viel lieber wäre mir allerdings, man könnte den gesprochenen Text schlicht *hören*. Hören ist hinreichend, zum Hören und Verstehen braucht man keinen Aus-ein-auf-ab-und-durch-Salat.

Doch wie sagte schon ein großer Indianerhäuptling, nachdem er den Telefonhörer beiseitegelegt hatte? – Howgh, ich habe aufgesprochen.

# Einfach nur so

Im Bahnhof kaufte ich gewohnheitsgemäß ein paar Ansichtskarten. Obwohl sie zum sofortigen Gebrauch bestimmt waren, steckte die Verkäuferin sie in eine Papiertüte, die sich als Werbeträger erwies. Blau auf weiß waren ein Brot, drei Semmeln, ein Croissant und eine Brezel auf die Tüte gedruckt. Darüber stand zu lesen: »Diese Backwaren sind mit glühender Leidenschaft gebacken.« Am unteren Ende der Tüte wurde die Leidenschaft abgerundet, aufgefangen und, wie man in Grafik-Designersprech formulieren würde, gleichsam abgebunden: »Wir lieben Lebensmittel. Edeka.« Muss es denn immer gleich Liebe sein?

Neu ist das Wühlen in großen Gefühlen zum Zwecke der Reklame nicht. Bereits in den 1960er Jahren hieß es: »Autos lieben Shell.« Der US-amerikanische Anarchist Jerry Rubin kommentierte das in seinem Buch »Do it!« damals so: »Wie kann ich sagen ›Ich liebe dich‹, nachdem ich las, ›Autos lieben Shell‹?« Das klingt nicht nur auf den ersten Blick ins Buch hin nach ausgestellter seelischer Tiefseetaucherei – es ist auch auf den zweiten Eindruck bloß Geklingel. Gottegott, der arme Kerl, denkt man sich; so sensibel ist der, dass ihn ein Werbespruch für Benzin gleich der Liebesausdrucksfähigkeit beraubt! Wer liebt, wird sich nicht durch PR-Prahlerei davon abhalten lassen. Selbstverständlich ist der Dauermissbrauch schöner und großer Worte zugunsten des stets schnöde genannten, aber allseits doch sehr geliebten Profits eine Angelegenheit von schäbiger Anmutung; Jerry Rubin indes litt nicht lange unter seinem Problem mit dem »Ich liebe dich«-Sagen und sattelte zügig vom Anarchisten zum Börsenmakler um.

Soviel zu Wert und Haltbarkeit von Revoluzzerpathos. In der Bahnhofshalle, gleich gegenüber, sah ich eine Filiale der Aufback-Kette »Le Cro Bag«. Dort sprach man zwar nicht sofort – im Sinne von »Sofortkontakt« jetzt – von Liebe, hatte aber ebenfalls jede Menge inneres Feuer im Angebot. Ein Reimwerker hatte sich an die Arbeit begeben:

»Mit Ohlàlà gemacht
Frisch in den Ofen gebracht
Zum Knuspern gedacht
Le Cro Bag
Cross & gut.«

Cross? Kross mit K ist schon seltsam, die Kunstvokabel soll wohl so etwas wie knusprig bedeuten, aber dieses Wort war ja schon im Dreizeiler weggeknuspert worden. Also Cross mit C – wie Moto Cross? Oder wie Le Croissant? Was aber, um gutmütig und gutmütterlich in der Sprache zu bleiben, war dann mit La Baguette?

An einem »Le Cro Bag«-Stand, der allerdings »coffee spot« hieß, was auch Kaffeefleck bedeutet und an dem es »Coffee to go« gab, las ich: »Leidenschaftlich locker! Unser Butter-Croissant.« Da war sie wieder, die Leidenschaft, die auch schon im Hause Edeka glomm, glühte, loderte und explodierte. Es war zum Fürchten: Wer will schon eine Backware zu sich nehmen, in die zuvor jede Menge fremder Menschen ihre gesamte Leidenschaft hineingepumpt hatten? In die all ihre Liebe hineingeschwappt und -geflossen war? Das latent spermatöse Simulationsgetöse war doch eher anstrengend und wirkte stark appetitzügelnd. Beim Betrachten junger, aggressiver Testosteronbolzen ächzt alle Welt händeringend: Wo kommt er nur her, all dieser Hass? Bei Lebensmitteln stellt sich die Frage andersherum: Wo kommt sie nur her, all diese Liebe, diese angebliche, ausgestellte und somit inexistent 150prozentige Gefühligkeit? Und müssen »Le Cro Bag« und Edeka sich ihre Leidenschaft eigentlich teilen? Oder hat jeder von ihnen seine eigene?

Von dieser Art Fragen restgültig in die Flucht geschlagen, sprang ich auf den Zug und schrieb eine Ansichtskarte an einen alten Freund. Es war erholsam, eine freundlich-emphatische Sache zu tun, der man nicht gleich Liebe oder Leidenschaft attestieren oder unterstellen musste. Sondern die aus dem besten aller möglichen Gründe getan wurde: einfach nur so.

# Von der Fahrerlaubnis zum Führerschein

Beinahe 20 Jahre nach ihrem Ende bekommt die DDR, wenn in deutschen Medien von ihr die Rede ist, die Attribute »ehemalig« oder »damalig« umgehängt. Von der »ehemaligen DDR« ist die Rede, von Personen oder Vorgängen in der »damaligen DDR«. Die Ehemalig- und Damaligkeit der DDR zu erwähnen, ist nicht nur überflüssig – schier unmöglich, nicht zu wissen, dass es dieses Staatsgebilde nicht mehr gibt –, es ist darüberhinaus auch falsch: Von der »ehemaligen DDR« könnte man nur sprechen, wenn es eine heutige gäbe. Es heißt ja auch nicht »ehemalige Weimarer Republik«, sondern Weimarer Republik.

Warum also die Überbetonung der Tatsache, dass die DDR nicht mehr existiert? Mit den Vokabeln »ehemalig« und »damalig« bringt man zum Ausdruck: Das gibt's nicht mehr, das ist weg für immer, gone with the wind, tempi passati, und zwar endgültig und für alle Zeit. Mit nur 40 Jahren Dasein hat die DDR den Schnapphähnen einen solchen Schrecken eingejagt, eine solche Furcht vor Einflusslosigkeit und Profitverlust, dass noch immer ein Sprachgraben gezogen werden muss: DDR ausschließlich mit Präteritum; das war einmal, das kommt nicht wieder, das ist ehemalig, damalig, also von gestern.

Ganz jetztzeitig dagegen ist die Freiheit der Beute- und Konsumgermanen bevorzugt westlicher Provenienz. Zwangsmobil und jederzeit mobil erreichbar, haben manche von ihnen sogar schon Räder untendran. Wie in die Wurst gepellt, die Hodensäcke in schwarze Kurzenghosen eingezwängt, ein synthetisches Bikertrikot über den

Rumpf gezerrt und Astronautenturnschuhe an den Mauken, stülpen sie Helme auf Köpfe, die aber auch zum Tragen von Sonnenbrillen sehr geeignet sind.

Diese Verneinung von Kleidung am Leibe, setzen sie sich dennoch ins Café und erwarten Bedienung, aber pronto, ja, bisschen plötzlich, zackzack. Wenn sie den Mund aufmachen, wird es brackig – und aualaut im armen Ohre. Im Umkreis von wenigstens fünf Metern wird jeder zum Hörbrett gemacht. Man darf, nein: muss erfahren, was ihre Kledage und ihre Gerätschaften gekostet haben, was sie als nächstes anschaffen werden und wieviel Prozente sie im Fitnessstudio bekommen. Wechselseitig versichern sie einander ihrer Großartigkeit, wobei aber jeder immer doch noch ein bisschen größer ist als der andere, das muss schon sein. Dass Statusgekläffe, Herrenmenschelei und permanentes Männchenmachen deutliche Indizien massiver kultureller Unterlegenheit und Ausdruck eines tiefen Minderwertigkeitskomplexes sind, fiele ihnen niemals ein oder auf. Schließlich sind sie einzelne, freie Vertreter der freien Welt, also Produkte profitmaximierungsorientierter Zwangszurichtung. Von 1949 bis 1989 wurden sie nahezu ausschließlich im Westen hergestellt, seitdem werden sie auch im Osten produziert. Wie grundsätzlich die DDR von der Bundesrepublik geschieden war, zeigt sich vor allem in den verschiedenen Sprachen. Gibt es einen größeren Unterschied als den zwischen »Fahrerlaubnis« und »Führerschein«?

Im Osten hieß es Fahrerlaubnis, / Im Westen heißt es Führerschein. / Die Ostler sollten staatsvernünftig, / Die Westler wollen Führer sein.

Das ist nicht neu, aber dass sie es immerzu allen vorzeigen müssen, ist toleranzzerrüttend und soll ihr Ende besiegeln. Der Tag wird kommen.

# Von Siegern und Helden

»Sieg! Sieg!«, hallt es dumpfig durchs Land, das Geschäft mit der Fahne läuft glänzend, sogar an Kinderwagen wird die Flagge befestigt, aber so ist das im Krieg: Am schlimmsten ist es für die Kinder. Oder waren es die Haustiere? Alles, was Geld zählen möchte, ist mit dabei; zur Patriotismusaufwallungsveranstaltung Fußball-Europameisterschaft legt auch Edeka nach und flanscht sich an die Kundschaft an: »Wir drücken die Daumen für Deutschland!« Schwer geliebt wird selbstverständlich auch: »Aus Liebe zu meisterhaften Preisen« werden allerlei »Super-Knüller« feilgehalten; beispielweise gibt es Windeln in der Großpackung – die deutsche Siegerwindel quasi. Denn wer immerzu zwanghaft andere für sich siegen lassen muss, der hat nichts sonst als eben die Hosen voll.

Das »Sieg!«-Gebrüll ist allein schon wegen der – völlig beabsichtigten – »Heil!«-Konnotation abstoßend; es offenbart aber auch Armut. Nationalisten sind vollendet anspruchslos; für sie zählt nie der Stil, immer nur das Ergebnis, der Sieg. Es gibt einen feinen, also großen Unterschied zwischen siegen und gewinnen. Wer gewinnen will, weiß um die Möglichkeit, dass er verlieren könnte. Er spielt ein Spiel, und wenn er es verliert, hat er ein Spiel verloren, nicht sein Gesicht oder seine Ehre. Er weiß, dass Glück dazu gehört; ein Spiel hat immer auch etwas von einer Lotterie, und wenn man verliert, nimmt man das sportlich hin. Nicht von ungefähr spricht man von einem gewinnenden Verliererlächeln. Verlieren können ist eine zivilisatorische Fähigkeit, die man erlernen muss. Nur wer mit Stil verlieren kann, wird in den anthropologischen Adelsstand erhoben, und zwar mit dem Toast:

> Wenn er am Ende auch verlor,
> Er zeigte Größe durch Humor.

Siegen dagegen verlangt die Niederlage, die Kapitulation, die Unterwerfung oder die Zerstörung des Gegners – der nicht gegen einen Gewinner verlor, sondern von einem Sieger besiegt wurde. Und für Besiegte gilt nach wie vor das römische »Vae victis« – wehe ihnen! Gewinnen ist ein Glück, siegen ist mörderisch; deshalb ist im militarisierten Sportjournalismus von »Siegergenen« und von einer »Siegermentalität« die trübe Rede, von »Leitwölfen«, von »Siegertypen« und, nahezu milde, von »Führungsspielern«. Damit nach dem Sieg nichts mehr übrig bleibt, vor allem nicht die Frage, wie er zustande kam, spricht der Sportreporter bevorzugt vom »schlussendlichen Sieg«, der also nicht angezweifelt werden kann, »in keinster Weise«, wie es in Analogie zur Schlussendlichkeit heißt, denn wo der Dauersuperlativ regiert, muss auch das Nichts gesteigert werden. In keiner Weise genügt da längst nicht mehr, es muss schon die keinste sein.

Der Sieg auf dem Sportplatz ist der Ersatz für den Sieg im Feld. Deutsche Sieger werden nicht nur beim Fußball gebraucht; die Armee wirbt Rekruten an, packt junge Menschen bei der Existenzangst und verspricht: »Bundeswehr. Karriere mit Zukunft.« Was nichts anderes heißt als: Krieg gibt es immer, das Umbringen hat auch in Zukunft Konjunktur, und es wird ja bei den Kameraden auch immer mal wieder ein Platz frei, auf den man vorrücken kann. Die militärische Propaganda verklärt nicht nur den Krieg als friedensstiftende Maßnahme, sondern auch den Kriegseinsatz als Gelegenheit zum persönlichen Aufstieg: Hier kann man Sieger werden.

Die Geschichte hat es gezeigt: Man kann sich zu Tode siegen. Wenn einer dieser Karrieristen mit Zukunft ganz gegenwarts- und zukunftsfrei vom Auswärtsspiel zurück nach Deutschland geflogen wird, im Zinksarg, dann spricht die deutsche Sprache ihn heilig: Er kehrt in die Heimat zurück, als Held. Dann erst, wenn auch nur für wenige Minuten, brüllt niemand mehr »Sieg!«

# Tausend Prozent, bedingungslos

Wenn der Fußball regiert, hat der Verstand Pause. Pausen sind wichtig, nicht nur in der Musik; seltsam ist nur, dass die Denkpause als besonders wohltuend empfunden wird von Menschen, die ohnehin möglichst wenig Gebrauch von ihrem Gehirn machen. Das hat eher psychologische als logische Gründe: Erst wenn sich wirklich alle im Kollektiv einfinden und sich einordnen, ist das ungestörte Fühlen vorher exakt verabredeter und festgelegter Gefühle möglich. In der Sprache des Fußballkommentars heißt das »Emotion pur«. Gemeint ist reine Emotion, aber das sagt sich so schön reißerisch daher: »Emotion pur«, »Hochspannung pur«, »Adrenalin pur« – auch wenn es das gar nicht gibt, genauso wenig wie die »150prozentige Chance« oder die »120-prozentige Leistung« eines Spielers oder einer Mannschaft. Prozent heißt »von hundert«, und bei hundert von hundert möglichen Prozenten ist in diesen Fällen Schluss. Mehr Chance oder Leistung geht nicht, tut mir leid. Obwohl mir beispielsweise eine exakt herausanalysierte 137,4-prozentige Chance wiederum sehr gut gefiele.

Ich sage das nicht, um mich zu beschweren oder mich kostengünstig lustig zu machen. Wer wie aktive oder ehemalige Fußballer unmittelbar oder mittelbar vom Fußball lebt, muss gar nicht unfallfrei sprechen können – redet aber leider unentwegt, unter anderem deshalb, weil es, im Angebernullvokabular gesagt, zum »Anforderungsprofil« des modernen Fußballspielers gehört, auch vor Kamera und Mikrophon seine »Leistung abzurufen« und sein »Potential auszuschöpfen«, und zwar 150-prozentig. Das hört sich oft so an: »Ja gut, ich hab ihn reingemacht«, sagt der Fußballer, und der Fernsehfußballjournalist nickt das zufrieden ab: »Danke für die Analyse.« Dafür ist Sigmund Freud zwar nicht gestorben, dass wasserlösliches Instant-Konsensgestammel als »Analyse« durchgeht, doch solange nur beruflich deformierte Fußballmenschen so reden, soll man seinerseits kühl analytisch bleiben und feststellen, dass die Übertreibung und das Aufblasen banaler Vorgänge nun einmal ihr Geschäft sind.

Für einen Berufsautoren, der sich öffentlich und schriftlich, also nicht in der Hitze eines Augenblicks oder vor einer Kamera, sondern auf gedrucktem Papier äußert, gelten strengere Regeln. In einer Kolumne für die *Leipziger Volkszeitung* im Juni 2008 bekannte Thomas Brussig, er sei »bedingungslos für Deutschland«. Für Deutschland sein, was immer das heißen soll, kann ja, wer das möchte oder braucht. Aber »bedingungslos«? Ohne jede Voraussetzung? Meint er das so, oder eilt er nur schon mal voraus? In seiner Glosse übertrifft Brussig den rhetorischen Steigerungszwang jedes Fußballschreihalses um ein Vielfaches. Er sei sich »als Fan tausendprozentig sicher« erklärte er, dass Kroatien gegen Deutschland nicht gewinnen werde. Wer es unter tausend Prozent nicht schafft, der braucht Promille.

# Gegen Deutsche ist feige

Am 27. August 2008 wurde in Afghanistan ein deutscher Soldat getötet; der Fallschirmjäger geriet mit seiner Patrouille in eine Sprengfalle. Sein Dienstherr, Bundesverteidigungsminister Franz Josef Jung, schlug postwendend rhetorisch zurück und nannte den Anschlag »feige und hinterhältig«. Die notorischen Reflexe gelernter Herrenphraseure muss man nicht ernst nehmen; man kann sie aber untersuchen und auf eventuell vorhandene Bedeutung hin prüfen.

Wieso »feige und hinterhältig«? Sind Minen und Sprengstoff keine Kriegsmittel? Oder waren keine afghanischen Kinder zugegen oder greifbar, die man hätte vorschicken können? Haben nicht Soldaten in Afghanistan Kinder mit Schokolade und Kaugummi dazu verlockt, in ein Feld zu gehen, das sie im Verdacht hatten, vermint zu sein? Was war das? Mutig und offen? Oder sagt der Minister dann wurschtig, es ist eben Krieg, was soll man machen, es ist bedauerlich, aber so ist Krieg nun mal?

Mit der Formel »feige und hinterhältig« attestiert der Sprecher sich und seinen Interessen eine kirchturmhohe Moralität; die Floskel ist reine Propaganda. Wie aber müsste ein Angriff auf deutsche Soldaten aussehen, der anschließend nicht als »feige und hinterhältig« verurteilt würde, und zwar »scharf«? Soldaten, die auf eine Hochzeitsgesellschaft schießen oder einen Kinderspielplatz bombardieren, tun per definitionem nur ihre Pflicht, und zwar mutig; falls man das saturierte Fernsehvolk daheim emotional etwas aufstacheln muss, sind sie sogar heldenhaft bei der Sache. Wenn sie Zivilisten umbringen, handelt es sich stets um einen »tragischen Irrtum«; wer aber einen deutschen Soldaten an der Ausübung dieser Pflicht hindert, ist, ebenfalls per definitionem, »hinterhältig und feige«. Kriegsrhetorik dient der künstlichen Erzeugung von Gefühlen; ohne den Hass an der Heimatfront ist kein Krieg zu führen.

Würdig und akzeptabel kann man gegen deutsche Soldaten nur kämpfen, indem man sich ihnen in Anerkennung ihrer Überlegenheit ergibt. Oder sich, noch besser, gleich selbst erschießt. Dann zollt auch der deutsche Kriegsminister seinen Respekt.

Wenn Deutsche Krieg führen, ist jeder, der sich wehrt, automatisch »feige und hinterhältig«. Nicht nur Minister Jung beherrscht das knopfdruckartige Gratisgerede; seine Kanzlerin Merkel zeigte sich vom Tod des deutschen Soldaten »tief erschüttert« und sprach den Hinterbliebenen ihr »aufrichtiges Beileid« aus. Wer die Aufrichtigkeit seiner Gefühle betonen muss, weiß warum. Mein Beileid für diese Bundeskanzlerin beispielsweise wäre immer ein unaufrichtiges.

# Public Viewing

Je nationaler einer gesinnt ist, desto weniger hat er mit seiner Muttersprache zu tun. Bevorzugt wird die Mischung aus völkischer Gratisgesinnung und aufdringlichem Radebrech anlässlich internationaler Fußballturniere präsentiert. Das hört sich dann beispielsweise so an: »Das Warten hat ein Ende. Europa ist ab sofort wieder im kollektiven Fußball-Rausch!« Ganz so, als sei Wahn etwas Erfreuliches.

Verkündet wird der geistausgeknipste Zwangsjubel nahezu ausnahmslos überall, denn Massenkompatibilität ist das letzte verbliebene Kriterium, das den Medienmutanten geblieben ist. Der einst spöttisch gemeinte Satz, dass Milliarden Fliegen sich nicht irren könnten, wird grundernst als Credo verkündet: Wo die Masse sich versammelt, läuft das Medium affirmierend und applaudierend mit. Artikulationsunfähige Automobilisten klemmen sich eine Fahne ans Gefährt und überwinden dergestalt plakativ ihre Ausdrucksbeschränkung; billiger ist Gesinnung nicht zu haben. Das schwarz-rot-goldene Herumgewimpel findet den medialen Ausdruck im gönnerhaften, national gesättigten Kommentatorenton. »Ein Unentschieden ist das Höchste der Gefühle für diese polnische Mannschaft«, raunt ein Sportradiot, sein Kollege nennt einen aus Brasilien stammenden und in Polen naturalisierten, eingebürgerten Spieler »eingepolt«, und dann lachen beide altmännerschmaddrig über den tollen Witz. Ihre Überheblichkeit ist ihnen wohlig und vollkommen eingefleischt; zu einem Bewusstsein kann sie ihnen nicht kommen.

Die nationale Selbstfeier spricht sich vollautomatisch wie von selbst weg: »Mit ganz, ganz breiter Brust« und ebenso redundant »sehr, sehr gut« sind, das versteht sich von selbst, die Deutschen unterwegs, und »die deutschen Fans freuen sich laut und vernehmlich«. Zwar ist an einer nach ungewaschenem Herrengedeck miefenden Gebrüllkamarilla nichts Angenehmes, aber das wird medial schöngesprochen, denn der Sportjournalist ist Teil der Masse, ist »dabei«, ist »vor Ort« und vor allem ist er »einer von uns«, Teil des kollektiven »Wir«, das jedwede differenzierte oder abweichende Wahrnehmung ausschließt und verbietet.

Weil Nationalismus niemals harmlos ist, muss seine angebliche Harmlosigkeit aggressiv betont werden, und dazu bedient sich der Nationaljournalist eines modischen Gestammels, das sich international gibt, in dem es also von »City-Toiletten« und »Fan-Shops« wimmelt – und in dem die Zuklumpenballung aufgestachelter Gaffmassen »Public Viewing« heißt.

Pech nur, dass »Public Viewing« gar nicht »öffentliches Anschauen« heißt – sondern die öffentliche Aufbahrung eines Verstorbenen begrifflicht. Wer zum »Public Viewing« geht, wohnt einer Leichenschau bei und freut sich halbtot, weil er nicht weiß, dass er schon ganz hinüber ist.

Die Deutschen bedürfen nicht der englischen Sprache oder der Anglizismen, um sich falsch, inhaltsarm oder idiotisch auszudrücken; es ist ihnen dazu jede Sprache recht, von der sie nichts verstehen. Meistens ist das die deutsche, sie nehmen aber auch jede andere, die sie kriegen können, und lassen sich dabei nicht stören. Dass sie beim »Public Viewing« zu ihrer eigenen Leichenfeier gehen, ficht sie nicht an – sie bemerken es nicht einmal. Das nennt man wohl unheilbar gesund.

# Vom Fairgeben und Fairgeigen

Groß annonciert die Organisation »Brot für die Welt« auf den Plakatwänden des Landes, was sie »Gottes Spielregeln für eine gerechte Welt« nennt: »fairgeben – fairsorgen – fairteilen«, wobei die Vorsilbe immer englisch geschrieben ist, »fair«, auf deutsch also: anständig, ehrlich, gerecht. Dass »Brot für die Welt« für eine gerechte Ordnung derselben eintritt, ist weder überraschend noch falsch noch unangenehm; dass dabei allerdings die Sprache beschädigt wird, scheint unnötig und damit übertrieben ungerecht.

Eine neue, eigene Erfindung ist das bemühte, angestrengte Wortspiel nicht. Bereits in den 90er Jahren dokumentierte das deutsche Bundesinnenministerium unter Manfred Kanther seinen demonstrativen Abscheu vor Rassismus mit der Parolenkaskade: »Annäherung statt Gewalt – FAIRSTÄNDNIS – Menschenwürde achten – Gegen Fremdenhass«. Die Idee, aus dem deutschen v-e-r ein englisches f-a-i-r zu machen, führt zu Fairstörung: Ist das jetzt ein Fairsehen, oder hat sich hier ein überambitionierter Werbetexter ganz schwer fairtan, fairgriffen und fairgaloppiert? So wie es Fairsicherungsfairtreter und andere Fairkäufer gibt, kann man eben auch das Fairgeben, Fairsorgen, Fairteilen und das Fairständnis fairhökern. Was aber fairbirgt sich hinter der fairstiegenen Idee, man müsse seine Mitmenschen fairstehen, um sie nicht fairhungern zu lassen oder sie nicht fairtrimmen, fairhauen, fairmöbeln und fairkloppen zu wollen? Ist es nicht eher eine selbstfairständliche Faireinbarung, dass man sich besser nicht wechselseitig ins Fairderben stürzt?

Soll man Fairbrechen aller Art ab sofort fairbieten? Kann

man so Fairfolgung fairhindern, Fairtreibung, Fairbrennung, Fairgewaltigung, Fairstümmelung, Fairrohung, Fairgessen? Wer Fairgebung, Fairsorgung, Fairteilung und Fairständnis sagt, fairbreitet fairbalen Unfairstand.

Was soll fair sein an Fairleumdung, Fairrat, Fairwüstung, Fairnichtung, Fairwesung? Fairquollen fairmittelte Welt- und Menschheits-Faireinigungs-Faireinsmeierei kann niemals die fairdienstvolle Fairbalinjurie ersetzen, den befreienden Fairriss der Fairhältnisse. Es fairgeht einem die Lust an der Fairwandlung einer fairmaledeiten Welt in eine weniger fairkommene, wenn man mit einer kopfmäßig fairbilligten, fairlogenen Fairsöhnung fairköstigt wird, die weltweit fairbreitet wird, von Faira Cruz über Fairdun bis nach Fairden an der Aller.

Manch einer fairzehrt sich nach Fairänderung der fairrottenden Welt; mit Hilfe rein sprachlicher Faireinbarungen aber lässt sich keine fairnünftige, fairbindliche Fairbesserung fairanlassen. Man fühlt sich doch eher fairhohnepiepelt, fairalbert, fairhöhnt, fairachtet und fairstoßen wie Fairdinant der Elefant, wenn Damen – oder Damenbinden – namens *Fairena* fairunglücktes Liedgut wie »Fairdamp lang her« hören und glauben, ausgerechnet das trüge zur Fairschönerung der Welt bei und nicht zu ihrer Fairelendung. Die fairbissene Werbe-, nein: Fairbekampagne »Fairgeben, fairsorgen, fairteilen« mündet, wie schon ihr Fairständnis-Vorläufer, geradewegs in Fairwirrung und ist ungefähr so intelligent wie »Fairy Ultra«-Reklame im Fairnsehn (und das steht auf dem Fairtiko). Wenn man seine Sache schon unbedingt fairsieben, fairsemmeln und fairgurken will, dann bitte mit Fairve und in Fairsen:

> Fairblödung, g'rad' in Seinem Namen,
> Fairgibt der liebe Gott nicht. Amen.

# Wert und Wertigkeit

Die Werbung für das neue Modell des VW Golf trug dick auf im Herbst 2008: »Die menschlichen Sinne sind wahre Wunderwerke. Sie lassen uns die Güte von Materialien sehen, riechen, hören und fühlen.« Nur von schmecken war nicht die Rede – lecken die Jungs ihre Karren nicht mehr ab? Gibt es denn nicht mal mehr bei der Gaspedalsorte Mensch noch richtige Kerle? Auto kommt doch schließlich von Autismus. Und der neue Golf, immerhin, kommt zur rechten Zeit. Deutschland liegt, einverstanden mit Ruinen, in Trümmern und gebärdet sich panisch. Da ist es gut, wenn Tradition und Verlässlichkeit sich zurückmelden.

Wie sind die Deutschen doch so enttäuscht worden! Notorische Versager und Kriminelle haben als Versager und Kriminelle gehandelt, wenn auch großtuerisch und ganz legal in der Bank und an der Börse. Die Überraschung und Verblüffung über diese Selbstverständlichkeit war groß; das sagt viel über den Verstandeszustand der Überraschten und Verblüfften. Die Gefühlsmelange mündete direkt ins religiöse Fach: Nicht von Unfähigkeit war die Rede, nicht von kriminellen Strukturen und Personen, sondern biblisch von »Gier« und, im Umkehrschluss, von »Vertrauen«.

Das ganze Land saß im Religionsunterricht in der siebten Klasse, und da sitzt es noch. Nicht minder abstoßend als kriminelle Banker und ihre Machenschaften sind allerdings Kabarettisten, die ihre vorhersehbare Gratismoral absondern und daraus bonitätsgewinnlerisch Kapital schlagen. Kann man die nicht rund um die Uhr mit den Bankern zusammenketten, auf dass sie einander wechselseitig die verdiente Strafe sind?

Spärliche Ressourcen von Restverstand, soweit vorhanden, werden bei Anne Will zerschrotet; alles faltet die Hände und möchte nur noch das Gute. Werte müssen her, innere Werte, denn die äußeren können einem ja, wie man mit Empörung feststellen musste, gestohlen werden! Empör, empör, empör – Brüder, zum Lichte empör! Dass einem die inneren Werte gestohlen bleiben können, weil sie als Ersatz- und Gratiswährung aufgetischt werden, wenn die Geschäfte nicht mehr laufen, ist vergessen. Der Mensch braucht etwas, woran er sich klammern kann, und wenn kein Stück Holz da ist, nimmt er die inneren Werte und fängt an, mit ihnen zu kuscheln.

In diese Religionsparklücke rollte der neue Golf. Nicht nur von Werten sprach die VW-Reklame – sondern sogar von »Wertigkeit«. Was ist das, Wertigkeit? Der Wert zur Weltanschauung potenziert, also Wert hoch zwei? Man weiß es nicht, aber die Wertigkeit, die man beim neuen Golf erfahren und laut Eigenwerbung sogar »neu erleben« kann, muss etwas Gutes sein, etwas nachgerade Spirituelles und vor allem: endlich wieder etwas Verlässliches.

Dass Verlässliches sich rückstandslos auf Hässliches reimt, wusste schon Robert Gernhardt. Den Deutschen aber ist Schönheit wumpe – Hauptsache etwas, das Ehrlichkeit suggeriert und simuliert, denn nicht mehr und nicht länger betrogen will er sein, der arme Deutsche, schluchzbuhu. Da kommt der Golf, dieses Bekenntnis zum Wahn des Mittelmäßigen, gerade recht.

»Generation Golf«, das Manifest des bekennenden Spießertums, trägt Früchte. Die Deutschen möchten wieder mittelgroße Brötchen backen – und sich in ihnen durch die Gegend kutschieren. Der Volkswagen, der 2008 offiziell erst seinen 60. Geburtstag erlebte, begeistert und rettet die Deutschen aber schon länger: Seit den 30er Jahren rollt und rollt und rollt das Kraft-durch-Freude-Mobil, und heute ist es sein Nachfolger, der Zuversicht verbreiten soll, Zuversicht durch Wertigkeit, diese Verneinung jedweder Schönheit. Pragmatismus ist die Wurzel aller Hässlichkeit. Man kann das aber auch treffend in vier Buchstaben sagen: Opel.

# Rat und Unrat, Wort und Sinn

Jedes Jahr im Januar wird eine der hässlichsten Wortschöpfungen deutscher Zunge auf den Markt gefeuert: das »Unwort des Jahres«. Der Erfinder dieses Wortgetüms, Horst Dieter Schlosser, hängt dem Glauben an, dass man Unrat am besten dadurch zurückdränge, indem man ihn in einen möglichst großen Ventilator werfe. Dass er selber anschließend reichlich besprenkelt dasteht und schlecht riecht, fällt ihm nicht auf oder stört ihn nicht; Hauptsache, er hat seinen Auftritt als Unhold des Jahres.

Für 2008 hat der Frankfurter Sprachnachtwächter die Formulierung »notleidende Banken« als besonders verwerflich ausauguriert. Die Formulierung stelle das Verhältnis von Ursachen und Folgen der Weltwirtschaftskrise auf den Kopf, heißt es in der drolligen Begründung: »Während die Volkswirtschaften in ärgste Bedrängnis geraten und die Steuerzahler Milliardenkredite mittragen müssen, werden die Banken mit ihrer Finanzpolitik, durch die die Krise verursacht wurde, zu Opfern stilisiert.« Was soll man dazu sagen außer: Heul doch!

Simulation hat viele Gesichter; das turnusmäßige Mahnen und Warnen zählt zu den unangenehmsten davon. Mit schlecht gespielter Naivität bemängelt Schlosser, dass die wirtschaftliche und politische Geschäftsordnung auch in einer ihr adäquaten Sprache abgefasst ist. Für die sensationell umwerfende Erkenntnis, dass PR-Sprachregelungen nicht der Wahrheitsfindung dienen, wird er dereinst das Bundesverdienstbambi bekommen, falls er es nicht schon hat.

Wenn ein deutscher Polizist jemanden erschießt, stirbt

dieser seit vielen Jahren am »finalen Rettungsschuss«. So ist es geregelt, und es finden sich immer sogenannte »Medienpartner«, die das, in ihren eigenen Worten formuliert, dann »positiv kommunizieren«. Die sprachliche Bemäntelung ist allerdings fadenscheinig genug, um nützlich zu sein; die Verschleierungsversuche gehen nach hinten los und erzielen, wenn auch unbeabsichtigt, eher augenöffnende Wirkung.

Horst Dieter Schlosser aber gibt den Gesamtschullehrer mit Hang zum Kabarett und rügt das offensichtlich Dummdreiste in der Pose eines Aufklärers. Schweinchen Schlau rennt weit offene Türen ein und ist ganz stolz darauf.

Auf dem zweiten Platz der Schlimm-Schlimm-Liste landete der Roman Herzog zugeschriebene Begriff »Rentnerdemokratie«; Herzog, hieß es, habe so das Schreckbild eines Staates gemalt, in der die Alten die Jungen ausplünderten. Dabei ist es umgekehrt: Eine Frührentnerdemokratie, in der verdiente Alte wie ich berufsjugendliche Nichtsnutze jeden Alters alimentieren, ist doch weit fragwürdiger.

# Der deutsche Fruchtzwerg sorgt sich sehr

*The German Angst* hat viele Gesichter; eins davon ist die Angst vor sprachlicher und kultureller Fremdbestimmung. Die Furcht davor, nicht länger autochthon im eigenen Saft schmoren vulgo autistisch eigenmiefelnd vor sich hin rotten zu können, hat in Deutschland eine lange Tradition. Bereits am 24. August 1617 wurde in Weimar die »Fruchtbringende Gesellschaft« gegründet. Ihr Ziel war es, »unsre edle Muttersprache, welche durch fremdes Wortgepränge wässerig und versalzen worden, hinwieder in ihre uralte gewöhnliche und angeborne deutsche Reinigkeit und Zierde einzuführen, einträchtig fortzusetzen und von dem fremd drückenden Sprachenjoch zu befreien«. Mit diesem Joch waren der Einfluss Frankreichs und der französischen Sprache gemeint.

Der stark puritanisch und patriotisch geprägte Verein versank zwar bald in Bedeutungslosigkeit und verschied – wurde nach langer Lagerzeit aber reanimiert. Der deutsche Fruchtzwerg sorgt sich noch immer sehr. Am 18. Januar 2007 formierte sich im sachsen-anhaltinischen Köthen die »Neue Fruchtbringende Gesellschaft«, verabschiedete eine »Köthener Erklärung«, rief den »deutschen Sprachtag« aus und lud den Bräsigdichter Reiner Kunze zur Laudatio, der auch prompt das bestellte Trötlamento über den Verfall der Sprache anstimmte. Zweierlei aber unterscheidet die neue »Fruchtbringende Gesellschaft« von der alten: Die heutige ist nicht mehr frankophob orientiert, sondern kämpft gegen die Übermacht der anglo-amerikanischen Sprachverbände. Und es dürfen jetzt Frauen mitmachen;

Vorsitzende der »Neuen Fruchtbringenden Gesellschaft« ist Prof. Dr. Uta Seewald-Heeg.

Frau sein alleine macht noch nicht schlau. Auf dem zweiten Sprachtag, den die praktizierende Computerlinguistin Uta Seewald-Heeg auf Schloss Köthen präsentierte, sehnte man sich rückwärtsgewandt nach einer Sprach- und Weltordnung, die unwiederbringlich und mit allem Recht perdü ist. Vorträge mit Titeln wie »Denglisch – Von den Symptomen sprachlicher Infektion« oder »Sprachverderbnis – Eine Quelle der Heiterkeit?« offenbaren gleichermaßen das deutsche Zähneklappern vor angeblich drohender »Überfremdung« wie den zähnezeigenden »Deutsche, wehrt euch!«-Reflex. Unsouverän humorfrei und zuverlässig pampig denunziert der deutsche Studienrat jede potentielle Erweiterung seines akkurat und penibel begrenzten Horizonts als »Infektion« und »Verderbnis«, als Krankheit zum Tode.

Der philologische Hang zu Verbissenheit und Kleinlichkeit lappt, wie alles Kleingeistige, ins Größenwahnsinnige. Die deutsche Sprache soll mit einer »Vision für die ›Stadt der deutschen Sprache‹« gerettet werden, mit einem »Zungenballett« aus dem Hamburger »Haus der Zukunft« oder durch die Aktion »Sprechsport macht Schule, mit praktischen Beispielen von Zungenbrechern aus der Sprechsportmeisterschaft für norddeutsche Schulen«.

Der zweitägige Auftrieb deutscher Sprachkleingärtner auf Schloss Köthen endete in einer »Gelegenheit zur Besichtigung der Fürstengruft«. Warum wurde diese nicht von allen Beteiligten genutzt, für immer? Sie wären beim Rechthaben für den Rest ihrer Tage ungestört unter sich. Ich hätte ihnen von draußen unter der verschlossenen Tür einen Kassiber durchgeschoben: Recht haben oder ein Rechthaber sein, dazwischen liegt ein Unterschied wie von

Tag und Umnachtung. Und mich bedankt, für die gespendete Freude und Inspiration.

Wenn Sprachschützer heldenhaft den verlorenen Posten einnehmen, hat das viel unbeabsichtigte Komik und regt die Phantasie an: Wie muss man beschaffen sein, um sich als Heimataktivist der »Aktion Deutsche Sprache« anzuschließen? Rrrollt man das Rrr? Hebt man den rrrechten Arrrm? Skandiert man auf Montagsdemos »Mit dem Duden in derrr Hand / gegen Juden hierrr im Land«? Welche Vorlieben kultiviert der »Sprach-Rettungsklub Bautzen«? Werden alle Anglizismen eingesperrt? Mit Bautz'ner Senf bestrichen und gequält? Wie geht es zu im »Verein für Sprachpflege«? Verabreicht Schwester Gertrud jedem die Todesspritze, der statt »Ich erinnere mich daran« behauptet: »Ich erinnere es«? Was vollzieht sich im »Arbeitskreis Deutsche Sprache in der Chirurgie«? Gehen die Mitglieder mit blankem Skalpell auf englische Wörter und US-amerikanische Kollegen los?

Oder stimmt, was mein alter Freund Zacharias Zweizeiler mir flüsterte?

Deutsche Schäferköter, ohne Klöten,
Jaulen ärmlich, laut und fies, in Köthen.

# Einiges über die Herdprämie

Der deutsche Brauch, in jedem Januar ein »Unwort des Jahres« zu bestimmen und es damit erst richtig unter die Leute zu bringen, wirkt befremdlich. Wer keine Arbeit hat, macht sich welche; so sucht die Jury um den Frankfurter Sprachwissenschaftler Horst Dieter Schlosser jedes Jahr eine besonders negative Vokabel, um sie als »sprachliche Entgleisung« geißeln zu können. Zum »Unwort des Jahres 2007« wurde das Wort »Herdprämie« gekürt; in der Begründung heißt es, der Ausdruck diffamiere Eltern, vor allem Frauen, die ihre Kinder zu Hause erziehen, statt einen Krippenplatz in Anspruch zu nehmen.

Ist das Wort »Herdprämie« tatsächlich diskreditierend? Als der deutsche Staat beschloss, den Geschlechtsverkehr seiner Bürger, der ihn doch nicht das Geringste angeht, zu alimentieren und zu subventionieren und also Kindergeld auszahlte, sprach der Schriftsteller Arno Schmidt nur höhnisch von einer »Bockprämie«. Die Unwort-Jury hätte das mit Sicherheit als diffamierend eingestuft; es ist aber nur klar und deutlich.

Dass Frauen, die sich um ihre Kinder kümmern und deshalb nicht aushäusig arbeiten gehen, von gewissen Dummköpfinnen und Dummköpfen belächelt und von oben herab betrachtet werden, ist wahr; dabei halten sich die Hochnasen, wie es die Art der Beschränkten ist, für ganz schlau und vor allem für etwas Besseres. Eine Gesellschaft, die Frauen verächtlich macht, weil sie sich weigern, ihre Kinder zu vernachlässigen, ist krank. Es gehört jedoch nicht zu den Rechten des Staates, durch Geldzahlungen auf das Privatleben seiner Bürger Einfluss nehmen zu wollen.

Wer das Wort »Herdprämie« zum Unwort erklärt, sieht das genau andersherum; er visioniert sich unmündige Bürger herbei, die sich vom Staat aushalten lassen, ohne dass die Sprache diesen Sachverhalt auch eindeutig benennt. Wer die Tatsache, dass der Staat eben Bock- und Zuchtprämien zahlt, lieber verschweigen möchte, drischt auf das Wort ein, das diese Tatsache dingfest macht. »Herdprämie« ist sicher nicht das schönste deutsche Hauptwort, aber immerhin lügt es nicht. Wäre es der »Unwort«-Jury lieber, wenn Menschen mit sprachlicher Schönfärberei betuttelt und bekochlöffelt werden?

Nicht in jedem Fall; dass Euphemismen wie »Endlösung« oder »Sonderbehandlung«, also Worte, die Massenmord sprachlich neutralisieren sollten, inzwischen von vielen Deutschen »für alles Mögliche verwendet werden«, moniert die Jury zu Recht. Aber auch hier ist die Sprache nur Ausdruck einer gesellschaftlichen, politischen Tendenz. Nationalsozialistisches Propagandavokabular ist vielen Deutschen nicht mehr unangenehm oder peinlich; sie haben, wie sie es selbst so unnachahmlich formulieren können, »ihre Vergangenheit angenommen« und »stehen zu ihrer Geschichte«. So kann man das auch nennen, wenn man in aggressiver Ignoranz die Wahrheit nicht wissen will und ihr jede fromme oder dreiste Lüge vorzieht.

Zurück zur »Herdprämie«: Wenn Frauen und Männer, die Kinder haben wollen, persönlich dafür Sorge tragen, dass es diesen Kindern wohl ergeht, ist das gut und richtig. Am klügsten und am frauenfreundlichsten ist das im orientalischen Harem geregelt; die Frauen können sich gegenseitig unterstützen, und der Mann muss, finanziell wie sexuell, sehr tüchtig sein. Da die Frauen sich untereinander alles erzählen, kann der Mann es sich nicht leisten, öde, gemein oder geizig zu sein. Im degenerierten Deutschland zieht man es vor, Männer und Frauen in den Zweierknast zu schicken, in die Höllen der Einliegerwohnungen, der Eigenheime und der Mietkasernen; zum Ausgleich dürfen sie dann höchst würdefern die Hand aufhalten und vom Staat Almosen zur Kinderaufzucht entgegennehmen.

Als Mitherausgeber der Zeitschrift *Häuptling Eigener Herd* lehne ich die Herdprämie als solche ab, nicht aber das Wort, das die Tatsache kenntlich macht. Es gibt allerdings eine Ausnahme: Wenn ich kochend am Herd stehe, beide Hände voll zu tun habe, entsprechend wehrlos bin und meine Liebste das ausnutzt, mich in den Nacken küsst oder mir herzhaft an den Hintern fasst, dann ist das eine sehr willkommene Herdprämie.

# Korrektoritis

Mitte Juni 2008 meldete die Nachrichtenagentur dpa, dass 65 Prozent der Deutschen sich um ihre Muttersprache sorgen. Eine Umfrage im Auftrag des deutschen Sprachrats und der Gesellschaft für deutsche Sprache ergab: Zwei Drittel der Landsleute sind der Ansicht, die deutsche Sprache drohe »mehr und mehr zu verkommen«. Man kann das als ein gutes Zeichen deuten: Es ist den Leuten nicht egal, wie und was sie und andere sprechen. Da der Mensch gemeinhin aber zweierlei Maß kennt – eins für sich und eins für die anderen –, darf man vermuten, dass hier vor allem die Tendenz sichtbar wird, Fehler auf der eigenen Zunge großzügig zu überhören, die Fehlleistungen Fremder aber streng zu missbilligen.

Wer auf die Fehler anderer fixiert ist, bekommt leicht etwas Verbissenes, Paranoides. Der Essener Zeichner Jamiri hat das in einem autobiographischen Comic überzeugend erzählt. Er sitzt am Computer, bekommt Elektropost und stöhnt gequält auf: »Aaahrgh! Keine Email mehr, die nicht nur so vor Fehlern strotzt. Ich ertrage es kaum. Es muss ›wegen dessen‹ heißen, nicht ›wegen dem‹!« Seine Frau Beate, die sich lässig in einen Liegestuhl gefläzt hat und liest, wirft ein: »›Wegen dem‹ darf man jetzt sogar laut Duden, glaube ich.« Was Jamiris ungute Stimmung noch verstärkt: »Toll! Machen es nur alle lange genug falsch, wird es irgendwann auch noch richtig! Aaahrgh!« Beate konstatiert: »Diese Korrigiererei ist doch zwanghaft bei dir! Du veränderst dich dann auch immer so komisch …«

Als Jamiri das rundheraus abstreitet, provoziert sie ihn mit absichtlichen Fehlern: »Camenbert. Amalgan. Kardamon.« Jamiri wird grün vor Wut und tobt los, als wäre er Arnold Schwarzenegger in »Korrektor III – Jetzt berichtigt er ALLES«: »Uaarhh! Came**m**bert! Amalga**m**! Kardamo**m**!«, teufelt er auf die Welt ein und legt sie in Schutt und Asche, während seine Frau ihm nachruft: »Mach dich nicht so schmutzig! Und wenn es dunkel wird, bist du zurück!« So souverän lässt sich der deutsche Richtigkeitsfuror auskontern – zumindest im Comic.

Von der Krankheit namens Zwangskorrektoritis befallen sind vor allem Lehrer, die zwar selbstverständlich auch nicht alles wissen, aber manches wenigstens besser als andere, das ist ihr ganzer Stolz. Zwar gibt es richtig und falsch, man kann das auch benennen, und wie im Jazz gilt auch in der Sprache gemeinhin: Nur wer die Regeln kennt, kann sie auf fruchtbare Weise brechen. Auftrumpfendes Rechthaben aber ist unerquicklich; es unterstellt zudem, alle anderen seien zu ungebildet, zu dumm oder zu stumpf, um die Verletzungen zu bemerken, die der Sprache in einem fort zugefügt werden.

Doch nicht jeder, der Unsinn bemerkt, schreit auch gleich auf. Er hört in den Nachrichten die Formulierung »der teilweise Wiederaufbau«, stutzt und nimmt den falschen adjektivischen Gebrauch von »teilweise« zur Kenntnis, heult aber nicht gleich los über den Untergang des Abendlandes. »Es gibt wenig Verständnis darüber«, spricht es weiter aus dem Kulturradio – nein, es gibt ein Verständnis von und eine Verständigung über etwas, aber kein »Verständnis darüber«, das gibt es nur im Feuilleton, wo die sprachliche Insuffizienz auch Rückschlüsse auf die geistige zulässt. Verdrossen oder kulturpessimistisch muss man deshalb nicht werden; man kann das auch als Test betrachten: Merkt da draußen noch irgendjemand etwas? Oder sitzen die ALLE tot vor dem Fernseher?

Wer Unfug als solchen erkennt, hat ihn bereits dingfest gemacht und muss sich nicht benehmen, als gäbe es eine Meldepflicht für schlechte Laune. Schließlich gilt auch auf dem Feld der Sprache die alte Maxime: Die Lage ist hoffnungslos, aber nicht ernst.

# Zum Bleistift Abfallsaft aus Schläfrig-Holzbein

»Schlechte Verbindung hier im Zug«, sagte eine Männerstimme. Sie kam von schräg über den Gang, der dazu gehörende Mensch war für mich unsichtbar, aber laut vernehmlich. Die Stimme sprach weiter. »Ich komme gerade aus Schläfrig-Holzbein und …« Der Satz brach ab, offenbar war der Zug in eine mobilnetzfreie Zone geraten.

Die Stimme unternahm einen zweiten Anlauf. »Ich komme gerade aus Schläfrig-Holzbein …« Wieder war Schluss, das Spiel ging noch eine ganze Weile genau so weiter, und am Ende hatte ich den Kalauer ungefähr zehnmal gehört: Schläfrig-Holzbein statt Schleswig-Holstein. Man kann das mit viel gutem Willen ein oder zwei Mal komisch finden, dann aber nie wieder. Die Stimme ohne Mann dran empfand das offenbar anders.

Ich hatte vorsichtshalber die Augen geschlossen; es besteht ja die minimale physikalische Chance, dass Gelaber auch über die Augen in den menschlichen Kopf eindringen kann. Zumindest bei Lippenlesern ist das so, woraus sich die hohe Selbstmordquote bei Angehörigen dieses Berufszweigs erklärt. Irgendwann stieg Herr Schläfrig-Holzbein aus, von meinem Segen begleitet. Doch hinterließ er eine böse Saat – ich erinnerte mich wieder aller zwanghaft kalauernden Menschen, denen ich in die Hände gefallen war.

In der kleinen Firma, in der ich im 13. Schuljahr an den freien Nachmittagen arbeitete, gab es einen Vorarbeiter, der groß und freundlich war und auch immer beide Augen zudrückte, wenn ich aus der Schule zu spät zur Arbeit kam. Ich mochte ihn leiden – und fürchtete ihn zugleich. Mehrmals am Nachmittag trank er ein Glas Apfelsaft und kommentierte das jedesmal mit den Worten: »Es geht doch nichts über Abfallsaft.« Dann lachte er und sagte noch einmal »Abfallsaft, hahaha.« Ein Jahr lang hörte ich das, drei Nachmittage pro Woche. Ich gewöhnte mich nicht daran, im Gegenteil: Die Ohrenhaut wurde immer dünner, die Empfindlichkeit steigerte sich zur Idiosynkrasie. Es dauerte Jahre, bis ich wieder Apfelsaft trinken konnte, ohne dass mir die Angst vor dem Kalauer als Schweiß aus den Poren trat.

Eine neue Mitschülerin hatte mein Interesse geweckt; ich kannte sie nicht näher, aber ihr Äußeres versprach viel von dem, was ich ersehnte. Es gelang mir, mich mit ihr zu verabreden; Rendezvous sagten wir damals noch nicht zu einem Treffen. Wir waren beide nervös, und sie sagte in jedem zweiten Satz »zum Bleistift« statt zum Beispiel, nach einer halben Stunde war ich fix und fertig, hörte nur noch »zum Bleistift« und wollte nichts als weg sein. Selbst ihr Aussehen hatte in meinen Augen entsetzlich gelitten. Viel hatte ich schon über erogene Zonen gehört und gelesen. Die Trommelfelle und die im Kopf noch weiter innen liegenden Regionen wurden dabei niemals erwähnt. Es sind aber die empfindlichsten.

Ein frischer Fahrgast stieg zu und setzte sich auf einen Platz in Reichweite meines Gehörs. Er packte seinen Computer aus und griff zum Telefon. »Ja, ist gut«, hörte ich ihn sagen. »Da muss ich mal in meinem Schlepptop nachsehen.« Auch dieser Witz war mit eingebauter Wiederholungstaste in die Welt gekommen. Laptop ist kein schönes Wort, und die wörtliche Übersetzung – Schoßgipfel oder Schoßoberfläche – verbietet sich ganz, aber Schlepptop? Immer und immer wieder Schlepptop?

Ich wollte nicht länger leiden, suchte einen befreundeten

Arzt auf und erzählte ihm alles. »Die Krankheit, an der diese Menschen leiden«, erläuterte er mir, »heißt repetitative Zwangskalaueritis. Schwer heilbar, aber nicht gefährlich, jedenfalls nicht für die Patienten selbst.« Er sah mich besorgt an. »Aber wer mit diesen Leuten in Berührung kommt, kann sich etwas Schlimmeres zuziehen: akustische Allergie. Das geht bis zum Hörsturz und bis zur Ertaubung.« Er hob die Hände und seufzte. »Naja, das liegt alles in Christus.«

»Christus?« Ich sah ihn verständnislos an. »Ja klar«, gab er zurück und lachte lauthals. »Krist du's oder Krist du's nicht?«

# Neuigkeiten aus Knorkistan

Die Werbeparolen, mit denen Ortschaften oder ganze Landstriche versuchen, für sich Reklame und gutes Wetter zu machen, sind in hohem Maße verräterisch. Die ostwestfälische Kleinstadt Herford, in der ich geboren wurde, beauftragte eine Agentur damit, sich etwas Griffiges, Einprägsames, ja Einschneidendes auszudenken, auf dass der Name Herford niemals der Vergessenheit anheimfalle. Das Ergebnis lautete: »Hin- und Herford«. Es war die reine Heimtücke, und der Texter, dem sie innewohnte, kassierte hohnlachend das Honorar. Mancher zahlt ja noch dafür, wenn man ihn hochnimmt und veräppelt.

Das benachbarte Bielefeld preist sich als »Die freundliche Stadt am Teutoburger Wald« an; hier ahnte wohl jemand, dass man das Adjektiv »freundlich« schon dazusagen und hinzufügen muss – von allein würde kein Besucher der Stadt Bielefeld darauf verfallen. Die Stadt Karlsruhe bringt sich mit dem Aufschneiderspruch »Viel vor, viel dahinter« in Misskredit, und jene Karlsruherinnen und Karlsruher, in denen Feinfühligkeit und Geist walten, schämen sich stellvertretend für den, der sie so strafte, ohne es auch nur zu bemerken.

Wer das Land Sachsen-Anhalt über die Autobahn erreicht, reibt sich verwundert das Auge, denn zur Begrüßung liest er: »Willkommen im Land der Frühaufsteher«. Was soll das heißen? Was möchte Sachsen-Anhalt der Restwelt damit sagen? Gleichen die sachsen-anhaltinischen Frühaufsteher jenen legendären frühen Vögeln, die immer den Wurm fangen – wenn das denn überhaupt stimmt? Sind die Anhaltinersachsen die ganz Ausgeschlafenen, die Oberschlauen, die keiner in die Tasche stecken kann, es sei denn, er wäre sogar noch früher aufgestanden? Und wenn das so wäre – müsste man es dann den anderen sagen? Wüssten die es nicht und zögen respektvoll den Hut? Und blieben dann nicht auch die solcherart mit Begabung und Glück verwöhnten Insassen Sachsen-Anhalts hochzufrieden in ihrem Tippitoppi-Frühaufsteherland, statt es in großen Quantitäten zu verlassen, dem Land geradezu torschlusspanisch zu enteilen und andernorts ihr Glück zu suchen, egal wo, Hauptsache nicht in Sachsen-Anhalt? Warum also sollten die Sachsen-Anhaltinischen früh aufstehen? Um sich selbst bei der Erwerbslosigkeit, der Muffigkeit und dem Abhauen davor zuzusehen?

Das beckenbauertauglich ölige Erfolgsgrinsekaff München gibt sich den Namen »Weltstadt mit Herz«. Außer dem kleinen Wort »mit« ist daran alles gelogen. Zwar hat München, im Stadtteil Schwabing, ein »Café Ringelnatz«, in dessen Speisekarte viele Verse des Dichters zitiert sind. Ringelnatz verbrachte einige Jahre in München, seine Abschiedsworte an München verschweigt der Besitzer des Cafés allerdings geflissentlich. Es sind die ersten Zeilen des Gedichtes »Umzug nach Berlin«, und sie entbehren nicht der Deutlichkeit: »Nach Berlin, nach Berlin, / nach Berlin umzuziehn, / aus der dümmsten Stadt der Welt.«

Zu Beginn des 21. Jahrhunderts ist Berlin so abgewirtschaftet und pleite, dass die Politessen noch um zwei Uhr morgens Strafzettel verteilen müssen, um der Stadt wenigstens etwas Kleingeld zuzuführen. Der Regierende Bürgermeister Klaus Wowereit hat weder die Absicht noch die Möglichkeiten, die asoziale Berliner Politik zu ändern; er sucht lieber ein neues Image und einen passenden Slogan, mit dem man Berlin als aber sowas von dufte darstellen kann. Dass Berlin »eine Reise wert« sei, ist längst in den Kanon der Phrasen eingegangen, und die Leute, die »noch einen Koffer in Berlin« hatten, sind unterdessen verstorben. Wowereit hat deshalb »die Marke Berlin« entdeckt und lässt seine Senatskanzlei auströten, Berlin sei »die Stadt des Wandels«.

Fünf Millionen Euro haben die Steuerzahler, ohne darum gefragt worden zu sein, für die Imagekampagne zur Verfügung gestellt; diese Summe erhöhte die Wirtschaftsfördergesellschaft »Berlin Partner« noch um zwei weitere Millionen. Der unbedingte Wille zur Aufdringlichkeit ist vorhanden. »Wenn es losgeht, soll man es auch sehen«, lässt Klaus Wowereit die Menschen wissen. Es geht aber bloß darum, Geld in die Stadt zu locken. Dazu muss man eine abgetakelte, verarmte Stadt »arm aber sexy« nennen und zur traurigen Attraktion aufblasen. Die alte Nutte Berlin wird noch einmal geschminkt.

Als Chefvisagist gilt Sebastian Turner, der »Kreativ-Chef« der Werbeagentur »Scholz & Friends«. Dochdoch, diese Sorte Pflaumenaugust heißt veritabel »Kreativ-Chef«; in diesem Wort ist die ganze verzweifelte Hybris genauso enthalten wie ihre Entlarvung. »Kreativ-Chef« ist die Steigerungsform von Lutscher und Li-La-Laune-Bär. Turner ist fraglos der passende Mann für den Berliner Blasebalg-Job; wer seine Agentur »Scholz & Friends« und also seine Angestellten »Freunde« nennt, hat Mangel an Betrügerpotential nicht zu fürchten. Wer mit so einem Mann befreundet sein muss, darf sicher auch ein unbezahltes Praktikum in seinem Lügenladen machen.

Turner kann mehr als Wowereit, der nur »die Marke Berlin« halluzinierte – Turner spricht gleich vom »Markenkern«, vom »Kern der Marke Berlin«, und dieses Wunder von Kern ist für ihn – Kerner? Nein, leider; »Freiheit« ist »der Kern«, wahrscheinlich in der Version des Beck's-

Bier-Reklamemodels Marius Müller-Westernhagen. »Berlin ist die Stadt der Freiheit«, weiß Turner, und weil das nichts bedeutet und ihm sonst überhaupt nichts einfallen will, klammert er sich an seine kümmerliche Propagandaepistel und sagt sie immer wieder auf, bis irgendwann wenigstens er an sie glaubt: »Berlin ist fest verankert als ein Symbolort der Freiheit. Teilung, Blockade, Mauer, Mauerfall – in der ganzen Welt ist Berlin eine Stadt der Freiheit.«

»Symbolort der Freiheit« – wenn man sonst nichts hat, und Berlin hat nichts sonst, macht sich das doch ganz gut: Die heiße Luft heißt nichts, kostet aber auch nichts. Betriebsblind beurteilt Turner die Welt aus der Perspektive des Werbers: »Die erfolgreichste Regionalkampagne, die wir in Deutschland jemals hatten, war der friedliche Untergang der DDR. Innerhalb von Wochen verwandelte sich der graue, lächerliche Stechschritt-Mauerstaat in ein lebendiges, tanzendes, sich selbst befreiendes Land. So positiv haben die Deutschen die Welt davor und danach nicht mehr überrascht.« Ob in Ostdeutschland irgendjemand auf die Straße gegangen wäre, wenn er geahnt hätte, wie das 20 Jahre danach als angebliche Werbekampagne verwurstet und verramscht wird? Nimmt man ihn beim Wort, schuldet Turner den Protagonisten vom November 1989 noch Honorare und Tantiemen – aber dann ernennt er sie lieber zu »Friends«, da muss er nichts zahlen.

Weil er so mitleiderregend dringend ein eingängiges Code-Wort für Berlin braucht, schenke ich dem Turner samt seinem Wowereit eins: Knorkistan. Da sind die Türklis drin und die Bolles, und die haben, so unangenehm sie im Einzelnen auch immer wieder sind, doch einen Vorzug gegenüber Turner, Wowereit & Friends: Sie existieren wirklich. Sie sind Berlin; ein anderes gibt es nicht, jedenfalls nicht außerhalb einer Werbeagentur – egal, mit welchem dünndümmlichen Schnack Berlin die Kundschaft ankobert. Leipzig hat mit »Leipziger Freiheit« die Peinlichkeitslatte schon schön hochgelegt, aber Berlin wäre nicht Berlin, wenn es das nicht noch besser könnte: »Be Berlin«, sei Berlin – dieser Gratisflachspruch schoss den Vogel ab und machte das Rennen. Er ist die richtige Botschaft für alle, aus denen nichts Gescheites wird und die sich damit trösten müssen, ein Teil des ewig aufgeblasenen Berlins zu sein.

# Ausnahmekünstler

Wohin man sieht und hört und liest, gibt es Ausnahmen: Ausnahmetalente, Ausnahmeinterpreten, Ausnahmeathleten, Ausnahmekünstler, Ausnahmemusiker. Nichts als Ausnahmen, Ausnahmen, Ausnahmen. Wovon nehmen die Ausnahmen sich aus? Wovon werden sie ausgenommen?

Beim Ausbilden von Mode und Konfektion ist das Feuilleton geschäftsführend; von den ihm angeschlossenen Künstlern kann es verlangen, dass sie dienstbar sind. Wenn ein von seiner eigenen Borniertheit gelangweiltes Publikum nach Ausnahmen wovon auch immer verlangt, hat der Künstler sich entsprechend anzubieten und den Bedarf zu decken. Diesen Vorgang nennt man Rebellion oder künstlerische Selbstfindung; besonders anpassungsfähigen Künstlern sagt man alle drei bis fünf Jahre nach, sie hätten sich »neu erfunden«. Selbstverständlich wieder als Ausnahme.

Da ein Künstlerdasein ohnehin als generell abweichend gilt, als Ausnahme von der Regel, ist innerhalb des Künstlertums die Ausnahme von der Ausnahme die Regel. Tatsächliches Abweichen von der Norm wird sanktioniert; bei Künstlern ist die Darstellung von Anderssein das Eintrittsbillet in die besseren Kreise; besser meint: besser zahlend.

Was bedeutet Ausnahme? Wie es versteckte Fette gibt – Rudi Hurzlmeier hat sie einmal für *Titanic* gemalt: zwei sehr dicke Menschen, die vergeblich versuchen, sich hinter einem Baum zu verstecken –, gibt es auch den versteckten Superlativ. Wenn man beispielsweise einen Trompeter nicht »den größten« oder »den besten« seines Fachs nennen kann, weil das ziemlich peinlich wäre oder es vielleicht Animositäten gäbe mit den hundert oder tausend anderen Größten und Besten, spricht man vom Ausnahmetrompeter. Kost' ja nichts, kann nicht schaden, bedeutet auch nichts und ist dennoch als Wort in der Welt. Watte kann man nicht widerlegen.

Was zeichnet einen Ausnahmepianisten aus? Ist er die Ausnahme von der Regel, dass ein Pianist Klavier spielen können sollte? Wenn die Ausnahme längst die Regel geworden ist, was ist dann tatsächlich eine Ausnahme? Wenn einer ein ganz gewöhnlicher Künstler wäre, einer, der seine Sache versteht, sie gut macht und sich selbst dabei auch noch halbwegs realistisch betrachten kann – der wäre anders. Der wäre eine richtige Ausnahme von der Regel namens Ausnahme.

P(M)S: »Bei Regel muss Blut fließen«, sagt die Redakteurin. Aber das ist ein anderes Thema.

# Die Schnäppchen der Besinnlichkeit

Es gibt durchaus schöne Diminutive, Verkleinerungs- und Verniedlichungsformen, die Charme und Eigenheit versprühen. Eichhörnlein zum Beispiel gefällt mir sehr, und wenn das flinke Eichhörnlein auch noch possierlich Nüsslein knabbert, will mir ganz wuschig ums Herz werden. Doch wohnt dem Verkleinerungsvokabular auch großer Schrecken inne: Schnäppchen ist eines der scheußlichsten Wörter deutscher Zunge, und besonders häufig liest und hört man es in der Vorweihnachtszeit.

Dass Weihnachten eine rein kommerzielle Angelegenheit ist, muss in den Rang einer Nachricht nicht mehr erhoben werden. Es stört mich auch nicht, ich bin ein säkularer Mensch und bedarf nicht des Gläubischen. Dass aber jenes christliche Abendland, in dem man nun einmal lebt, weder willens noch in der Lage ist, die permanent behauptete Andacht, Einkehr und Stille herzustellen, erfüllt den Tatbestand des glatten Betrugs. Statt in Ruhe und Frieden dem Jahresende sanft und melodisch sich entgegenwiegen zu können, wird man genötigt und beballert. Einkaufszentren von schreiender architektonischer Hässlichkeit erklären sich zum »Ziel aller Wünsche«; das Leipziger Lokalblatt jubelt auf Seite eins über die »Weihnachtsüberraschung an der Zapfsäule« und feiert das »Plus im Adventsgeschäft sächsischer Händler«, als ob einen das irgend etwas anginge.

Wo man geht und steht, wird man zum Konsumenten degradiert und angeherrscht, gefälligst die Konjunktur anzufachen; das ist nicht nur Menschenrecht, sondern auch Bürgerpflicht, und gerade die Ostdeutschen haben immer noch viel nachzuholen! Und so zischelt es allerorten: Schnäppchen! Schnäppchen! Schnäppchen! Man sieht schier die Reißzähne in den Gebissen wachsen: Schnappen, Schnapphanski, schnappen! Mach den Grapschgermanen und schnapp dir dein Schnäppchen! Hasso, schnapp! Da wünscht man sich beinahe den guten, alten und vergleichsweise harmlosen Weihnachtskitschterror mit erzgebirgischen Schwibbögen, Pyramiden, Krippen, Jesuskind und Englein zurück, die in der DDR allerdings »Jahresendfiguren mit Flügeln« heißen mussten, weil die DDR des Engels, mit Ausnahme von Friedrich Engels, nicht bedurfte, basta.

Schenken ist schön – so schön, dass einem sogar ein entleertes Ritual wie Weihnachten als Anlass taugen kann. Es gäbe auch 364 andere Tage im Jahr, aber wenn es also unbedingt dieser Termin sein soll, dann nehmen wir den eben auch. Aber bitte ohne Schnäppchen! Ich möchte nicht zum Schenker oder zum Empfänger eines Schnäppchens herabsinken: Hier, Schatz, dein Schnäppchen – es kommt von Herzen. Oder doch eher von Herzilein? Ich möchte auch keine Weihnachtsmannmützen mit Blinkelementen auf menschlichen Köpfen sehen müssen, und bitte auch keine Weihnachtsmänner aus dem Baumarkt an lichterkettengefolterten Hausfassaden.

Weihnachtsmänner kommen aus der Verwandtschaft, der Nachbarschaft oder, wenn sie gar nichts taugen, vom Studentenwerk. Kinder lieben Weihnachtsmänner, weil sie richtige Geschenke dabei haben und keine Schnäppchen. Im nordenglischen Oldham wurde eine Grundschullehrerin entlassen, weil sie ihren sieben und acht Jahre alten Schülern eröffnet hatte, dass ihre Weihnachtsgeschenke nicht vom Weihnachtsmann kämen, sondern von ihren Eltern. Die Kinder brachen in Tränen aus und waren am Boden zerstört. Kein Wunder: Wer will denn etwas von seinen Eltern bekommen, wenn er es vom Weihnachtsmann haben kann? Die Lehrerin verwechselte die Brutalität, dass es Schnäppchen gibt an Stelle von Magie und von Märchen, mit Aufklärung. Nun ist sie arbeitslos und kann sich ein Geld als einer der Weihnachtsmänner verdienen, die es ihr zufolge gar nicht gibt.

Wie klug sind doch die Eichhörnlein, die überwinternd die Schnäppchenzeit verschlafen.

# Geld oder Gelder?

Geld ist ein unbestimmter Begriff. Wenn einer sagt, er habe Geld dabei, kann es sich um einige Euros handeln oder um tausende davon. Man weiß es nicht, der Begriff Geld ist quantitativ vage. Klar ist allerdings, dass er einen Plural meint. *Ein Geld* gibt es nicht, außer in der Kinder- oder Scherzfrage: »Kannst du mir ein Geld borgen?«

Wenn aber von öffentlichem Geld zu hören oder zu lesen ist, bekommt dieses Geld einen Plural, den es sonst nicht hat oder benötigt: Gelder. Fördergelder, die beantragt werden, Gelder, die bewilligt worden sind, oder Gelder, die veruntreut wurden. Öffentliche Gelder sind offenbar etwas ganz anderes als privates Geld.

Nie hörte man in einem Krimi jemanden knurren: »Gib mir meine Gelder zurück!«, »Her mit den Geldern!«, »Gelder oder Leben!«, niemals den Seufzer »Schade um die schönen Gelder!« Auch der anerkennende Satz »Der verdient da gute Gelder« blieb bisher ungesagt, wobei auffällt, dass verdientes Geld offenbar »gut« ist, zerronnenes Geld durch anhaltenden Verlustschmerz aber sogar »schön« werden kann. Noch niemals wurde jemandem nachgesagt, dass er »richtige Gelder mache«, und in keinem Wirtshaus der Welt ertönte die bange oder auch nur geheuchelte Frage: »Hast du Gelder dabei? Ich habe meine Gelder zuhause vergessen!«

Wer hätte je behauptet, dass »Bargelder lachen«, dass »Gelder allein nicht glücklich machen«? Forderte Gunter Gabriel etwa »Hey Boss, ich brauch' mehr Gelder«? Auch unter der Belehrung durch ältere Menschen, dass fünf Mark »früher viele Gelder waren«, musste noch kein Jüngerer leiden. Immer ist, wenn es um privates Eigentum geht, ausschließlich von Geld die Rede, niemals von Geldern, es sei denn, man spräche von der deutschen Stadt Geldern an der niederländischen Grenze.

Der private Mensch hat, braucht oder giert nach Geld; Geld will er, nicht Gelder. »Das ist mein Geld!«, sagt er und meint damit gewöhnlich: meinsganzalleins.

Kein Mensch wird dafür beneidet, »Gelder wie Heu« zu haben, kein Verlust »geht in die Gelder«, und selbst der derbste Volksmund unterstellt niemandem, nicht einmal dem Teufel persönlich, er könne »Gelder scheißen«, auch wenn das, gerade für die öffentliche Hand, eine gute Gabe wäre.

Beim öffentlichen Geld ist das anders; hier ertönt der Lockruf der Gelder, die man der öffentlichen Hand entnehmen kann: Gelder, die wiederum aus »Töpfen« stammen, in denen sie offenbar sehr altmodisch aufbewahrt werden. Wenn einer von Geldern spricht, meint er niemals sein Geld, sondern solches, das er sich vielleicht verschaffen kann, durch beantragen und bewilligt bekommen oder, wenn er den Bogen raus hat, durch veruntreuen.

Die Dreistesten unter der Sonne wandeln Gelder in Geld, parken es weg, zeigen dann vorwurfsvoll ihre leeren Taschen vor, reklamieren Hilfe für sich und fordern: Gebt uns Gelder, die uns zustehen, denn wir machen sie zu Geld! Und genau so geschieht es dann, immer und immer wieder.

Gelder sind öffentlich virtuell, Geld ist konkret und privat. Es heißt schließlich: Geld regiert die Welt. Und nicht: Gelder regieren die Wälder.

# Absolut affirmativ

»Absolut!«, erklärt mein Gegenüber im Brustton der Überzeugung, mit einer felsen- und feuerfesten Stimme, in der für keinen Unter- oder Zwischenton Platz ist, für keinen noch so leisen Zweifel. Jede Silbe wird einzeln und dezidiert gesprochen: »Ab-so-lut!«, da hört man das Ausrufungszeichen mit, da bleibt keine Frage offen.

Die uneingeschränkte Zustimmung beherrscht die Kommunikation. Die Formel »Absolut« kann rhetorisch variiert werden; dann wird sie ersetzt durch »Definitiv!«, durch »Perfekt!« oder durch das beispringende »Auf jeden Fall!«. Manchmal wird sogar alles zum Einsatz gebracht: »Absolut perfekt. Auf jeden Fall. Definitiv!« Der Affirmant reißt sich vor Begeisterung schier die Beine aus, und der Adressat bricht unter Beipflichtungsbeschuss zusammen. Wieviel Bestätigung kann ein Mensch vertragen, ohne dass sie in ihm den Eindruck erweckte, eventuell auch sarkastisch gemeint zu sein, ironisch oder spöttisch?

Offenbar jede Menge. Die meisten Menschen empfinden noch die durchsichtigste Zustimmung als angenehm, während sie sachliche Zweifel oft als generelle Skepsis gegenüber ihrer eigenen Person wahrnehmen. Psychologisch, also Sprache und Logik der Seele folgend, ist das so simpel wie einleuchtend: Die uneingeschränkt freudige Affirmation löst ihrerseits Freude aus; sie scheint den Eindruck von großer Klarheit und Souveränität zu erwecken. Wenn einer »absolut!« sagt und »definitiv!«, dann suggeriert er damit, dass er genau wisse, was er wolle. Stimmt das? Könnte nicht das Gegenteil der Fall sein? Dass also einer, der bedingungslos Ja sagt, sich einfach nur anschließt, weil er keine eigene Haltung hat? Muss man nicht eher argwöhnisch werden, wenn niemand mehr eine Frage hat oder einen Einwand? Doch wer nachfragt, wird schnell als »Bedenkenträger« und als »Bremser« diskreditiert. Wenn einfache Lösungen gesucht werden, sind Fragen nicht opportun. Es geht um Zustimmung, und zwar um hundertprozentige. In der Berliner Mundart heißt das: »Aba hundert pro, Alta!« Andere bemühen sogar gleich »tausend Prozent«, als ob maßloses Übertreiben eine vertrauensbildende Maßnahme wäre. Tausend Promille sind schon realistischer; »Absolut« ist ja auch der Name einer schwedischen Wodkamarke.

So sehr der modische Bestätigungsjargon der »Definitiv«-Sager auch am klaren Bewusstsein seiner Benutzer beziehungsweise seiner »User« zweifeln lässt, hat er doch immerhin anderes affiges Vokabular verdrängt. Die Zeiten, in denen fast alle Welt zustimmend »Touché!« sagte (und dabei meist auch noch einen Zeigefinger in Anschlag brachte), sind zum Glück verstrichen. Auch »d'accord!« oder, noch wichtigtuerischer, »Da bin ich voll d'accord!«, kommt nur noch so selten zur Anwendung wie die Wendung »Da gehe ich mit dir konform«. Die Konformgeherei hat einen so anzüglichen Ton, dass die Verballhornung zu »Da gehe ich mit dir kondom« nicht ausbleiben konnte.

In der zum Fernseh-Talk herabgesunkenen Kommunikation hat sich eine Floskel etabliert, die Affirmation mit Sensibilitätssimulation verbindet: »Da bin ich ganz bei Ihnen«, oder, noch schwüler und auf die Pelle rückender: »Da bin ich ganz bei dir.« Es klingt, als ob ein Intimitäter seinem Gegenüber eine absolut unerwünschte Hand aufs Bein legte. Aber definitiv.

# Burnout für alle

*dem großen schottischen Dichter*
*Robert Burnsout gewidmet*

Nachdem *Zeit*-Chefredakteur Giovanni di Lorenzo dem Medien- und Machtstrizzi Karl-Theodor zu Guttenberg das Büßerhemd maßgeschneidert hatte, auf dass Deutschland künftig auf einen eigenen Berlusconi nicht länger würde verzichten müssen, fühlte er sich ein wenig ermattet. Außerdem war er von der langen Quakelei durstig geworden, doch wie es so geht bei unseren top-creativen Blattmachern, erwuchs di Lorenzo der etwas lasche Daseinszustand sofort wieder ins Produktive. »Ich bin müde, hab' auch Brand, bin ich etwa ausgebrannt?«, formulierte der alerte Medienmann quasi druckreif, und so titelte die *Zeit*: »Noch jemand ohne Burnout?«

Wer aber will das wissen? Burnout ist als Thema ziemlich ausgebrannt und ausgeleiert, ausgebrannt sind quasi alle, zumindest, wenn es sich um Männer handelt, noch dazu um ganz wichtige. Frauen und Memmen leiden unter Depressionen, Männer haben Burnout. Im Gegensatz zum Drückebergerdepressiven hat sich der Burnoutler seinen Zustand hart erarbeitet. Wer Burnout hat, der hat vorher gekämpft! Ist »ans Limit gegangen«, hat »sein Potential abgerufen« und »seine Leistung gebracht«, hat sich »ausgepowert« und sich »weiter optimiert«, solange »noch Luft nach oben« war. Wenn ihm die aber doch einmal ausging, hat er »mental an sich gearbeitet« und sogar auf eigene Kosten einen »Motivationstrainer« beschäftigt, um nicht schlappzumachen.

Irgendwann kommt trotzdem der Befund,
der ihn restlos aus den Schuhen haut:
Die Fassade zwar wirkt noch gesund.
Doch dahinter flüstert's schon: Burn out, Burn out...

Ohne Burnout geht nichts mehr bei Männern, Vattiland ist ausgebrannt. Niemand, dem es schlecht genug geht, wenn er ausgelaugt ist, erschöpft, fix und fertig, völlig alle, so richtig durch oder der einfach nicht mehr kann. Nein, das reicht nicht, das ist für Weichlinge und vor allem überhaupt nicht auf der Höhe der Zeit. Ins modisch-idiotische Nirwana wegformuliert klingt das so: »Depression war gestern. Jetzt ist Burnout.«

Wenn nicht sogar Burnout-Syndrom, denn Syndrom ist immer gut: Velodrom, Motodrom, Tempodrom, Burnoutsyndrom. In einem »Asterix«-Band wären das prima Vornamen, ähnlich wie in »Asterix und die Normannen«, in dem die Krieger aus dem Norden Maulaf heißen, Dompfaf oder Ganzbaf, und in dem es ja auch um Psychologie geht, also um Angst.

Burn out, mein Herz, und suche Freud...

# Or und Ar und Schlecker

Sprachliche Überempfindlichkeit kann Schaden verhüten; so wie eine empfindliche Nase die Zusichnahme schlechter Nahrung verhindert, so kann auch ein gut ausgebildetes Trommelfell vor der Verletzung der innen angrenzenden Organe schützen. Jedenfalls habe ich es ausschließlich meiner Sprachidiosynchrasie und meiner Phantasie zu verdanken, dass ich niemals eine Filiale der Drogeriemarktkette Schlecker betrat. Die Vorstellung, jemand könne sich ausgerechnet bei Schlecker mit Toilettenpapier eindecken, ist entsetzlich und geradezu erbrechenmachend.

Irgendwann las ich einen Boykottaufruf gegen Schlecker; es ging um den Vorwurf, die Direktion der Firma lasse Angestellte bei der Arbeit ausspähen und bespitzeln. Mich musste man mit dieser bösen Geschichte nicht zum Schlecker-Boykott agitieren, ich ging ja ohnehin nicht hin – würde aber, ebenfalls aus rein sprachlichen Gründen, niemals »Schlecker? No way!« oder »Schlecker ist ein No go!« sagen.

In der Marketingabteilung von Schlecker scheint man von den positiven Wirkungen negativer Werbung überzeugt zu sein; anders ist die Parole »For you. Vor Ort« schwer zu erklären. Man muss die Kurzwörter nur einmal halblaut vor sich hinsprechen: »For you. Vor Ort«, dreimal »or« in vier Silben, das klingt nach Mordor und den Orks.

Ausgedacht hatte sich den mundbrecherischen Slogan eine Werbeagentur Grey; beauftragt und bezahlt von der neuen Schlecker-Generation: Meike und Lars Schlecker, den Nachfolgern ihres Vaters Anton Schlecker, dem Begründer der Schlecker-Dynastie im schwäbischen

Schleck-, nein: Ehingen. Mit der »For you. Vor Ort«-Kampagne, so ließen die Schlecker-Youngsters einen Unternehmenssprecher verkünden, ziele Schlecker speziell auf Kunden der »niederen bis mittleren Bildungsniveaus«.

Dabei kann doch jedes Kind die Worte For you, vor Ort, Toilettenpapier und Schlecker kombinieren und feststellen: Der Name Schlecker ist eine Abkürzung. Vorne fehlen ein A und ein r, dann stimmt's. Es gibt viele Gründe, Filialen der Firma Schlecker zu meiden; mir reicht dieser.

# Weg oder runter?

## Eine Betrachtung des Brechens

»Dem *Tagesspiegel* sind zwei große Anzeigenkunden weggebrochen«, erzählt ein Kollege, und während er noch über die Folgen spricht, über den Niedergang der Presse im Allgemeinen und über Entlassungen im besonderen, bin ich noch ganz im Wort: weggebrochen? Wie muss ich mir das vorstellen, wenn Anzeigenkunden wegbrechen? Wohin brechen sie weg? Brechen sie durch den Boden, oder erbrechen sie sich?

Jedenfalls wird viel weggebrochen im Land. »Uns brechen hier die Leute weg«, sagt der Chef eines Kulturclubs, und nicht nur im Osten Deutschlands wird häufig die Klage erhoben, dass »viel Identität weggebrochen« sei.

Identität wegbrechen, wie geht das? Bricht die selbständig weg oder lässt sie sich willenlos wegbrechen? Und ist bei allem, was man von sich bricht, nicht immer auch eine Identität dabei, wenigstens »ein Stück weit«? Denn auch das wird tadel- und skrupellos weggesprochen: »Uns ist hier ein Stückweit Identität weggebrochen.« Man kann nur hoffen, dass ein ausreichend großes Gefäß zum Auffangen in Wegbrechnähe stand.

Später im Café höre ich eine Frau zu einer anderen sagen. »Theoretisch ist mir alles klar, aber ich muss noch lernen, das auf meinen Alltag runterzubrechen.«

Wie bricht man etwas herunter, das man ja eigentlich eher raufbricht? Zerbricht man es in kleine Stücke, die dann herunterfallen? Hat runterbrechen mit Bruchrechnen zu tun? Oder mit einem Leben als Bruchpilot? Trifft das, was einer runterbricht, auf das, was weggebrochen ist? Oder kann man das, was zuvor weggebrochen ist, dann auch noch runterbrechen, und wenn ja, auf was? Kann man eine weggebrochene Identität auf den Alltag runterbrechen? Wie sähe das aus? Wie fühlte sich das an? Und wie röche das?

Es gibt reichlich zu brechen in Deutschland, sei es nun weg oder runter, und deshalb muss man manchmal dringend aufbrechen. So vieles ist schon weggebrochen, nur radegebrochen hat noch nie jemand, das wäre ja falsches Deutsch; richtig heißt es geradebrecht und kann gerade auf Brecht nicht runtergebrochen werden.

# Abgeholt und mitgenommen

Man solle »die Sorgen und Nöte der Menschen ernstnehmen«, sagt ein Politiker und ergänzt eindringlich: »Wir müssen die Menschen abholen!« Einer seiner Kollegen nimmt den Faden auf und fordert: »Wir müssen die Menschen mitnehmen!« Wenn man als einer von »den Menschen«, über die stets im Plural gesprochen wird, nicht weghört, kann man sich fragen: Wer sind eigentlich diejenigen, die sich immerzu »wir« nennen? Und wer sind »die Menschen«, von denen sie reden? Es muss sich jedenfalls um zwei voneinander ganz verschiedene Gruppen handeln, zwischen denen es keine Verbindung gibt und von denen die erste aus aktiven und die zweite aus passiven Mitgliedern besteht. Die einen holen ab und nehmen mit, die anderen werden »die Menschen« genannt, abgeholt und mitgenommen. Sie sind Objekte und werden verwaltet. Aber haben sie darum überhaupt gebeten? Wer über »die Menschen« spricht, legt damit nahe, dass er selbst etwas anderes sei. In dem kleinen Wort »die« liegt etwas Trennendes, Distanzierendes und auf Fremdheit Verweisendes. Auf der einen Seite steht das handelnde »Wir«, auf der anderen stehen nicht Menschen, sondern im Gegenteil eben »die Menschen«. Sie wurden auch schon »die Menschen draußen im Lande« genannt, was nicht ohne Rätselkraft ist: Wer »im Lande« ist, befindet sich drinnen und soll dennoch draußen sein? Und wo befindet sich derjenige, der alle anderen »draußen im Lande« wähnt? Drinnen vor der Tür?

Wer die Sprache der Politik auch nur halbwegs ernst und für voll nehmen will, kollidiert schnell mit der Logik, gewinnt aber Erkenntnis über das Selbstverständnis der Sprechenden. Die Mitglieder der »politische Klasse« genannten Kreise sind ohne jeden Zweifel davon überzeugt, dass ihnen Definitionsmacht und Handlungsmandat zustehen: Sie repräsentieren diejenigen, die sie wie mit einem Gummihandschuh über der Zunge als »die Menschen« bezeichnen, sie sprechen in ihrem Namen und agieren für sie. Die Frage, ob sie dazu legitimiert worden sind, stellt sich ihnen nicht mehr; sie halten sich für gewohnheitsrechtlich ermächtigt. Wer bestimmt, was er mit »den Menschen« tun muss, ohne sie gefragt zu haben, ob ihnen das überhaupt recht ist, hat das Prinzip der Entmündigung anderer längst verinnerlicht, es ist ihm zur Selbstverständlichkeit geworden. Wer »die Menschen abholen« oder »mitnehmen« muss, als chauffiere er einen Schulbus, hat sich von denen, über und für die er spricht, ohne jemals mit ihnen zu sprechen oder ihnen zuzuhören, längst so weit entfernt, dass er weder sie noch den Vorgang des Sichentfernthabens überhaupt wahrnimmt.

Wenn einer über »die Menschen« spricht, weiß man, dass er mit realen Menschen keinen Kontakt hat, sondern nur mit seinesgleichen, mit denen er über andere bestimmt. Die Politiker- und Medienformulierung »die Menschen« meint eben nicht Menschen, sondern eine amorphe, mundlos dumpfe Masse. Der Versuch, mit Sprachmenschelei humanes Interesse zu simulieren, ist durchsichtig. »Die Menschen« ist reiner Verfügungsjargon; die Steigerung »die Menschen haben ein Recht darauf« legt sogar nahe, der Sprecher könne Rechte worauf auch immer gewähren oder entziehen. In der Formel von »den Menschen« offenbart sich ein Selbst-, Welt- und Menschenbild, das sich so teilnahmsvoll und egalitär gibt, wie es gleichgültig und hochmütig ist.

# »Ich und viele andere Menschen«

Kaum dass Joachim Gauck wusste, dass er nun doch, im zweiten Anlauf, zum Präsidenten gemacht werden sollte, kehrte er sein Inneres nach außen: »Mir ist wichtig, dass die Menschen wieder lernen, dass sie in einem guten Land leben, das sie lieben können«, sprach der Theologe, und man wusste, was die Uhr geschlagen hatte. Die eigene Wahrnehmung und Analyse der Verhältnisse, in denen man lebt, bedeuten nichts. »Die Menschen«, über denen turmhoch der Pfarrer Gauck steht, müssen von ihm lernen, wo sie leben. Das gilt nicht nur für Inländer. Gauck hat Europa zum »besten Ort der Welt« erklärt. Ob er das auch den armen Bewohnern der anderen Kontinente mitteilen wird, die er demnächst heimsuchen wird? Oder kennt er einfach nur nichts anderes?

Fast ein bisschen wehmütig dachte ich an Gustav Heinemanns so klugen wie charmanten Satz »Ich liebe nicht den Staat, ich liebe meine Frau.« Zu der Zeit war Heinemann amtierender Bundespräsident, zu billigen patriotischen Bekenntnissen ließ er sich nicht erpressen, und obwohl er ein Mann der evangelischen Kirche war, hatte er notorischen Antikommunisten schon in den 50er Jahren entgegengehalten, »dass Christus nicht gegen Karl Marx gestorben« sei.

Solcher Scharfsinn ist von Joachim Gauck nicht zu erwarten. Er sei »mit einem gut begründeten Antikommunismus aufgewachsen«, erklärte Gauck, dessen Mutter 1932 und dessen Vater 1934 der NSDAP beigetreten waren. Dafür kann Gauck selbstverständlich nichts. Aber in diesem Zusammenhang ist sein Bekenntnis zu »einem gut begründeten Antikommunismus« ein brauner Akt des retrospektiven Gehorsams. Gauck ist auf einem Kreuzzug in die Vergangenheit unterwegs. Die Entspannungspolitik zwischen BRD und DDR setzt Gauck mit der »Appeasementpolitik« der Westmächte gegenüber Hitler gleich. Kein Wunder, dass ein solcher Hassprediger schon beim ersten Anlauf im Jahr 2010 der Kandidat von *Bild* war. »Yes we Gauck« trommelte *Bild am Sonntag*, und am 19. Februar 2012 hatten sich dem dann endlich alle wahlrelevanten Truppen angeschlossen. (Die Linkspartei hatte man gar nicht erst gefragt, und ihre Vertreter, statt sich über den Beweis, diesem Kartell nicht anzugehören, zu freuen, schmollten. Sie würden ja soo gerne dabeisein.)

Joachim Gauck wird allenthalben als »glänzender Redner« gefeiert, die *FAZ* attestiert ihm die »schönste Sprache«. Die klingt beispielsweise so: »Als Bürger der DDR haben ich und viele andere Menschen im ganzen Osten Europas Ohnmacht erlebt und trotz Ohnmacht Ähnliches geschafft: Es gibt ein wahres Leben im falschen.«

»Ich und viele andere Menschen« ist schon sehr schön gesagt, aber das »wahre Leben im falschen« ist sogar noch größenwahnsinniger, noch eitler. Im falschen Leben gibt es echte Flaschen, wie den Mann, der seit 1990 auf dem Bürgerrechtler-Ticket unterwegs ist. Der »Präsident der Herzen«, zu dem ihn *Bild* gekürt hat, ist ein Herzchen.

# Fremdsprache Deutsch

Am Kottbusser Damm in Berlin bietet ein Institut das Erlernen von »Deutsch als Fremdsprache« an. Das Geld kann man sparen, scheint mir, denn direkt neben der Sprachschule gibt es eine »Xpresso Lounge«, ein Haus weiter eine »Back Factory« und gleich im Anschluss eine »easy-Apotheke«.

Da wird mir doch die deutsche Sprache fremd und das Alphabet in der Pfanne verrückt, mault die Sprachliebhaberseele, aber besonnen vermag ich sie zu beruhigen:

Wenn die Back Factory eine Payback-Karte hat, dann ist alles im Lack, genau wie in Good Luck! In der easy-Apotheke spielen sie Truck Stop, »Take it easy, altes Haus«. Die Ohrenpeinpillen, die du dagegen bekommst, verhökerst du später auf dem »Flowmarkt« in »Nowkoelln«, und von dem Gewinn bezahlst du dann doch den Kurs in »Fremdsprache deutsch«, in dem du erfahren wirst, dass man deutsche Gedichte »auswendig« lernt, englische aber »by heart«, und dann wirst du endlich begreifen, warum Deutsch so vielen Deutschen immer eine Fremdsprache bleiben wird.

# Facility Management in Abbottabad

Das sehr deutsche Deutschwort Hausmeister hat nichts offensichtlich Schönes an sich; man muss nur an die eigene Schulzeit denken, und sofort sieht man einen blaugrau bekittelten Mann mit unguter Laune übers Gelände muffeln, der mit professionell eingeschränkter Wahrnehmung in jedem Schüler nur einen potentiellen Tunichtgut oder Strolch zu wittern vermochte und deshalb prophylaktisch alle entsprechend schnappschildkrötig anpampte.

Warum also das Wort Hausmeister nicht durch ein geeigneteres ersetzen? Genau das hat man versucht und aus dem Hausmeister einen »Facility Manager« gemacht. »Facility Manager«, das klingt hochtrabend und bemüht zugleich, als solle eine nicht gerade attraktive Stellung durch einen aufgeblasenen Titel aufgehübscht werden.

Ein weiterer Nachteil ist, dass man aus dem Subjekt »Facility Manager« ohne Gewaltanwendung kein Verb bilden kann, aus »Hausmeister« aber sehr wohl. Nicht selten kann man sich gegen übergriffige Ordnungskräfte mit der zumindest beim ersten Hören verblüffenden Formulierung »Bitte hausmeistern Sie mich nicht an!« erfolgreich zur Wehr setzen. Und den Satz »Gott hausmeisterte ein wenig in der Hölle herum, um seinem Zwillingsbruder unter die Arme zu greifen; der arme Teufel hatte die letzte gemeinsame Sause nicht gut verkraftet« könnte man aus einem »Facility Manager« niemals generieren.

Das gegen linken Politkitsch eingesetzte Diktum »Der Tod ist nicht immer, aber manchmal eben doch ein Hausmeister aus Deutschland« kann allerdings keine Exklusivität für sich beanspruchen. Wer sagt, »Der Tod ist ein Facility-Manager-Team aus den USA«, liegt auch nicht falsch. Anders ist jedenfalls der Ton schwer zu verstehen, in dem die Erschießung von Osama bin Laden im pakistanischen Abbottabad durch eine amerikanische Sondereinheit gemeldet und kommentiert wurde: als habe ein Trupp Hausmeister endlich Ordnung gemacht. Dass es sich um eine »Operation mit Tötungsauftrag« handelte, scheint niemanden zu stören, und auch die Fanmeilenstimmung am Weißen Haus, mit der das – wörtlich – »Ausradieren eines bösen Feindes« quittiert wurde, wirkt anscheinend nicht befremdlich bei den Vertretern der Rechtstaatlichkeit und des Guten schlechthin.

Die Stimmung war tiptop; die deutsche Bundeskanzlerin Angela Merkel krempelte der Sprache die Ärmel auf und teilte mit: »Ich bin heute erst einmal hier, um zu sagen: Ich freue mich darüber, dass es gelungen ist, bin Laden zu töten. Ich glaube, dass es vor allen Dingen für die Menschen in Amerika, aber auch für uns in Deutschland eine gute Nachricht ist, dass einer der Köpfe des internationalen Terrorismus, der so viele Menschen schon das Leben gekostet hat, gefasst bzw. getötet wurde und damit auch nicht mehr weiter tätig sein kann. Das ist das, was jetzt für mich zählt. Deshalb habe ich meinen Respekt für dieses Gelingen auch dem amerikanischen Präsidenten mitgeteilt, und das war mir auch ein Bedürfnis.«

Von der Verrichtung dieses Bedürfnisses hätte sie angemessen im Hausmeisterkittel sprechen können beziehungsweise gleich in Uniform. Jemanden zu verhaften und ihm den Prozess zu machen, ist für die Repräsentanten der Demokratie wie Obama und Merkel offenbar ein überflüssiger Luxus, den man sich spart. Stattdessen wird ein alter Gruselfilm neu aufgelegt: Nachts, wenn der Hausmeister kommt.

# EFSF, KSK, VS

## Über Abkürzungsmysterien

Abkürzungen gibt es viele, sie sollen das Sprechen leichter und die Verständigung schneller machen. Manchmal gelingt das sogar; wer will sich schon an dem achtsilbigen Wortungetüm »Gebühreneinzugszentrale« die Zunge brechen, wenn er sich das unattraktive Wort durch die Kurzform »GEZ« zumindest einigermaßen mundgerecht machen kann?

Kürzel können aber auch für Missverständnisse sorgen. Als ich noch in der Künstlersozialkasse versichert war, bekam ich regelmäßig Post von der KSK. Durch den Einsatz deutscher Soldaten in Afghanistan erfuhr ich später, dass KSK auch die Abkürzung für ein Bundeswehr-»Kommando Spezialkräfte« ist, mit dem ich nichts zu tun haben wollte. Sofort trat ich aus der KSK aus, wurde der Gmünder Ersatzkasse GEK zugeschlagen, die dann mit der Barmer Ersatzkasse BEK fusionierte. Ob es dort besser ist als bei den Kriegsspezialkameraden vom KSK?

Die Buchstaben VS bedeuteten für mich immer Verfassungsschutz; diesen Verein für Schnüffler und Spitzel mied ich stets. VS ist allerdings auch die Kurzform für den Verband deutscher Schriftsteller; eine Doppelung, die mich nur teilweise wundert. Dass es vom VS im Sinne des Verfassungsschutzes nur ein winziger Schritt zum NSU ist, zum Nationalsozialistischen Untergrund, ist eine jüngere Information.

In meiner Kindheit war NSU eine Marke für gute Autos, Mopeds und Fahrräder; NSU war das Kürzel für den

Standort Necksarsulm. Jetzt finden alle NSU schrecklich, aber den VS gibt es weiterhin. Nicht jede offiziell verwendete Abkürzung ist allgemein geläufig. Wenn in den Nachrichten vom »Bankenrettungsschirm EFSF« die Rede ist, irritiert daran nicht nur die Dauerphrase vom »Rettungsschirm«; man muss sich vor allem auf die vier Buchstaben EFSF setzen, deren Bedeutung einem aber fremd ist. Wer weiß schon, dass EFSF »Europäische Finanzstabilisierungsfazilität« bedeutet? Oder dass »SoFFin« für einen »Sonderfonds Finanzmarktstabilisierung« stehen soll, den eine »Finanzmarktstabilisierungsanstalt« ausgeheckt hat? Oder dass es sich beim »ESM« um den »Europäischen Stabilitätsmechanismus« handelt? Und selbst wenn man es wüsste, was wüsste man dann?

Dass es sich dabei um Geld dreht, und zwar um solches, das einem weggenommen wird? Diese Ahnung trügt nie; gegen Vokabular wie ESFS, ESM oder SoFFin argumentativ etwas vorzubringen, ist aber schwer. Wer nicht derartig spezialisiert zu sprechen gewohnt ist, verliert, resigniert und überlässt das Feld den Betrügern, die sich, auch sprachlich, als Spezialisten verkleidet haben. Genau das ist die Absicht: Entwaffnung durch Verwirrung und Einschüchterung. Insiderjargon wird erfunden, um andere zu Außenseitern zu machen.

Bei Begriffen wie EFSF beziehungsweise »Europäische Finanzstabilisierungsfazilität« besteht zwischen der ausgeschriebenen und der verkürzten Form nur der Unterschied, dass die kurze Form weniger Lebenszeit verschlingt an die lange; schlau wird man aus beiden gleichermaßen nicht und soll es ja auch nicht werden.

Damit verglichen wirkt das unangenehm bürokratische, autoritäre Wort »Gebühreneinzugszentrale« unmissverständlich ehrlich.

# Halma oder Kanonenfutter?

»Wir sind gut aufgestellt«, spricht ein Gesicht in viele Kameras, und man ahnt, was der von Lächeln und Schlips zusammengezurrte Mund mitteilen möchte: Die Zukunft ist geritzt, alles wird gut. Das wollen und sollen wohlfeile Phrase und Optimismusblick mitteilen, beziehungsweise »transportieren« oder »rüberbringen«, wie das medial heißt. Konkret wird nichts, wenn es spricht aus gehobenen Ämtern, deren oberste Kommunikationsregel lautet: niemals etwas Genaues sagen, nicht freiwillig jedenfalls, sondern stattdessen stets und stetig Stimmung verbreiten, solange es geht. Exakt dieser unexakte, wattig-selbstsatte Brustton ist allenthalben zu vernehmen aus den Etagen von Chefs und Zwischenchefs: »Wir sind gut aufgestellt.« Na prima, wie schön für Sie!, könnte man antworten – oder fragen: Was bedeutet das eigentlich, gut aufgestellt sein? Wie stehen Sie gut aufgestellt da? Militärisch in Reih und Glied? In Schlachtordnung? Sind Sie zum Kanonenfutter abkommandiert? Also bodenständig? Oder gackern Sie doch eher aus Bodenhaltung? Bodenhaltung ist schließlich auch eine Haltung! Nehmen Sie Grundstellung ein, wie beim Ballett? Fläzen Sie sich geistig bequem auf den Boden der freiheitlich-demokratischen Grundordnung FDGO herum? Falls Sie dieses Erpressungsinstrument aus den Endsiebzigerjahren der Bundesrepublik überhaupt oder noch kennen? Sind Sie, wenn Sie gut aufgestellt sind, gut vorbereitet, worauf auch immer? Auf alles gefasst, gegen alles gewappnet? Oder handelt es sich um eine therapeutische Familienaufstellung? Hat man es bei Ihnen mit Spielfiguren zu tun? Geht es um Menschen-Schach? Um Halma,

Mühle oder Mensch-ärgere-dich-nicht? Und wer stellt wen auf?

Wer aufgestellt wird, bleibt, egal ob gut aufgestellt oder nicht, passives Objekt. Wenn einer sagt, er sei gut aufgestellt und man wissen möchte, was er denn bloß damit meine, früge man also am besten bei dem nach, der ihn aufgestellt hat? Aber gibt es den überhaupt, den Aufsteller? Und wie wäre der dann aufgestellt, und wo? Oder ist jedes Nachfragen schon vergeudete Zeit, weil es schlicht nichts bedeutet, gut aufgestellt zu sein?

Wer gut aufgestellt ist, steht auf dem schwankenden Boden wirtschaftsesoterisch-rhetorischer Moden, der Heimstatt von Glaubenssätzen wie »Man muss nur wollen!«, »Wir schaffen das!« oder »Wir müssen JA sagen! JAA!!«, egal zu was. So sprechen die guten Repräsentanten und -onkels aus Wirtschaft, Finanzwesen und Politik: Wir sagen euch nichts, wir machen das schon – jedenfalls so lange sie noch des Abnickens bedürfen, der demokratischen Legitimation. Entmündigung beginnt mit betuttelnder Infantilisierung: »Wir sind auf einem guten Weg ... Wir sind gut aufgestellt ...«, und jetzt schlaft schön, wie immer. Dass sogenannte Führungskräfte mit ihren eigenen Durchhalteparolen vorliebnehmen, lässt Rückschlüsse auf ihre geistige Selbstgenügsamkeit ebenso zu wie die Frage: Regieren stehengebliebene Vierjährige die Welt? Wurde Grönemeyers unbedachtester Text grässliche Wahrheit: »Kinder an die Macht«?

Erwachsenen Menschen nichts anzubieten als ein notorisches »Wir sind gut aufgestellt«, ist, sehr freundlich gesagt, der Versuch, andere auf den Arm zu nehmen, der mit Auslachen geahndet werden kann, mit Auspfeifen oder mit sehr heftigem In-den-Arm-Nehmen, je nach Notwendigkeit, Temperament und Langmut.

# Gravitätische Luftpumpenrhetorik

Das Militärische schwitzt der Sprache aus allen Poren. Sehr beliebt ist die Epaulettenträgerformulierung »im Vorfeld« – die traditionell das Gelände beschreibt, das der eigenen Gefechtsstellung vorgelagert ist. Wenn es aber heißt, »im Vorfeld eines EU-Gipfels« sei dieses oder jenes geschehen oder zu erwarten, ist damit ganz simpel »vor dem EU-Gipfel« gemeint. Das scheint für die Zwiesprache aus Politik und ihrem Verlautbarungsjournalismus aber zu klein und zu wenig bedeutungssuggestiv zu sein; »im Vorfeld« klingt gravitätisch, »im Vorfeld« bahnen sich große Dinge an, da dröhnt schier schon der Boden. Die Zewawisch-und-weg-Begriffe »EU-Gipfel« respektive »Gipfeltreffen« sind allerdings auch einen kurzen Seitenblick wert: Wo trifft der EU-Kampfzwerg Sarkozy bloß seine Geistesneffen? / Komm, lass mich raten: nicht etwa doch bei einem EU-Gipfeltreffen?

Das ursprüngliche Vorfeld war ein geographisches; »im Vorfeld« einer Investition oder einer Wahl et cetera ist dagegen temporär aufzufassen. Die Formulierung ist also nicht nur aufgeplustert, sondern auch schlicht falsch. Das stört aber niemanden, der sich routiniert und gern im Vorfeld gewichtiger Ereignisse bewegt; für Luftpumpenrhetoriker kann es gar nicht genug Vorfelder geben. Und der deutsche Soldat bleibt sowieso für alle Zeiten unbesiegt, zumindest im Vorfelde.

Es gibt allerdings eine zivile Angelegenheit, bei der die Formulierung »im Vorfeld« berechtigt ist: »im Vorfeld einer Heirat«, oder, das Gefängnishafte weniger verbergend: »im Vorfeld einer Eheschließung«. Wo geheiratet wird, da fällt die Tür ins Schloss, da schnappt die Falle zu, da geht es um Leben oder Tod und also vor allem um militärische Planung. Strategisch Ahnungslose besiegeln schon auf diesem Vorfeld ihren Untergang.

Wer ältere Langzeitverheiratete kennt, weiß, wie das Schlachtfeld sich im Laufe beziehungsweise in der Lauge der Jahre vom physischen zu einem rhetorischen sich verwandelt und verlagert. Ein naher männlicher Blutsverwandter gestand mir nach mehr als 50 Jahren Ehe freimütig: »Früher war ich deiner Mutter hörig, heute bin ich ihr schwerhörig.«

Das klingt freundlicher, als es in der Praxis sich vollzieht. Wenn man älteren Paaren lauscht, stellt man fest, dass die erlernten Kommunikationsmodelle – A sendet, B empfängt und sendet retour, A empfängt und so weiter – keine Gültigkeit haben. Es geht längst nicht mehr um Senden und Empfangen, es geht ausschließlich noch um die Lufthoheit über den Sprech- und Sprachraum, die auch die Fähigkeit zum souverän-ignoranten Weghören voraussetzt. Wer hat mehr davon, wer beherrscht diese Techniken, wessen Psyche oder Seele ist entschlossener, rüder?

Sieger bleibt, wer wenigstens 51 Prozent der Redeanteile hält. Deutlicher als in den miteinander konkurrierenden Kampfmonologen von Eheleuten tritt selten zutage, dass Sprache, wenn man sie pervertiert, in erster Linie nicht mehr ein Mittel der Verständigung ist, sondern ein Instrument der Macht. Für Eheanbahnungen aller Art mag die Formulierung »im Vorfeld« also gelten; ansonsten kann man sie bitte aus dem zivilisierten Leben streichen. Und alle Vorfelder der Welt denen überlassen, die das Feld der Ehre mit sich düngen.

# Ist das noch zielführend?

»Das ist nicht zielführend«, sagt der Politiker in entschiedenem Ton, und ich wundere mich: Warum sagt er nicht »Das führt nicht zum Ziel«? Ist das klare, transparente Prinzip Subjekt – Prädikat – Objekt jetzt oll und out und verschraubter Partizipialstil wieder modern? Oder geht es um Verkürzung?

In der gesprochenen Sprache kann es immer eine Tendenz zur Abkürzung geben, zur Zusammenziehung und Verknappung, aber »Das ist nicht zielführend« ist sogar eine Silbe länger als »Das führt nicht zum Ziel«. In diesem Fall ist die Verkürzung eine argumentative: Über Ziele und über mögliche Wege dahin kann man geteilter Ansicht sein und debattieren; wer aber weiß, was »zielführend« oder eben »nicht zielführend« ist, der will nicht mehr in Ideenkonkurrenz treten und diskutieren, der hat schon den einen und richtigen Plan; jeder andere ist damit vom Tisch gewischt als »nicht zielführend«.

»Zielführend« ist ähnlich argumentfrei kategorisch und apodiktisch wie die autoritäre Regierungsvokabel »alternativlos«: So wird das jetzt gemacht und basta! Wozu noch überzeugen, wenn man ein Dekret verhängen kann: Das ist zielführend, und jetzt fragen Sie bitte nicht mehr, ja! Als Helmut Kohl behauptete, »Wichtig ist, was hinten rauskommt«, hatte die Marketinglinguistik das Wort »zielführend« noch nicht erfunden. Kohl meinte dasselbe, seine Diktion war allerdings täppisch, missverständlich und mehrdeutig und wirkte deshalb vergleichsweise humanoid.

Wer behauptet zu wissen, was »zielführend« ist, will mit voller Absicht potentielle Opponenten einschüchtern und an die Wand drücken; das Wort »zielführend« benutzt, wer Gefolgschaft im Sinn hat. Er kennt das Ziel, zu dem er die anderen führt, auf seinem Weg; wer diese Prämisse geschluckt hat, darf mitmachen oder wenigstens hinterherlaufen. Wie spricht man so einen zielführenden Besserwisser an? Mit »Heil, mein Zielführer«?

Das Wortkonstrukt »zielführend« hat aggressiven wirtschaftlich-strategischen, militärisch-kriegerischen Charakter. Es klingt nach Zielfernrohr, und es sagt klippklar unmissverständlich, um welches einzige Kriterium es zu gehen hat. Die Quintessenz von allem, was mit »zielführend« gemeint ist, lautet: Der Zweck heiligt jedes Mittel.

Die Formulierung »zielführend« reklamiert für sich, ein Wert an sich zu sein; das Wort schließt jede Debatte über Mittel und Wege aus. Der Weg ist das Ziel? Papperlapapp. Es geht um das Wie, um den Stil? Ach was. Wenn Politik mit der Einschüchterungs- und Argumentationsersatzvokabel »zielführend« hantiert, zeigt sie damit nur, dass sie kapituliert hat und längst wirtschaftlichen, also militärischen Kategorien folgt.

# Die Zeit mag nah sein, aber zeitnah?

»Können wir uns zeitnah verabreden?«, fragt es aus einer Elektropost, »Wir werden Sie zeitnah informieren«, verspricht die nächste, und in einer dritten wird der Wunsch geäußert, ich möchte mich bitte »zeitnah zurückmelden«. Was bedeutet das? Wann ist zeitnah? Bald? In nächster Zeit? Demnächst? Erst morgen oder schon übermorgen? Heute noch? Jetzt gleich? Sofort? Pronto? Subito? Und was genau ist gemeint, wenn ich gebeten werde, zeitnah zu handeln? Soll das zügig vonstatten gehen? Fix? Rasch? Blitzschnell? Unklare Umschreibungen für Zeitpunkte oder Zeiträume, die bei »zeitnah«-Sagern allerdings zuverlässig »Zeitschiene« und »Zeitfenster« heißen, gibt es zur Genüge. An herumeiernden Formulierungen für den Wunsch nach möglichst flinker Erledigung herrscht kein Mangel. Es ist ein Gebot der Höflichkeit, andere nicht grob zur Eile zu drängeln. »Schnell!, Mach hinne!, Los, los!, Es pressiert, Meister!, Komm aus den Puschen!, Komm aus dem Knick!, Alter, komm in Schweiß!, Aber zack-zack und dalli, dalli, ja!«: So presserisch möchte man nicht angesprochen werden.

»Zeitnah« aber hat trotz seiner Vagheit nichts Höfliches an sich, sondern etwas Piesackendes. Da ist nichts vom lässigen »Mañana«, das einen Spielraum eröffnet. »Zeitnah« quengelt den anderen an, ohne sich selbst verbindlich festzulegen. Wer »zeitnah« sagt oder schreibt, teilt dem Adressaten mit: Du mach mal bitte schön hurtig, ja!, und wir sehen dann weiter.

Gleichzeitig ist »zeitnah« auch eine der Mode- und Nullvokabeln, die ganz in der Zeit sind, weil sie selbst keine haben: Wer sie benutzt, hat sich vorher nichts gedacht, denkt sich währenddessen nichts und wird sich auch hinterher nichts denken. So gesehen ist »zeitnah« sehr verbindlich und zuverlässig; zwar nicht als Zeitmaß, so doch als Indikator und Lackmuspapier für Bewusstlosigkeit, für jenes Sprechen ohne Sinn, das von vielen als so angenehm empfunden wird, weil ihm die eigenen vorhandenen Sprechmodule zu 99 Prozent kompatibel sind: zeitnah, super!

Wenn eine Verliebte ihren Liebsten nicht mit einem leidenschaftlichen »Küss mich jetzt sofort, auf der Stelle!« erfolgreich anfeuerte, sondern »Küss mich zeitnah!« keuchte, wie würde er reagieren? Amüsiert? Mit freundlichem Vogelzeigen? Um dann äußerst zeitnah seiner Wege zu gehen? Es sind ja nicht nur die üblichen Verdächtigen und Fuzzis, die anderen verbal ständig allzu zeitnah auf die Pelle rücken und auf den Docht gehen. Die Herausgeberin einer literarischen Anthologie, die einen Text erbeten und bekommen hatte, schrieb: »Die Belege gehen Ihnen zeitnah zu.« In dem Fall darf es gern auch zeitfern sein.

»Zeitnah« ist modisches Flau-und-Flappdeutsch, unpräzise und schlapp, gleichzeitig aber auch angeberisch, als spräche man in Gamaschen und höbe sich ab vom Pöbel, der es so profan und verschwitzt eilig hat, wovon man sich selbst zeitnah bedeutsam abhebt.

Eine Zeit kann, auch außerhalb der »Offenbarung des Johannes«, »nahe« oder nah sein, aber eben auch reif; mit Leuten, die zeitnah telefonieren möchten, soll man zeitreif sprechen. Wer zeitnah sät, wird zeitreif ernten. Könnten Sie mir bitte zeitreif zur Revolution Bescheid geben? Danke, vorher muss ich noch ein paar digitalen Zeitdieben die passenden Antworten geben, so verbindlich und so zeitnah wie möglich, versteht sich.

# Gut deutsch oder gutes Deutsch?

Wann immer die Worte »auf gut deutsch gesagt« ertönen, weiß man, was folgt: Die Reise geht ins grobe Land Fäkalien. »Das ist auf gut deutsch gesagt Scheiße!«, heißt es dann, oder auch: »Du bist auf gut deutsch gesagt ein Arschloch!« »Auf gut deutsch gesagt« zieht todsicher Kot hinter sich her. Nicht wenige von denen, die sich dergestalt »auf gut deutsch« artikulieren, beschweren sich darüber, dass andere schlechtes Deutsch sprächen. Von ihrer Warte aus ist das kein Widerspruch. Denn »auf gut deutsch gesagt« bedeutet eben nicht »in gutem Deutsch gesprochen«, auch wenn es ganz ähnlich klingt, sondern Deutlichkeit bis zur vulgären Grobheit: Jetzt wird Fraktur gesprochen! »Auf gut deutsch« ist Wutdeutsch.

Seltsam mutetet an, dass die Deutschen das, was sie »Klartext« nennen, in analbraune Worte kleiden; Klarheit sieht anders aus. Dabei kann das Wort »Scheiße« durchaus zutreffend und elegant zugleich sein. In einem seiner letzten Gedichte wählte Joachim Ringelnatz als Beschreibung für Hitler und die Nationalsozialisten im Jahr 1934 die Formulierung »das gute, treue Wort Scheiße«. Das saß und passte genau.

30 Jahre später trat Hans Magnus Enzensberger zur Ehrenrettung der Fäkalie an und schrieb in seinem Gedicht »Die Scheiße«: »Warum besudeln wir denn ihren guten Namen und leihen ihn dem Präsidenten der USA, den Bullen, dem Krieg und dem Kapitalismus?« Und machte geltend, dass die Scheiße, »von weicher Beschaffenheit und eigentümlich gewaltlos (...), von allen Werken des Menschen vermutlich das friedlichste« sei. Während »Schei-

ße« bei Ringelnatz eine Analogie für die Braunen und bei aller Grobheit erstaunlich präzise war, wurde sie bei Enzensberger zum Sinnbild der Unschuld. So etwas nennen manche Leute wohl »Paradigmenwechsel«, der meines Wissens irgendwo zwischen Partner-, Öl- und Reifenwechsel angesiedelt ist, während Brecht den »Radwechsel« noch »mit Ungeduld« sah.

Doch zurück zur Scheiße. In Eckhard Henscheids Debütroman »Die Vollidioten« von 1973 war sie ein rhetorischer Grundpfeiler des Studenten- und Irgendwie-links-Milieus, das über »die ganze verwichste Scheiße« lamentierte. Und auch Thomas Mann hat sich in seinen Tagebüchern ausgiebig mit der Konsistenz seiner Exkremente beschäftigt. Ob es an dieser Affinität deutscher Dichter zur Fäkalie liegt, dass so viele Deutsche das Wort Scheiße zwar nicht für gutes, aber doch für »gut Deutsch« halten?

Für eine kleine Überraschung sorgte ausgerechnet der Berliner Fußballvereinsmanager Michael Preetz, der nach einem verlorenen Spiel sagte: »Wir sind auf gut deutsch gesagt kotzsauer«; ausnahmsweise war »auf gut deutsch gesagt« nicht das Vorspiel zu einer Verbalfäkalie. Dennoch möchte ich das mir zuvor noch unbekannte Brechadjektiv »kotzsauer« nicht in meinem Wortschatz aktiv werden lassen; es hat, klanglich wie olfaktorisch, keine schöne Anmutung. Ihr »gutes Deutsch« heben sich manche Deutsche für Sonntagsreden auf, für private oder öffentliche Korruptions- und Feierstunden. Wenn sie aber werden, was sie als »ehrlich« empfinden oder ausgeben, reden sie »auf gut deutsch«. Das haben sie in ihrem Inneren angesiedelt; bei den einen steckt es im Darm, bei den anderen im Magen. So oder so: Wann immer die Worte »auf gut deutsch gesagt« ertönen, tut man gut daran, vorsichtshalber den Regenschirm aufspannen.

# Über das gute Recht

Wenn aus Recht »gutes Recht« wird, weiß man, dass etwas faul ist. Ein Recht, beispielsweise das Recht auf freie Meinungsäußerung, ist etwas, von dem man eigenständig Gebrauch macht, ohne vorher um Erlaubnis zu bitten. Beim »guten Recht« dagegen schwingt immer mit, dass man es zugestanden bekommt, von oben. »Gutes Recht« kann zugeteilt, also auch genauso entzogen werden. Da sinkt das Recht von der Selbstverständlichkeit zum »guten Recht« herab, das der Gewährung durch andere bedarf.

Im Kommentar der *FAZ* zur polizeilichen Räumung des Stuttgarter Schlossgartens hieß es: »Der Protest war freilich ebenso das gute Recht der Bürger.« Ohne die Zwangsvokabel »freilich« fühlen sich deutsche Leitartikler offenbar nackt, doch gestehen sie dem Bürger sein »gutes Recht« zu, wenn auch »freilich« so herablassend, dass ich's mit großzügig bemessener Gönnerhaft ohne Bewährung ahnden möchte.

Wer anderen jovial ein »gutes Recht« zubilligt, meint das autoritär. Diese deutsche Krankheit hält sich hartnäckig, die *FAZ* stellt sich selbst den Krankenschein aus, nennt »Stuttgart 21« in Umkehrung aller Tatsachen »ein Projekt des Volkes« und wiederholt: »Der Protest war das gute Recht der Bürger, demokratische Entscheidungen aber gilt es zu akzeptieren. Das muss eine Lehre aus ›Stuttgart 21‹ sein – und zum ›Bildungsaufbruch‹ der grün-roten Koalition gehören.«

Dreister kann man's kaum sagen: Man hat das »gute Recht« auf Versammlung und Demonstration, fakultativ auch das Recht auf polizeiliche Gewaltanwendung, und man hat das Recht, dabei zuzusehen, wie längst undemokratisch beschlossene Entscheidungen nachträglich demokratisch frisiert werden.

Das »gute Recht der Bürger« besteht darin, einer abgekarteten Inszenierung als Statisten den Anstrich von demokratischer Legitimation zu geben und sich dieser Farce anschließend brav zu fügen. Die Anweisung der *FAZ* an die Grünen ist deutlich: Bringt eurer Klientel gefälligst endlich bei, sich an unsere Spielregeln zu halten. Nötig wäre das nicht unbedingt gewesen, denn die Grünen haben das längst begriffen und vor allem, wie es im Funktionsträgerjargon heißt, auch »umgesetzt«. Denn das ist wiederum »freilich das gute Recht« der Grünen; was soll man sagen außer: geschenkt.

Wenn die *FAZ* verkündet: Protest, das ist dein gutes Recht / Dann wird mir, und nicht um des Reimes Willen, nur noch schlecht.

# Kalkulierbares Restrisiko

Die Sprache der Propaganda kann Menschen zur Aggression aufpeitschen, zu irrationalem Hass; wer die Psychologie der Massen beherrscht, kann aus vielen zurückhaltenden Einzelnen einen rasenden Mob formieren. Zum Repertoire der Propagandasprache gehört aber auch das Beschwichtigen, das Dämpfen von Unmut und Wut, das Einlullen; hier wird die Sprache zum Wiegenbett, in dem der Schlaf der Vernunft erzeugt wird.

Zu diesem Zweck werden Versatzstücke kreiert – kreiert oder doch eher ge-krei-ert? –, die unfallfrei aufgesagt und endlos repetiert werden können. Die Sprechmodule »Es gibt ein gewisses Restrisiko« oder »Ein Restrisiko ist nicht auszuschließen« erlebten millionenfache Wiederholungen, und so kam, durch die Methode »Steter Tropfen höhlt den Stein«, ein Wort in den menschlichen Kopf, das der aus Gründen von sich weisen müsste: Restrisiko.

Restrisiko ist Unsinn, Restrisiko heißt: Risiko. Die Vokabel Restrisiko soll den Eindruck erwecken, es handele sich um ein geringfügiges, ein kalkulierbares, ein überschaubares und kontrollierbares Risiko: alles nicht so schlimm oder schlümm, keine Sorge, es passiert schon nichts, ein bisschen Risiko gibt es immer, wer nicht wagt, der nicht gewinnt, und so weiter.

Selbstverständlich gibt es nichts Riskanteres als das Leben; zur Beschreibung des nukleartechnologischen Zerstörungspotentials sind suggestive Verharmlosungsbegriffe aber ungeeignet. »Entsorgungspark« klang nach sorgenfreien Spaziergängen in der Natur, nicht nach atomarer Verseuchungsgefahr. Selbst die unschön klingende deutsche Wortfügung »Endlager« legt ja noch nahe, dort herrsche für immer und alle Zeiten Ruhe und alles sei also in Ordnung und im Lack, jedenfalls bestehe kein Grund zur Sorge, zur Beunruhigung oder sogar zum Protest. Denn über allem schweben und über alles wachen jene, die geringfügige Restrisiken souverän kalkulieren, überschauen und kontrollieren können.

Wer sich mit Sprache beschäftigt, bewegt sich auf psychologisch virulentem Gebiet. Die Eindämmung einer Panik ist keine Angelegenheit des Intellekts, sondern eine des Gefühls; wer beruhigen will, muss Vertrauen ausstrahlen wie ein Bernhardiner Hütehund und rhetorisches Valium im Gepäck haben: geringfügig ... kalkulierbar ... Restrisiko.

Man soll niemanden zur Hysterie verführen und Angst nicht rhetorisch verstärken; der Mensch wird nicht besser und handelt nicht besonnener, wenn er in Panik gerät oder versetzt wird. Aber den Leuten über ernsthafte, tödliche Gefahren Kindersand in die Augen und rhetorische Sedative in die Ohren streuen ist ein mieses Geschäft und auch Ausdruck schierer Verzweiflung. Der die Welt regierende Kapitalismus und Konsumismus, der auf Steigerung von Profit und Rendite um jeden Preis basiert und besteht, fährt sich gemäß seiner eigenen inneren Logik gegen die Wand. Nichts ist im Lack; es ist, im Gegenteil, der Lack ab.

Wer regieren will, der muss es auch können, sonst steht er nackend oder nackicht da und sagt seinen Sermon auf vom überschaubaren, kontrollierbaren Restrisiko. Es sind Kindergebete, die niemand mehr glaubt.

Auf die nächsten Kreationen der Sprachpropagandabranche darf man gespannt sein, und das Kabarett wird den Kalauer »Des Pudels Kernschmelze« totsicher nicht verschmähen.

# Marktkonforme Döner-Morde an demokratischen Gutmenschen

Zum »Unwort des Jahres 2011« wurde der Begriff »Döner-Morde« gewählt, auf Platz zwei landete die Formulierung »Gutmensch«. Rang drei erarbeitete sich die deutsche Bundeskanzlerin Angela Merkel, der eine »marktkonforme Demokratie« vorschwebte und die damit erklärte, eine Staatsverfassung habe sich dem Diktat des Profits zu unterwerfen. Eine »marktkonforme Demokratie« ist keine; dies mit dem hässlichen Wort »Unwort« zu ahnden, entspricht der Logik des »Unwort«-Gremiums ebenso wie die Ächtung der flapsigen Formulierung »Döner-Morde«, die nicht nur Polizistenjargon ist, sondern auch massenmedial Verwendung findet.

Eine solche Sprachregelung ist zweifelsohne so »verharmlosend« und »unangemessen«, wie die »Unwort«-Juroren das geltend machen. Es handelt sich um die Ermordung von zehn Menschen durch eine vom deutschen Verfassungsschutz gedeckte Neonazibande. Einem Kopf, dem zur Beschreibung dessen das Wort »Döner-Morde« entquillt, ist wohl nicht mehr zu helfen; so weit und so selbstverständlich unter zivilisierten Erdbewohnern. Dass die »Unwort«-Jury aber auch die Invektive »Gutmensch« als Ausdruck falschen Bewusstseins kritisierte, sprengt den eher engen Rahmen ihrer Empörung über die sprachliche Dokumentation gesellschaftlicher Tendenzen auf erfreuliche Weise. Es gab in den 1990er Jahren Gründe, das Wort »Gutmensch« abwertend zu verwenden. Pfarrer saßen in Parlamenten, Schlaftabletten wie Antje Vollmer und Friedrich Schorlemmer luden zum Pastoralverkehr, Intuition und Intelligenz galten nichts und wurden ersetzt durch bleiernes Frömmelantentum. »Gutmensch« richtete sich gegen die Gratismoral von Leuten, die danach trachteten, jede vernünftige Debatte mit der Behauptung ihrer eigenen angeblichen moralischen Höherwertigkeit zu ersticken, für die sie allerdings jeden Beweis schuldig blieben. Sie waren einfach die guten und also die besseren Menschen, basta!

Mittlerweile aber ist »Gutmensch« ein Gratisanwurf geworden gegen jeden, der sich nicht der »normativen Kraft des Faktischen« unterwirft, wie man das früher formuliert hätte. Wer beispielsweise *Bild* nicht für ein durch die Pressefreiheit legitimiertes Medium hält, sondern für das Zentralorgan veröffentlichender und veröffentlichter Niedertracht und Gemeinheit, darf mit dem Etikett »Gutmensch« rechnen. Wer überhaupt der Ansicht ist, dass es für alles, was ihm und anderen als Realität zugemutet wird, eine Alternative gibt, ist angeblich ein verächtlicher »Gutmensch«. Dabei macht er nur von seinem Kopf und von seiner Phantasie Gebrauch; beide sagen ihm, dass schlechte Verhältnisse nicht unabdingbar sind und keineswegs »alternativlos«; so hieß das »Unwort des Jahres 2010«.

Wenn »Gutmensch« bedeutet, das Vorgefundene, Angebotene und Aufgezwungene nicht für das einzig Mögliche zu halten, sondern für etwas Vorläufiges und Verzichtbares, über das man streiten, diskutieren, spotten und lachen kann, bin ich gern ein »Gutmensch«, der Demokratie nicht für »marktkonform« hält und der als »Döner-Morde« ausschließlich alle gelungenen Versuche ansähe, Menschen durch verdorbenes Kebab absichtlich zu Tode zu bringen.

# Fuß heil !

Auf dem Päckchen aus Stuttgart stand kein Absender. Ich öffnete es dennoch und hielt drei Schachteln mit der Aufschrift »Fuss-Heil« in Händen, genauer »Dr. Stelzer's Fuss-Heil, früher Perpedol Fuss-Heil«, und eine nackte Mauke war auch abgebildet. Die Sache war kryptisch. Der Apostroph als Katastroph' im Namen »Dr. Stelzer's« schien auf ostdeutsche Provenienz hinzudeuten. Ich nahm die Sache unter die Lupe.

Die Schachteln waren islamgrün und enthielten hellgrüne Tuben, auf denen zu lesen stand, dass Fuss-Heil von einem Apotheker namens Dr. Stelzer hergestellt wird und in der Fortuna Apotheke in der Löffelstr. 3 in 50597 Stuttgart erhältlich ist. Das »unentbehrliche Fußpflegemittel für jedermann« macht müde Füße geschmeidig und beugt der Blasenbildung bei Wanderungen ebenso vor wie dem Schweißgeruch. Sehr gut, lobte ich in Gedanken; Schweißfüße sind die Nazis unter den Körperteilen, sie verpesten alles mit ihrem Gestanke und lassen keine menschliche Regung mehr zu, sie töten als olfaktorisches Senfgas jedes zärtliche Gefühl ab und verwandeln die Welt der Sinne in eine Wüstenei der Trostlosigkeit.

Fuß-Heil aber würgt den Nazischweißfuß im Keime ab und enthält dabei keinerlei Konservierungsstoffe, sondern statt dessen unter anderem Bienenwachs, Menthol, Thymol, Lavendelöl und Campher.

Jetzt war ich mir sicher: Mein Campher – Fuß heil!, kombinierte ich blitzschnell und messerscharf. Hatte mir jemand anonym eine Geheimcreme gesandt, ein Allheilmittel, mit dem man Nazis gleichzeitig ausschalten und lächerlich machen kann? Ich sah die organisierten Horden vor meinem geistigen Auge: »Fuß heil!« brüllt der Vorturner, und dann recken alle den rechten Fuß über Kopfhöhe, stehen kurz auf dem linken und kippen um, purzeln durcheinander und kugeln auf dem Boden umher. Während der Anführer, gleichfalls liegend und die schmerzenden Extremitäten sich reibend, vergeblich versucht, aus dem Schrifttum mit dem Titel »Mein Campher« etwas für ihn ideologisch Relevantes herauszupressen.

Ob Fuss-Heil solch wohltuende politische Wirkung zu erzielen vermag, ist bislang noch unerforscht. Gesichert dagegen ist seine lindernde Wirkung bei schnupfiger Nase oder Reizhustenbronchien, bei Hämatomen aller Art, Hautrissen, sogar bei Herpes. Wo immer ein kleines Quantum Fuss-Heil aufgetragen wird, gedeiht der Mensch, und er gedeihte wohl. Selbst als hilf- und tatenreicher Menstruationsbegleiter hat Fuss-Heil schon viel Gutes bewirkt bei Frauen und den assoziiert mitleidenden Männern.

Der Absender des Stuttgarter Päckchens, das stellte sich später heraus, war übrigens der große Medizinmann und Schamane Vincent Klink, von dem der Ausspruch stammt: Bevor nicht der letzte Nazischweißfuß verbannt ist vom Antlitz dieser Erde, werdet ihr wohl niemals begreifen, dass man in Plastikschuhen nicht laufen kann. Und das gilt auch für Veganer.

# Mit Karl Kraus in der Bahn

Die deutsche Bahn erwies sich als ungewöhnlich großzügig und verschenkte einmal nicht Knabberkram oder Naschwerk, sondern destillierten Geist: »›Erlaubt ist, was missfällt‹ Karl Kraus zum Vergnügen« heißt ein knapp 160 Seiten starkes Bändchen, das 2007 bei Reclam erschien und das wenige Jahre später in der ersten Klasse an Passagiere der Deutschen Bahn verteilt wurde. Im Buchhandel kostet es vier Euro und enthält Scharfsinn, für den es keine Geldwährung gibt, sonst wäre Karl Kraus ein schwerreicher Mann geworden.

»Meine Sprache ist die Allerweltshure, die ich zur Jungfrau mache«, schreibt Karl Kraus, seine Liebe zur Sprache vereint Poesie und Präzision. Was finden die Deutschen bloß an Buchschwarten, die nur deshalb so dick sind, weil die Sprache nicht dicht ist? »Es gibt Schriftsteller, die schon in zwanzig Seiten ausdrücken können, wozu ich manchmal sogar zwei Zeilen brauche«, spottet Kraus.

Eine Auswahl seiner Aphorismen in der Deutschen Bahn zu verteilen, wo selbst die simpelste Weitergabe einer Information eine Lautsprecherdurchsage nicht unfallfrei übersteht, ist kühn. Und manchem Fahrgast, der Kraus liest und dessen Pointiertheit und Dichte mit seinem eigenen Mobiltelefongebrabbel vergleicht, bliebe eigentlich nur noch der Sprung aus dem Zug.

»Bevor man das Leben über sich ergehen lässt, sollte man sich narkotisieren lassen.« Dieses Diktum von Karl Kraus sollte man bei der Deutschen Bahn beherzigen und stets genügend fähige Anästhesisten an Bord haben.

# Bauchgefühle, Kopfgedanken

Der Mensch hat einen mehr oder weniger großen Bauch, er hegt auch diverse Gefühle, und wenn er aber keine Instinkte hat und keine Intuition, dann hat er stattdessen »Bauchgefühle«, die er gerne öffentlich zeigt.

Eine Katja Schnitzler, deren Berufswunsch »irgendwas mit Medien« bedauerlicherweise in Erfüllung ging, interviewte für *sueddeutsche.de* einen Achim Lucchesi, der in Frankfurt als »Sicherheitsassistent« arbeitete und ein Buch mit »Geschichten aus dem Handgepäck« darüber schrieb: »Liest man über Ihre Erfahrungen am Frankfurter Flughafen, kann man den Eindruck bekommen, dass es allein vom Bauchgefühl eines Sicherheitsassistenten abhängt, ob etwas Gefährliches gefunden wird. Oder eben nicht.«

So entsteht, was bei Journalisten Qualitätsjournalismus heißt und wiederum ein anderes Wort für Bauchgefühl ist. Oder sollte man Kopfgedanke dazu sagen? Was die Qualitätsjournalistin und den Sicherheitsassistenten eint, ist die Entschlossenheit, der Welt zu geben, was sie nicht braucht und sich damit dicke zu tun. Der Passagiereanfasser Achim Lucchesi bekennt genüsslich: »Besonders arrogante Passagiere kann man kurieren, indem man sie auch noch die Schuhe ausziehen lässt. Und vielleicht noch einen Sprengstofftest beim Laptop macht. Ganz gemütlich.«

Sprache ist herrlich und die reine Psychologie. Wenn der Geist wach ist, lässt er ein Dechiffrierungs- und Übersetzungsprogramm simultan mitlaufen. »Kurieren ... Schuhe ausziehen lassen ... ganz gemütlich«: hier entblößt einer seinen Aufseherhumor, hier tobt sich das Sado-Pädagogo-Potential aus, das ein Minderwertigkeitskomplex auf Beinen angesammelt hat. Das sind echte Bauchgefühle, nach deren Maßgabe ein »besonders arroganter Passagier« ist, wer es nicht mag, angehausmeistert zu werden und wer die massenhafte Präsenz von Polizisten und anderen uniformierten Securitykräften keineswegs als sicherheitsstiftend empfindet, sondern als überflüssig, unangenehm und tendenziell belästigend bis bedrohlich.

Doch die vornehmste Pflicht des Qualitätsjournalismus ist es, denen eine Stimme zu geben, ohne deren Penetranzexistenz die Welt ein angenehmerer Ort wäre.

# Schnittstelle

Wenn es um die Trommelfelle herum stark zischelt, dann liegt das oft an dem Wort »Schnittstelle«. Immer häufiger bekommt man es zu hören: Schnittstelle, »sch-scht« macht das und klingt scharf in den Ohren, zwischen denen langsam eine Frage Gestalt annimmt: Was ist oder was wäre denn eine Schnittstelle?

Was ist gemeint, wenn Fußballkommentatoren behaupten, dass ein Pass »in die Schnittstelle« gespielt werde? Sind Messer im Spiel? Warum haben manche Computer eine »Infrarot-Schnittstelle«, andere aber einen blauen Zahn alias »Bluetooth«? Wenn man von einer »Schnittstelle zwischen Wirtschaft, Politik und Kultur« hört, ist das dann der Name des Lokals, in dem die Konjunkturkorrumpelei stattfindet, mitsamt Hauen und Stechen? Ist die Schnittstelle der Platz, an dem schlagende Verbindungsleute sich Narben ins Gesicht machen?

Ein Wirtschaftslexikon definiert die »Schnittstelle« als einen »durch Arbeitsteilung entstandenen Transferpunkt zwischen Funktionsbereichen, Sparten, Projekten, Personen, Unternehmen etcetera«; aber was ist, von dubiosen »Projekten« abgesehen, ein »Transferpunkt«? Und inwiefern und wodurch unterschiede sich ein Transferpunkt von einer Schnittstelle?

Wo es Schnittstellen gibt, da ist auch das »Schnittstellen-Management« nicht fern, das sich, wie mir die zuverlässig auskunftfreudige Schnittstellenkompetenzstelle Internet mitteilt, um »Abstimmungsprobleme zwischen Marketing und Forschung und Entwicklung« und um das »Management von Forschung, Entwicklung und Innovation« kümmert. Liegt es immer am Kopf, wenn ihm wirr wird? Oder doch an dem Zeug, das herumschwirrt?

Wann und wo immer »Schnittstellen gemanaget« werden, ist nichts klar, klingt aber immerhin geregelt; da fehlt zur perfekten Abrundung und Kanonisierung des Schnittstellen-Kosmos eigentlich nur noch die »Schnittstellen-Kultur«. Diese klaffende Lücke, um nicht zu sagen: diese Schnittstelle, wird aber, keine Bange, längst durch das Friseurwesen ausgefüllt. Denn der Salon für sie und ihn heißt, Sie erraten's auf die Schnelle, ganz selbstverständlich »Schnittstelle«.

Wenn ich sage: »Nationalismus ist die Religion der ganz armen Würste«, dann entsteht eine Schnittstelle zwischen Vaterland und Muttersprache, die man auch »Kluft« nennen kann; wenn ich dagegen Stullen, Kniften oder Bemmen schmiere und dazu vom Brot und von der Wurst die Scheiben heruntersäbele, habe ich es mit Schnittstellen zu tun, die »Anschnitt« heißen.

Doch gerade bei der Küchenarbeit empfiehlt es sich nicht, die Schnittstellen der Muttersprache zu reflektieren. Durch sogenanntes »Multitasking«, ein Propagandawort für die Unart, mehrere Dinge gleichzeitig zu tun und weder ihnen noch Menschen oder Situationen seine ungeteilte Aufmerksamkeit zu schenken, wird man unachtsam und schneidet sich in den Finger. Und weiß dann endlich ganz genau und höchstpersönlich, was eine Schnittstelle ist.

Sie heißt: Aua, oder, wie schon Friedrich der Große als sehr junger Mann schmerzhaft erfuhr: First Katte is the deepest.

# Zum Welthodensacktag

Heute ist Welthodensacktag. Das ist natürlich eine große Sache, alle freuen sich schon. Festlich geschmückt sind Straßen und Plätze, Schulklassen übten Hymnen und Rundgesänge ein. »Wie bin ich froh über den Hodensack / zu dem ich niemals, niemals Skrotum sag'«, singen die Erstklässler und demonstrieren mit diesem Bekenntnis zum Hodensack ihr tiefes Einverständnis mit dem Sozialismus.

Sozialismus? ... Pardon, das war jetzt ein ... äääh ... älteres Manuskript ... jedenfalls ist das einvernehmliche Verhältnis zum Hodensack gesellschaftlich im ... ömm ... öffentlichen Bekenntnis zum Welthodensacktag .... ja ... also ... gewissermaßen dokumentiert. Und manifestiert, genau.

Niemals, und ich betone dies ausdrücklich, niemals werden wir. Denn der Hodensack. Dazu stehen wir, dafür stehen wir ein. Unverbrüchlich.

A propos: das Suspensorium. Das Suspensorium lehnen wir ab. »Mein Hodensack gehört mir«, so hat es schon unser Firmengründer gesagt, damals, im Jahre. Und so ist es ja auch.

Doch weist unser Weg über die Vergangenheit und die Gegenwart weit hinaus. Dem Hodensack gehört die Zukunft. Unser Motto, unsere Losung, unsere Parole lautet: »Mein Hodensack ist kein Accessoire!« Das ist nicht nur eine deutliche Absage an allzu modische Tendenzen, die in den letzten Jahren. Doch genug davon.

»Mein Hodensack ist kein Accessoire!« Allein der Reim von »Sack« auf »Acc« macht deutlich, wo und wofür wir stehen: für das Gute und Richtige, für den Hodensack. Denn wer das Wort Accessoire »Assesswah« ausspricht, als handele es sich um einen deutschen Assessor, der ächtet und richtet sich selbst und ist des Hodensacks nicht würdig.

Meine Damen und Herren, verehrte Hodensäcke, der Welthodensacktag ist hiermit eröffnet.

# Nie wieder!

Ich erinnere mich, wie ich als Kind zum ersten Mal Scholle aß. Der platte Fisch lag goldbraun duftend auf dem Teller und schimmerte buttrig, meine Mutter mahnte, auf die Gräten aufzupassen, aber irgendwann erwischte ich doch eine, sie hakte sich in meinem Halse fest, und nur unter langwierigem Husten und Rückenklopfen konnte ich mich von ihr befreien. Am Ende der Mahlzeit gelobte ich mit feierlichem Ernst »Nie wieder Scholle!«

Der Schwur war nicht von Dauer, und so muss ich auf köstliche Maischolle ebenso wenig verzichten wie auf Scholle Finkenwerder Art, die auf meiner ersten längeren Reise durch die Nicht-mehr-DDR 1991 gleich mehrfach als »Scholle Finkenwärter Art« angeboten wurde, was zu ironischen Bemerkungen führte: »Typisch Osten! Sogar die Finken sperren sie ein!«

Als Jugendlicher in den 70er Jahren kam ich erstmals mit deutscher Geschichte und Politik in Berührung. Zwar hatte Nazideutschland 1945 kapituliert, aber die zwölf Jahre des »Tausendjährigen Reiches« hatten einen langen Nachhall. Die Verbrechen der Deutschen waren so ungeheuerlich widerlich, und ihre alten Repräsentanten saßen weiter obenauf. Der Nationalsozialist Kiesinger hatte Bundeskanzler werden können, der ranghohe SS-Offizier Schleyer war Arbeitgeberpräsident, und gemütlich aussehende Bäckersfrauen strichen mit dem Kugelschreiber die Gesichter von erschossenen RAF-Leuten auf Fahndungsplakaten durch.

Auf Demonstrationen gab es immer wieder Transparente und Sprechchöre: »Nie wieder Faschismus! Nie wieder

Krieg!« Das war ja eine Selbstverständlichkeit und eine klare Sache, aber manche konnten gar nicht genug davon bekommen, immer wieder »Nie wieder Faschismus! Nie wieder Krieg!« zu skandieren. Auf »Nie wieder Faschismus!« folgte unweigerlich »Nie wieder Krieg!«, danach konnte man sozusagen die Uhr stellen. Es handelte sich um einen jener Automatismen, von denen heutige Fußballkommentatoren so gern sprechen. Der menschliche Kopf aber ist kein Fußballplatz, fürs Denken sind Automatismen tödlich.

Wenn Gebetsmühlen mahlen, hilft nur Humor. Legendär sind die Transparente von Fans des FC St. Pauli: »Nie wieder Krieg! Nie wieder Faschismus! Nie wieder 2. Liga!« So unverbissen, lustig und intelligent geht es doch auch, und wer da von »Relativierung« redet, hat ganz einfach den Witz nicht verstanden.

»Nie wieder Faschismus! Nie wieder Krieg!« Ja sicher, gebongt, und deshalb ist rituelle Selbstversicherung gar nicht nötig. Gerade wer in der Substanz einverstanden ist, fühlt sich von der ständigen Wiederholung des Immergleichen belästigt und kopfmäßig düpiert. An alle, die »Nie wieder!« schreien: / Nehmt dies: Nie wieder Litaneien!

# Negerkuss nein, Zeithorizonte ja?

Darf man eigentlich noch »Negerkuss« sagen? Oder ein »Zigeunerschnitzel« bestellen? Und wenn die Antwort nein lautet, warum nicht? So fragen Leute, die sich vor dem Diktat einer »politisch korrekt« genannten Sprache fürchten, vor dem Verlust einer Ausdrucksweise, die sie so erlernt haben, mit der sie aufgewachsen sind und die sie deshalb als natürlich und ihnen eigentümlich empfinden. Sie sehen nicht ein, warum Wörter, die sie nach eigener Anschauung »schon immer« und »ganz normal« verwenden und als »völlig harmlos« und »überhaupt nicht böse gemeint« ansehen, auf einmal beleidigend und deshalb tabu sein sollten.

Mit solchen Fragen musste sich Immanuel Kant nicht herumplagen. Obwohl der Philosoph sein geliebtes Königsberg so gut wie nie verließ, war sein Geist weltläufig und phantasievoll; in seiner im Jahre 1802 publizierten »physischen Geographie« schrieb Kant: »Die Neger werden weiß gebohren, außer ihren Zeugungsgliedern und einem Ringe um den Nabel, die schwarz sind. Von diesen Theilen aus ziehet sich die Schwärze im ersten Monate über den ganzen Körper.«

Niemand widersprach dem frei flottierenden Unfug, und niemand wäre auf die Idee gekommen, Kant einen Rassisten zu nennen. Es war, auch unter den klugen Köpfen dieser Zeit, ganz selbstverständlich, Schwarze nicht als Menschen anzusehen, geschweige denn als gleichwertige, sondern sie als Arbeitssklaven oder als Forschungsobjekte zu betrachten, angesiedelt im Tierreich. Sie wurden in Menagerien gezeigt; noch der im Jahr 1883 auch um den Nabel weiß geborene Dichter Joachim Ringelnatz hat als Schüler in Leipzig fasziniert schwarze Frauen betrachtet, die im Zoo zur Schau gestellt wurden.

Sich darauf zu berufen, dass bestimmte Wörter »früher« ja auch »ganz normal« verwendet worden sei, ist kein Argument; im selben »Früher« wurden Menschen diesen Wörtern gemäß traktiert. Allerspätestens, wenn das Wort »Zigeuner« die Verurteilung zu Deportation und Tod nach sich zieht, hat es seine Unschuld verloren. Was allerdings nicht umgekehrt bedeutet, dass die Bestellung »Sinti-und-Roma-Schnitzel« zur Besserung der Verhältnisse beitrüge.

Ist »Neger« ein harmlos gemeintes Wort? Es kommt doch von lateinisch »niger«, heißt also nur Schwarzer und ist nicht herabsetzend zu verstehen, oder? Erfahrung sagt etwas anderes. Ich kann mich gut daran erinnern, wie ich von Nachbarn angeherrscht wurde, endlich »die Negermusik« auszumachen. Wertfrei war das nicht gemeint. Das war auch im deutschen Sozialismus nicht anders; Jazzmusiker wie Ernst-Ludwig Petrowsky berichten, mit welcher Mischung aus Unkenntnis, Argwohn und Verachtung DDR-Kulturfunktionäre sich gegen ihre »Negermusik« wandten.

Kann man sich und andere vor Mangel an Instinkt und Takt schützen, vor verbaler Dummheit und Niedertracht? In Paris stand Jean-Paul Guerlain vor Gericht; der berühmte Parfümeur hatte im Oktober 2010 bei einem Fernsehauftritt geäußert, er habe »geschuftet wie ein Neger«, um einen neuen Duft zu kreieren, und dann hinzugefügt, er wisse allerdings nicht, »ob Neger jemals so hart gearbeitet hätten«. Was im ersten Teil noch als sprachlicher Reflex auf die Sklaverei gedeutet werden kann, kippt im zweiten in das Klischee vom faulen schwarzen Mann. Guerlain wurde daraufhin wegen »rassistischer Äußerungen« angeklagt, die er als »unpassende Entgleisung« zurückzog und die nicht seiner »eigentlichen Einstellung« entspreche. Man muss ihm das nicht glauben; aber dass ausgerechnet Juristen geeignet wären, über Sprache zu befinden, darf unbedingt bezweifelt werden. Wenn beispielsweise der gelernte Jurist Guido Westerwelle von »Zeithorizonten« spricht, also von etwas, das es gar nicht gibt, möchte man ihn nicht als Sprachgutachter an seiner Seite wissen. Westerwelle ist nur eins von Millionen Beispielen dafür, dass man ein Leben lang unbehelligt eine Mischung aus Phrasen und Irrsinn von sich geben darf, solange man sich nicht dessen schuldig macht, was Diskriminierung genannt wird. Merke: Menschen darf man nicht beleidigen, ihre Intelligenz aber uneingeschränkt und fortwährend.

Sieht jeder, der vielleicht nur unbedarft »Neger« sagt, Menschen mit dunkler Haut als minderwertig an und ist folgerichtig Rassist? Und sind umgekehrt all diejenigen keine Rassisten, die sich rhetorisch keine Blöße geben? Es könnte sich ein Rassist ja auch geschickt hinter der Maske formal korrekter Sprache verstecken und sich einen Jargon zulegen, den er, unabhängig von seiner tatsächlichen Haltung, für das öffentliche Sprechen reserviert.

Takt und Feingefühl lassen sich nicht verordnen. Würden Sie in Anwesenheit von Schwarzen von »Negern« sprechen? Und wenn ja, warum? Wenn man nicht anonym übereinander redet, sondern von Angesicht zu Angesicht miteinander spricht, lösen sich viele akademische oder scholastische Probleme in Luft auf, in welcher Weise auch immer.

Die Debatte über Sprache und Rassismus muss nicht frei von Humor und Überraschungen sein. So kann es geschehen, dass ein Mann mit dunkler Hautfarbe in bestem Deutsch sagt: »Bitte nennen Sie mich nicht ›Schwarzer‹, sonst muss ich an die *Bild*-Autorin Alice Schwarzer denken, und das möchte ich nicht gern. Da ist mir sogar ›Neger‹ noch lieber.«

Womit man schlussendlich beim Sexismus gelandet ist, der Kusine des Rassismus. Den Namen des eingangs erwähnten Philosophen Kant darf man in Großbritannien oder den USA auf keinen Fall deutsch aussprechen; man muss ihn zu »Känt« anglifizieren, denn Kant, c-u-n-t geschrieben, ist im Englischen und Amerikanischen ein vulgäres und herabsetzendes Grobwort für das primäre weibliche Geschlechtsorgan oder für Frauen im allgemeinen, das sich auf die geläufige Abkürzung der Potsdamer Straße ebenso reimt wie auf einen umgangssprachlichen Ausdruck für Erbrochenes. Hätte Immanuel Kant das gewusst oder auch nur geahnt, er hätte seinen Kokolores über »den Neger« womöglich für sich behalten.

# Sprache und Besitzverhältnis

In jenem westfälischen Teil der Welt, in dem ich aufwuchs, hörte ich den anderen Menschen beim Sprechen zu, immer und allen. Als Kind tut man das, zuhören, einfach so und weil man sich vom Zuhören verspricht, dass man etwas noch nicht Bekanntes erfährt über die Welt und ihre Bewohner, dass sich die Welt eben auftut und ihren Reichtum zeigt. Ich wurde nicht enttäuscht.

»Wen hört den Hund?«, fragte einer, als ein Hund kläffte. »Ich«, antwortete ein anderer, und die Sache war klar: Ich hörte den Hund, und den Hund hört Ich. Anders gesagt: Es war Ich sein Hund, nicht der von Du. Unmissverständlicher geht es nicht.

Am schönsten ist das staunende Erlernen der Welt, wenn man überrascht wird und nicht gezwungen ist, stur ein und derselben Regel zu folgen. »Wen hört den Fahrrad?«, wollte einer wissen. Die Antwort lautete: »Meine.« Sie hätte genauso gut und korrekt auch »Ich« heißen können, hieß aber: »Meine.« Und war ebenfalls überhaupt nicht fehlzuverstehen.

Wie labbrig, gekünstelt und schwächlich hört sich dagegen doch das »mir« an, das ich später in der Schule als »gutes und richtiges Deutsch« verabreicht bekam. »Das Fahrrad gehört mir.« Wie blasiert klingt das denn, wie uneindeutig, wie zweifelnd auch? Kein Wunder, dass es so viele herrenlose Hunde gibt und dass so viele Fahrräder wechkommen! Sie gehören mir ja nur, statt ich oder meine zu hören.

Es treten alle menschlichen Schwächen kloßbrühenklar hervor, wenn wir sprechen.

# Beigekommen

»Kommst du wieder bei?«, fragt man im Ruhrgebiet, wenn man jemanden bittet, doch wieder gesund oder vernünftig zu werden. Im Gegensatz zu »beikommen« bedeutet »beigehn« etwas Libidinöses: »Da würd ich ja gern ma beigehn« heißt, dass man bei dieser Dame gerne einmal vor Anker ginge und ihr also quasi beischliefe.

Weder kam, ging oder schlief ich bei, als ich am Vormittag im Schwedenmoskwitsch des Freundes Rolandowski saß, um frisch geschliffene Messer aus Schmargendorf zu holen; ich fuhr lediglich bei. Dass der Berliner schon tagsüber umnachtet ist, demonstriert er auch gern im Straßenverkehr, doch Umsicht und Könnerschaft meines automobilen Gasgastgebers verhüteten Schaden an Blech und Seele. Stoisch navigierte er seine Schleuder durch Berliner Straßen, auf denen nicht Essen, sondern Irrsinn auf Rädern ausgefahren wird.

»Hoffentlich Allianz versichert«, seufzte er, als knapp vor uns eine Karosse so rumpelig und stotternd in den holpernden Verkehrsfluss hineingezwängt wurde, dass nur seine Aufmerksamkeit und Gnade einen Unfall vereitelten. Ich konterte den alten Versicherungsreklamespruch mit einem Automatismus, der mich selbst verblüffte: »Hoffentlich am Schwanz versichert.«

Wir lachten beide; später, als ich mit den schmargendorfgeschärften Messern eine Piemonteser Salami in dünne Scheiben schnitt, dachte ich: Wieso denn »am Schwanz« versichert? Und wogegen? Ich kam nicht drauf, aber komisch erschien es mir trotzdem.

# FETISCH PISS BUSEN

Hamburg ist eine phantasie- und sinnanregende Stadt. Am Hafen kann man das Paarhundertmillionengrab bestaunen, die Elbphilharmonie, auf deren Altar die bezahlte Hamburger Kultur geschlachtet werden soll. Jede einzelne Spezialfensterscheibe des nutzlosen Krawallbauwerks kostet 25.000 Euro; wo sind der Ehrgeiz und der Sportsgeist der Hamburger Jugend, den Hochpreisramsch zu perforieren? Nur weil die Elbphilharmonie geplant und im Bau befindlich ist, muss sie doch eine Eröffnung nicht erleben. Es handelt sich, wie bei Stuttgart 21, um einen Irrtum, den man noch korrigieren kann. Der deutsche Wahn, dass alles bis zum bitteren Endsieg durchgezogen werden müsse und dass ausgerechnet genau diese Erstarrung ein Ausdruck von Tugend, Willensstärke und Charakter sei, wird hartnäckig am Leben gehalten. Doch nur ohne ihn lebt es sich klug, lässig und gut.

Im alten Elbtunnel wird etwa alle fünfzig Meter eine junge Hamburger Band fotografiert: immer schön cool kucken vor den Kacheln, die alte Jim-Rakete-Nummer, ein paar Milchreisbubis mit Gitarren und Drumsticks an die Wand stellen und dann mit dem Fischauge drüber. Ich melde hiermit Titelschutz an für die Boygroup NKHAS, »Noch kein Haar am Sack«, mit der ich große Erfolge als Produzent zu feiern gedenke.

Der Hafenspaziergang führt weiter nach St. Pauli, man fitscht zur Reeperbahn. Ein Koberer zischelt »Muschi kucken«, mit Massage und Mampf lockt das »Oasi Goreng«, der Klamottenladen »Harr Harr« bietet Frauenhemdchen mit der Aufschrift »Arschlochmädchen« an, und das

»Laufhaus Eros« präsentiert sein diversifiziertes, spezifiziertes Angebot in Versalien. Es liest sich wie ein Gedicht:

SEX ARSCHE
SPEZIAL HOMO
GUMMI STRAF
TOILETT BONDAGE
FETISCH PISS BUSEN

Man muss das immer wieder lesen, um überhaupt einen ersten Eindruck zu bekommen von den vielfältigen Ausdrucksmöglichkeiten der Liebe, um zu begreifen, welche Wege diese Liebe geht, auch wenn sie dem Betrachter zunächst noch nichts sagen wollen: FETISCH PISS BUSEN, was für ein Mantra, das muss die Liebe sein, die man sich doch immer so ganz anders vorgestellt hat, und dann ahnt man plötzlich den inneren Zusammenhang zwischen Elbphilharmonie und Laufhaus Eros: Es hängt alles zusammen an unsichtbaren Samenfäden. Zieht man die Wurzel des Kapitalismus, heißt sie Schwanz, Schwanz und Wahn, und dann sieht man Hamburg, eine Kapitale des Kapitals, eine Mischung aus Spekulation und Ejakulation, mit Muschi kucken und GUMMI STRAF und FETISCH PISS BUSEN.

# Alles im Check

»Die Nationalmannschaft im Formcheck!«, schlagzeilt die Sportseite, im Politikteil des Blattes ist »der neue Präsident im Check«. Der solle bitte »keine Frühstücksreden« halten, befindet der zuständige Präsidentenchecker, dem die Sonntagsrede und der Frühstücksdirektor durcheinandergeraten sind und der in seiner eigenen Diktion ein dringender Fall für den Sprach- und Sprechcheck wäre.

E-mails beziehungsweise Elektropöste werden per se und ausnahmslos »gecheckt« auch von Leuten, die sonst gar nichts checken. Lebensunverzichtbar sind »Urlaubs-Check« und »Sicherheits-Check«; wer zum Arzt geht, wird nicht popelig untersucht, sondern »durchgecheckt« beziehungsweise »lässt sich durchchecken«. Das klingt souverän, nach Wartung der Karre in der Werkstatt und kein bisschen nach Krankheit oder der Angst vor ihr.

Die Deutschen haben sich vom Stigma und Makel ihrer sprichwörtlichen Gründlichkeit befreit. Die Doktorarbeit eines adligen Politikers wurde zunächst keiner Prüfung unterzogen, sie wurde im Gegenteil »kurz mal durchgecheckt«; entsprechend lang hielt das Ergebnis des Checks vor.

Voller Checker ist das Land, in dem »Locations abgecheckt« werden. Wer hätte sich träumen lassen, wie cool und geradezu professionell die Massen am Flughafen und im Hotel sowas von »einchecken« und später sogar auch wieder aus? Beim Poker heißt es ebenfalls »Check!«; nur das »Vorchecking« respektive original »Forechecking« beim Fußball ist offenbar etwas anderes.

Alles ist »im Check«, die Literatur sogar »im Schnellcheck«, auch bei Dennis Check, nein, der heißt ja Scheck, aber checken kann er auch.

Wenn ganz Deutschland »im Check« ist, wird es dann nicht auch von IM »Check« regiert, dem großen Checker? Und ist man so nicht wieder beim »neuen Präsidenten im Check« gelandet, dem alten Aktenchecker?

Ich zöge, nach angemessenem Check aller Optionen, für dieses Amt Chubby Checker vor, der auch eine neue deutsche Nationalhymne im gut gecheckten Gepäck hätte. »Come on, let's check again, like we did last summer...«

# Berlin, eine Stadt mit Vergangenheit

Der Berliner lebt in der vollendeten Vergangenheit, im Plusquamperfekt. Für ihn war nie etwas gut, sondern immer, als läge es lange schon zurück, »jut jewesen«. Beim Berliner steht auch nichts herum; vielmehr hat er »no' watt ßu stehn« beziehungsweise natürlich »no' watt ßu stehn jehaabt«.

Das private Leben eines älteren männlichen Berliners lässt sich in wenige Worte kleiden: »Da war ick inn'n Kella jejang'n, 't 'wa dusta jewesen, aba denn ha' ick da no' 'ne Ereckssion ßu stehn jehaabt. Und weeßte watt? War no' jut gewesen!«

# Aus der Servicepalette

Das Wort »Servicepalette« gehört zur Abteilung rhetorisches Laminat; was es en detail bedeutet, offenbart die Berliner Sparkasse, zu deren Dienstleistungen zählt, ihre Kunden mit der Sinnlosigkeit menschlichen Handelns vertraut zu machen.

Das Geldinstitut verschickt, selbstverständlich gegen Gebühr, Kontoauszüge an die Kundschaft, die auf dem zuoberst liegenden Blatt liest: »Dieses Blatt wird aus versandtechnischen Gründen erstellt und kann vernichtet werden.«

Im Sparkassenkunden breitet sich Skepsis aus: Wie jetzt? Die wollen nichts, ich soll oder muss nichts, sondern ich kann und darf etwas? Ist das noch meine Sparkasse? Die mir eine fakultative Genehmigung erstellt: »kann vernichtet werden«? Oder sogar »verrr-nich-tätt!«, wie ein seinerzeit beliebter Hundeliebhaber geknurrrrt hätte? Ich könnte das Stück Papier also einfach rrrück-sächts-los zerrr-reiiss-ssän? Das wollte ich nicht glauben, wischte mir die Augen, sah noch einmal hin und las:

Sehr geehrter Kunde, auch heute drängen wir Ihnen etwas auf, das Sie weder jemals bestellten noch haben wollen oder brauchen, das Sie aber selbstverständlich bezahlen werden. Wir möchten schließlich leben, und zwar von Ihnen; Sie wissen ja, das Leben ist ein Nehmen und nehmen lassen. Sicherlich unterziehen Sie sich gern einer kleinen Mühe und werfen den Müll weg, den wir Ihnen zu unseren Gunsten ins Haus schickten. A propos Haus: Ihr Haus ist unser Haus, Ihre Zeit ist die unsere. Wir verstehen uns? Wir sehen uns – in Ihrer Sparkasse.

# Unter der Bräunungsdusche

Hin und wieder sieht man auf der Straße ein sonnenbankgebräuntes Gesicht, wundert sich, warum Menschen so etwas mit sich machen, vergisst es dann wieder, um aber zwei Stunden später festzustellen, dass man sich, scheinbar ohne jede Motivation, in einem Lederwarengeschäft befindet und dabei ist, eine gut gegerbte braune Ledertasche zu erwerben. So subtil, indirekt und raffiniert ist oft die Wirkung der Reklame.

Die erstaunliche und vor allem erstaunlich erfolgreiche Geschäftsidee, Menschen auch äußerlich in Toastbrote zu verwandeln, wird zu Beginn des dritten Jahrtausends technisch modifiziert. Man muss seine Haut nicht mehr verbrutzeln; der Solariumsmarktführer »Sunpoint« bietet »Sprühbräune« an, die man sich mit einer »hautpflegenden kosmetischen Bräunungsdusche« auferlegen kann. Als »tantastic« wird die Humanfassadenfarbe englisch wortspielend angepriesen; »tan« heißt Bräune, man kann also phantastisch braun werden. Und auch, wie der Solarienmogul »Sunpoint« verspricht, »sexy Hollywood-Bräune in 1 Minute« erwerben.

Ich weiß nicht, ob Hollywood »sexy« ist und hege auch mittlere Zweifel daran, dass speziell in Hollywood Hautbräune als »sexy« gilt. Zumal dort rektal, wie man immer wieder lesen muss, eine Präferenz zur chemisch erzeugten braunlosen Gebleichtheit vorherrschen soll. Doch selbst wenn man körperliches Braunsein mit Begehrenswertheit gleichsetzte, erschiene »Sprühbräune« dafür besonders ungeeignet: Gesetzt den unwahrscheinlichen Fall, man würde bräunungsgeduscht als besonders attraktiv empfunden und von jemandem wegen seiner Sprühgebräuntheit sehr privat eingeladen, so wäre doch spätestens zwischen den Laken größere Peinlichkeit nicht mehr zu vertuschen und zu vermeiden. Die aufgetragene Bräune verwischte sich, darunter käme der naturbelassen blasse Mensch zutage, die Bettwäsche wäre ruiniert, und dann?

Am Solariumsmogul »Sunpoint« gehen solche Überlegungen offenbar vorbei. Ob mit der angeblich »natürlich aussehenden Bräune«, die »einfach und schnell aufgesprüht« wird, menschliche Ganzkörperbroiler oder auch Gesichtsdiarrhoetiker erzeugt werden, kümmert Sonnenbankgrossisten nicht. Der letzte Schrei im Solarium heißt Bräunungsduschen. Man könnte auch von der »Bräunungsgeneration ›Angrillen 2.0‹« sprechen oder auf einer globalen »Bräunungsrevolutionsparty« vor sich hin schmurgeln. Und dabei eines jener Hähnchen verzehren, für deren Aussehen, Geruch und Geschmack endlich eine Erklärung gefunden wurde. Sie heißt »Bräunungsdusche«.

Ergriffe ich jemals den Beruf des Sonnenbankiers, ich würde mein Studio »John Brown's Body« nennen. Dass dieser Körper im gleichnamigen Lied als »amoulding in his grave« beschrieben wird, als in seinem Grabe verfaulend, störte dabei weder die »Sunpoint«- und »Sprühbräune«-Discounter noch ihre Kundschaft. Sie würden es schlicht nicht bemerken.

# Von deutschen Worten und Wörtern

Eins von den aufgedunsensten Worten:
verorten
(»Du, ich würde mich eher links verorten...«)

Eins von den unelegantesten Wörtern:
erörtern.
(»Schatz, ich möchte das jetzt mit dir erörtern...«)

Mit Ei, ei, ei Verpoorten
erst beim Eierlikör sich verorten,
dann mit Dörthe die Aorta erörtern:
Das schaffen Deutsche mit Worten und Wörtern.

# Auf der To do-Liste: To go or No go?

Manchmal, eingezwängt zwischen sehr wichtige Erwachsene, erinnert man sich an die allerersten Englischstunden in der Schule, in denen Zehnjährige ihnen damals noch fremde Worte hörten und repetierten: »to do, to go, to be«.

Heute sagen das Menschen in Führungspositionen, die man auch »Entscheider« nennt: »Setzen Sie das auf die To do-Liste.« Und: »Nein, dort können wir kein Meeting machen, das ist ein no go.« Und wenn sie, weil ja gerade ihre Zeit so unglaublich kostbar ist, einen Coffee to go nehmen, wissen sie nicht einmal, dass es sich dabei um einen Kaffee zum Davonlaufen handelt.

Weit vorne auf der To do-Liste steht: Man muss alle Plätze, Bars oder Stadt- und Erdteile, die man nicht betreten möchte, denen man folgerichtig den digitalen »gefällt mir«-Status verweigert und vor deren Aufsuchen man auch andere warnen will, »no go« beziehungsweise »no gos« nennen. Ganze Landstriche in Brandenburg und Sachsen wurden schon zu »no gos« erklärt und somit als jene »national befreite Zonen« und Beute bestätigt, als die berufsdeutsche Schlagetots sie größenwahnsinnig betrachten.Ein »no go«, gern auch »absolutes no go« oder »defini tives no go« genannt, ist das Gegenteil eines »place to be«. Ein »place to be« ist ein Ort, an dem man aus Gründen der Hipness einfach sein *muss*. Hipsein kommt übrigens nicht von der Babybreinahrung »Hipp«, obwohl die Sprechgewohnheiten hip sein wollender Menschen, die Restaurants durch die Bank als »Restos« bezeichnen, durchaus einen Zusammenhang zwischen dem Verzehr von Alete und der Zugehörigkeit zur gesellschaftlichen Elite nahelegen.

Ein »no go« erkennt man auch daran, dass dort nichts feilgehalten wird, das als »must have« schlichtweg Pflicht ist. Wo sich kein »must have«-Produkte-Publikum trifft, kann einfach kein »place to be« sein, das versteht sich von selbst. In Zeiten des »to go« muss ein »place to be« aber auch ein »place to go« sein, und das im doppelten Sinne: Man muss dort hingehen, um jemand zu sein beziehungsweise im Gegenteil als jemand zu gelten, aber man muss das Flair des »place to be« auch im Akt des »to go« mitnehmen können, um damit an einem nächsten, anderen »place to be« zu renommieren. Wenn das nicht gewährleistet ist, wird ein »place to be« schnell zum »no go«, also zu einem jener schrecklichen Orte, an denen Nichtwichtigtuer sich eventuell wohlfühlen könnten.

Ein »place to be« unterscheidet sich von einem »no go« dadurch, dass an einem »place to be« alles und jeder jederzeit verfügbar ist. Solange aber Prostituierte keine »Fellatio to go« anbieten, und das als »special offer« zum »nice price«, sieht die »place to be«-Sorte Mensch ihr Leben noch von einem erschreckenden Mangel an Perfektion verdüstert.

Die Welt, sagt man, sei voller Wunder, Rätsel und Reize. Ihr Kaufanreiz allerdings besteht darin, Banalitäten als Wunder anzubieten, als Rätsel: Kann ich mir auch ganz sicher sein, dass ein »place to be«, der »coffee to go« im Pappbecher als »must have« ausschenkt, auf gar keinen Fall ein »no go« ist? Oder, mit Shakespeare gesprochen: to be or not to go to no go, das ist hier die Frage..., und diese zu beantworten, steht ganz oben auf meiner To do-Liste nachts um halb eins.

# Dialogannahme im Service-Kernprozess

Auf der »Automechanika«-Messe in Frankfurt am Main sah sich die Firma »Volkswagen Service« in einem »Kernprozess«. Volkswagen Service-Leiter Dietmar Hildebrandt erklärte, »die Dialogannahme« sei »das Kernthema« und »das vertrauensvolle Gespräch zwischen Serviceberater und Kunden heute mehr denn je Basis für eine dauerhafte Kundenbindung zum Partnerbetrieb und zur Marke«. Bei der »technischen Komplexität der heutigen Fahrzeuge« müsse »dem Kunden die angebotene Dienstleistung genau erklärt werden«; Service sei »eine äußerst aktive Angelegenheit. Dafür nehmen wir uns in der Dialogannahme Zeit.«

Kernprozess klingt ein bisschen nach demnächst explodierendem Kernkraftwerk, was ein prima Kernthema abgäbe. Etwas rätselhafter verhält es sich mit der Dialogannahme. Ist eine Dialogannahme so etwas wie eine Lottoannahmestelle? Kann man gebrauchte Dialoge in die Dialogannahme bringen und sie drei Tage später frisch gereinigt und gemangelt zurückbekommen? Damit es endlich wieder Dialoge gibt, die sich, wie man so sagt, gewaschen haben? Das wäre wünschenswert; es gibt so viele Dialoge, die dringend der Pflege bedürfen. Das geächzte »Na, wie geht's?« – »Danke, muss ja« ist ein ranzig gewordener Klassiker unter Bekannten und Kollegen, und auch der inflationärste aller gebrauchten Pärchendialoge – Sie, misstrauisch: »Woran denkst du? – Er, abwehrend: »An nichts.« – könnte eine solide Grundreinigung vertragen. Aber ob der Volkswagen Service-Kernprozess das leisten will und kann?

Schließlich ist das Kernthema in der Dialogannahme der Volkswagen-Service, und der dreht sich um »dauerhafte Kundenbindung« und um »Dienstleistungserklärung als äußerst aktive Angelegenheit«. Reißt sich da ein Servicemann das Hemd auf und bekennt. »Hier dienstleiste ich und kann nicht anders«?

Wird die Dialogannahme zum Beichtstuhl des Kunden und der Service-Dienstleister zu seinem Beichtvater? Muss man sich solch herzzerreißende Szenen vorstellen:

Kunde, stark zerknirscht: »Ach, ich habe wieder an der Benzinpumpe herumgespielt, und jetzt ist sie kaputt...« – »Bringe dreißig Kanister vom teuersten Sprit auf den Knien zur VW-Niederlassung nach Canossa, mein Sohn, und deine Sünden sind dir vergeben. Ego te abvolvo.«

Wie vollzieht sich der GAD, der Größte Anzunehmende Dialog? Betritt ein Kunde im Laufschritt die Dialogannahme und stößt hektisch hervor: »Hören Sie, ich parke in der zweiten Reihe...« Und schneidet der Mann mit dem »Kernthema Service« ihm dann lächelnd das Wort ab und fragt süffisant: »Tun Sie das nicht schon Ihr ganzes Leben?« Oder ningelt ein Herr in Wetterjacke mit grundempörtem Gesichtsausdruck durchdringend: »Ich finde es ökologisch unverantwortlich, dass mein Fernlicht noch nicht mit Energiesparlampen aufgerüstet wurde!«? Mitleidlos macht der Kunde weiter: »Können Sie Ihre Autos nicht noch breiter bauen? Meine Sicherheit und die meiner Familie haben oberste Priorität, und das weltweit! A propos Familie: Schon mein Großvater ist gerne Panzer gefahren...«

Was genau in der Dialogannahme geschieht, wissen wir nicht. Aber wir ahnen, dass im Volkswagen Service-Kernprozess die Kernthemen dieser Zeit verhandelt werden. Wir müssen den Dialog nur annehmen.

## Teamplayer im Goods Flow Lagerbereich

Wenn die Möbelhauskette »Habitat« auf Angestelltensuche geht, liest sich das so:

»Für unseren Store suchen wir ab sofort einen Goods Flow Mitarbeiter (männlich / weiblich).

Sie haben Erfahrung im Lagerbereich?

Sie besitzen einen Führerschein der Klasse C1?

Sie sind ein Teamplayer?

Dann freuen wir uns auf Ihre Bewerbung.«

Abgerundet wird der Text mit einer Selbstauskunft: »Our people make us different.« So sprechen Menschenbesitzer: Unsere Menschen, und der Goods Flow Mitarbeiter männlich / weiblich, also eigentlich Neutrum beziehungsweise Geschlecht egal, Hauptsache billig, ahnt, was auf ihn zukommt im Lagerbereich, wo er mit den anderen Teamplayern den stetigen Fluss der Waren in Bewegung halten wird.

Hilfsarbeiter im Lager und Aushilfsfahrer werden schlecht bezahlt, dürfen zum Ausgleich dafür aber Goods Flow Mitarbeiter heißen. Ein Teamplayer ist ein Befehlsempfänger, den man jederzeit überall hinschicken kann, aber das Wort hat so einen Klang von großer Welt und Befähigung zu noch größerer Leistung: Teamplayer, da ist die Meisterschaft in was auch immer doch fast schon gewonnen, und Deutsche mit langer Erfahrung im Lagerbereich gewinnen im Nu internationales Flair.

Wer einen Hausmeister herabstufen will, macht ihn zum Facility Manager; der arbeitet dann für weniger Geld, ist aber rhetorisch auf Management-Level angekommen. So wird aus einem veritablen Abstieg mit Hilfe aufgeschäumter Sprache doch noch ein Aufstieg. Angestellten smart klingende Titel zu verleihen ist günstig und kostet keinen Cent; falls sich jemand über den Sprachschwindel beschweren sollte, wird man ihn darauf hinweisen, dass ein solch teamschädigendes Verhalten einem Teamplayer nicht gestattet werden kann.

Warum als Kundenbetreuer arbeiten, wenn man doch Key-Account-Manager heißen kann? Vom Schlüsselkind zum Key Account, das ist eine Karriere, die jeden, der vom Tellerwäscher zum Millionär herabsank, erneiden lässt vor Blass beziehungsweise umgekehrt. In Werbeagenturen wimmelt es von Direktoren; wenn der Etat-Direktor mit dem Art-Direktor und dem Creativ-mit-C-Direktor »ins Meeting geht«, dann dröhnt die Hütte, und die Welt vibriert vor Wichtigkeit. Das Erstaunlichste am Selbstbetrug mit erfundenen und wertlosen Titeln ist, dass er funktioniert. Wenn einer erst Manager geworden ist, dann glaubt er sich das irgendwann selber. Es kommt schließlich nicht darauf an, was man tut, sondern darauf, wie und als was man es darstellt.

In dieser Aufmandelwelt hat eine traditionelle, klassische Berufsbezeichnung keinen guten Klang mehr, sondern verströmt die unerwünschte Aura von Versagertum und gescheiterter Existenz. Autor und Kolumnist, das ist heutzutage doch gar nichts, das klingt popelig, da könnte man ganz andere Berufsbezeichnungen und Titel mit sich herumtragen! Sie suchen ab sofort einen Thought Flow Controler im Language Management? Ich freue mich jetzt schon auf meine Bewerbung.

# »Mit Werten Bewusstsein gestalten«

»Das Sein bestimmt das Bewusstsein«, hat ein älterer Kollege einmal geschrieben, aber wozu sich mit dem Sein beschäftigen, wenn man doch das Design hat und die Freuden einer polierten Oberfläche? Das Bewusstsein ist, speziell in seiner beliebtesten Form, der Bewusstlosigkeit, etwas, das designt werden kann. Auf den Punkt gebracht wird das von einer Werbeparole der Volks- und Raiffeisenbanken: »Mit Werten Bewusstsein gestalten«.

»Mit Werten Bewusstsein gestalten«, das klingt wuchtig, geradezu deutschphilosophisch tief und jedenfalls irgendwie doll. Bloß wie »gestaltet« man ein »Bewusstsein«, noch dazu mit »Werten«? Kann man ein Bewusstsein kneten, basteln, schneidern, malern oder sprayen? Und um was für »Werte« handelt es sich? Um all jene, die von der Bankenbranche kompetent zerdullert wurden? Beziehungsweise, in Werbesprech formuliert, um »Werte«, die »nachhaltig« zerstört wurden?

Wo von »Werten« die Rede ist, mit denen man »Bewusstsein gestalten« will, da lugt die »Nachhaltigkeit« schon um die Ecke. Zugunsten des »PrivateBanking« als Werbemodel »mit Werten Bewusstsein gestalten« möchte jedenfalls die Fernsehköchin Sarah Wiener, die sich in der Bankenreklame »Köchin für nachhaltigen Genuss« nennen lässt. Was ist »nachhaltiger Genuss«? Einer, der nicht mehr aufhört? Wenn man aß, was eine »Köchin für nachhaltigen Genuss« kochte, hat man dann nur noch Appetit, aber keinen Hunger mehr? Isst man dann nie wieder Mist?

Man weiß es nicht, aber die Wertebewusstseinsgestaltungsreklame der Volks- und Raiffeisenbanken erklärt:

»Sarah Wiener lebt gute Ernährung.« Wie »lebt« man Ernährung? Und wie würde man auf jemanden reagieren, der einem mit den Worten »Ich lebe gute Ernährung« gegenübertritt? Würde man höflich und scheu lächeln, weil unsere Meschuggenen ja unter dem besonderen Schutz des großen Manitou stehen? Oder würde man ihn unmissverständlich in die Webeagentur zurückschicken, in der er und sein »Bewusstsein« offensichtlich erzeugt und »gestaltet« wurden?

Welcher »Weg« ist gemeint, von dem die Bankenwerbung erklärt, dass sie ihn »frei macht«? Der »gute Weg, auf dem wir sind«, also der in die Pleite? Wen meinte der Volks- und Raiffeisen-Reklametexter, als er schrieb: »Jeder Mensch hat etwas, das ihn antreibt«? Sarah Wiener? Oder ihren Kollegen Johann Lafer, der für die Konkurrenz von der »Sparkassen-Finanzgruppe« wirbt und, Essstäbchen umkrallend, behauptet: »Vermögen braucht Vertrauen«? Wird da noch »Bewusstsein gestaltet«, selbstverständlich »mit Werten«? Oder wird doch das Sein vom Bestusstsein bestimmt?

Das sind Fragen, die beim deutschen »Nachhaltigkeitstag« beantwortet werden, dem allerdings all jene fernbleiben müssen, die zur gleichen Zeit ihren Finanz-, Bank- und Sparkassenberatern den Weg freimachen und das Bewusstsein gestalten, und zwar nachhaltig.

# Wer Apps appt, muss auch kuratieren

Manchmal staunt man wirklich noch die sprichwörtlichen Bauklötze. »Es gibt viele Apps zum Finden von Apps«, liest man und denkt, man habe sich schlecht verträumt. Aber es steht tatsächlich genau so da: »Es gibt viele Apps zum Finden von Apps«, und der kryptische Satz mit den zwei Apps hat sogar noch einen Appendix: »Es gibt viele Apps zum Finden von Apps, aber AppFlow sticht heraus.«

Ach so, es handelt sich um Reklame, und der zielgruppenferne Leser versteht bloß die Sprache der Anschnacker nicht? Insider-Code heißt auf deutsch Blinddarm und wird in Blindtext aufgeschrieben, in Wurmfortsätzen: »Die App hilft, andere Apps zu entdecken – in kuratierten und intelligent gestalteten Listen.«

So steht es, wörtlich, im redaktionellen Teil der *Zeit*. Warum, weiß man nicht; möglicherweise zum Beweise dessen, dass die Formulierung »Qualitätsmedien« eine ebenso hohle Marketing-Türeintreterbehauptung wie ein altmodischer frommer Wunsch ist und damit eine umso krudere Mischung aus beidem?

So scheint es. Das »Burger King«-Magazin versucht jedenfalls ebenfalls, seiner Kundschaft Appetit auf Apps zu machen: »Wissen, was App-geht. Mit unserer App liegt die ganze Welt von Burger King zu deinen Fingerspitzen.« Die Welt, zu Fingerspitzen liegend, das ist die Welt digitaler Burger-Könige. Kein Wunder, dass die wirkliche Wirklichkeit ganz anders aussieht, riecht und schmeckt.

Der Autor des »Es gibt viele Apps zum Finden von Apps«-Diktums in der *Zeit* war, soviel steht fest, bei Niederschrift seines Textes immerhin schon 35 Jahre alt und hatte vorher in allerlei Qualitätsmedien volontiert oder sogar voltigiert, um öffentlich solche Sätze konstruieren zu können: »AppFlow ist eine nützliche und vor allem sehr ansprechend gestaltete App zum Entdecken von Apps. Dabei handelt es sich keineswegs um eine simple Suchmaschine. AppFlow ist vielmehr eine Sammlung kuratierter Listen von Apps zu bestimmten Themen.« Das ist tiptop zusammengeflipflopter Werbergargel, da kann kein Qualitätsjournalismuskunde meckern. Der moderne Mensch stammt schließlich vom Appen ab; wenn das kein Fortschritt ist! Nur die Allzuwichtigvokabel »kuratiert« ist ein bisschen drüber beziehungsweise over the top. Kuratieren, kriegt man davon nicht diese Rückenmarkserweichung? Nein? Sondern nur eine gleichermaßen contentharte wie breiweiche Birne, die das Berufsbild des Kurators beschreibt, der im Film »KURATOR III – Jetzt zeigt er allen Aliens alles« ein leider sehr vorläufiges Ende findet?

Als mir ein Mann, dessen Arbeit mit den Worten »Ausstellungsmacher« oder »Galerist« zugegebenermaßen auch nicht schön beschrieben wäre, mit den Worten »Ich habe das hier kuratiert« seine Hand hinstreckte, hielt ich inne. Ob der Kerl sich nach dem Kuratieren die Hände gewaschen hatte? Man sieht es den Leuten ja nicht an, und gerade im Kunst- und Kulturbetrieb darf man von gar nichts beziehungsweise muss man von allem ausgehen.

Wie sagt es die *Zeit*: »AppFlow-Nutzer suchen nicht, sie browsen.« In die deutsche Sprache übersetzt heißt das: Wo einer im Ernst »Apps zum Finden von Apps« sucht, da waltet zuverlässig der Brausepöter. Falls Sie dieses schöne westfälische Wort noch nicht kennen sollten: Es beschreibt sehr freundlich den deutlich südlicher gelegenen der beiden Körperteile, die beim Menschen für das Windmachen zuständig sind.

# Transparenz

Die Inflationsvokabel »Nachhaltigkeit« hat eine Schwester bekommen. Sie heißt »Transparenz«. Wie die »Nachhaltigkeit« zunächst nur von wenigen verlangt, dann aber zügig von allen für alles und jedes gefordert beziehungsweise sogar »eingefordert« wurde, ist ohne die »Transparenz« nichts mehr zu wollen, zu haben und zu machen.

Politiker vor allem jüngerer Provenienz »machen sich stark« und »positionieren« sich für »mehr«, »völlige« oder sogar »rückhaltlose Transparenz«; es gilt das Gebot der totalen Transparenz. Warum eigentlich?, ist eine Frage, die, wie bei jeder anderen Mode auch, zuverlässig versagt. Es ist im Jahr 2012 nun einmal gerade die Transparenz dran als ein Aufbruch, Modernität und Jugend versprechendes Wort, selbst die viel beschworene »Ehrlichkeit« schwingt da mit, und wenn man die simulieren kann, dann hat man es geschafft.

Groß ist das Interesse an der Transparenz anderer: Was macht der eigentlich den ganzen Tag? Irgendetwas, das ich nicht googeln kann? Es ist aber doch mein Menschenrecht, alles zu wissen, was mich nichts angeht! Für alles, das traditionell vom Klatschjournalismus bedient wurde, gibt es jetzt die »Transparenz«, und die klingt so schön seriös.

Eine grüngurkene Penetranzpolitikerin hat ein schlechtes Wahlergebnis eingefahren und möchte sich anschließend bei der Klientel ausflennen? Das ist Transparenz de luxe, wenn nicht Transparenz im Endstadium. Eine, da irrt der Irrtum Gauck, keineswegs »glückssüchtige«, sondern banalitätsversessene Tratschgesellschaft steckt Millionen von Nasen in alles, das sie von sich selbst und ihrem Zustand ablenkt; das ist Transparenz! Der Wunsch nach Transparenz schnurrt schnell zusammen auf das je schamferner desto größere Verlangen, anderen beim Herunterlassen der Unterhosen zuzusehen.

Aber in der Politik ist Transparenz doch ein »must«!, rufen ein junger Grüner und eine junge Piratenpolitikerin dazwischen; Transparenz bedeutet die Möglichkeit der Kontrolle! Wir müssen schließlich exakte Kenntnis haben darüber, was jeder verdient, damit wir unser abschließendes moralisches Urteil über ihn fällen können! Wir müssen von jedem alles lückenlos wissen: Welchen ökologischen Fußabdruck hinterlässt er auf Mutti Erde? Trennt er seinen Müll, und wenn ja, trennt er ihn auch richtig?

Eine der Hauptmaximen des Lebens heißt »Erkenne dich selbst«; Faulpelze begnügen sich mit dem Lebenstagesbefehl »Durchschnüffle alle anderen«. Dem Wunsch nach »Transparenz« klebt haftcremehaft der blockwartsmiefige Wunsch an, andere öffentlich für etwas geschurigelt zu sehen, das man für sich selbst privat mit größter Selbstverständlichkeit beansprucht. Der Schrei nach »Transparenz« ist Ausdruck der Begierde nach einer bitte auch »nachhaltig« materiell lohnenden Teilhabe an öffentlicher Doppelmoral, die sich so teuer gibt, wie sie billig ist. Dieses nennt man »transparent«.

PS: Das Gegenteil von »transparent« ist übrigens »opak«, also hermetisch verschlossen. Als ich das Wort »opak« im Feuilleton der *FAZ* las, notierte ich im Geiste: Opak ist das Okapi, capito? Und, wie der Kollege Steffen Brück anmerkt: Der Topkapi-Palast in Istanbul wirkt von außen auch eher opak, also auf gar keinen Fall transparent, und das spricht sehr für ihn.

# Ein Freizeichenton von Vodafone

»Neiiin! Igitt! Das ist ja ekelhaft!« Die Frau einen halben Meter vor mir auf dem Bürgersteig hält abrupt in der Vorwärtsbewegung inne, starrt ihr Taschentelefon an und zeigt es dann ihrer Begleiterin. »Kuck dir das an! Wollen die mich quälen?« Die beiden bleiben stehen, ich tue es ihnen notgedrungen gleich, sie haben die Kleinelektronik im Blick, und die Besitzerin des Taschentelefons liest laut vor:

»Lieber Vodafone-Kunde, wir sagen Danke und schenken Ihnen einen Freizeichenton. Einfach nur, weil Sie es sind. Statt des normalen ›Tuut-tuut‹ hören Ihre Anrufer den Song ›Wenn Worte meine Sprache wären‹ von Tim Bendzko.«

Sie lacht, der Ton ist leicht hektisch. »Überleg mal: Wenn ich das mache, ruft mich doch nie wieder einer an! Dann gratuliert mir wirklich nur noch Vodafone zum Geburtstag!«

»Stimmt«, sagt ihre Begleiterin nachdenklich. »Wenn du dir diese Peinlichkeit an die Backe klatschen lässt, bist du tot. Dann kannst du auch Fahrstuhl werden oder Kaufhaus, die Muzak ist ja schon dabei.«

Die Frau mit dem Taschentelefon ist noch immer fassungslos. »Dieses ›Einfach nur, weil Sie es sind‹ ist nicht zu glauben! Für die bin ich gerade mal so exklusiv wie ein Discounter. Und dann dieser Tim Renner oder Wiese oder Bendzko; das ist doch kein Name, das ist ein Urteil. Sowas wie Kevin. Wenn du Tim oder Kevin heißt, dann ist das eine Botschaft: Vielleicht gibt es irgendwo auf diesem Planeten irgendjemanden, der dich liebt. Aber deine Eltern sind es jedenfalls nicht.« Sie hat sich gefasst, geht weiter und zeigt auf die Lebensmittelhandlung auf der anderen Straßenseite. »›Wenn Gurken mein Gemüse wären‹ wäre ja ein super Songtitel, den würde ich mir glatt aufs Telefon ziehen«, sagt sie und versenkt die Vodafone-Droh-Drohne in ihrer Manteltasche.

Ich gehe meiner Wege. Wenn Eier meine Hühner wären, könnten sie gackern? Und umgekehrt? Wenn Hühner meine Eier wären, lachten dann die Hühner? Ehe der Kran dreimal gehäht hat?

Die Ventilatoren des Nichts kann man nicht an ihren Worten messen, sondern, im Gegenteil, an ihrer Sprache.

# »Fit für den Winter«?

Eine Plakatreklame fragt den Betrachter: »Ist Ihr Haus fit für den Winter?« Ich kenne die Antwort nicht, besitze ich doch kein Haus und werde mir, mit Rilke, jetzt auch keines mehr bauen. Selbst aber wenn ein Haus mein Eigen wäre, könnte ich nicht sagen, ob es »fit« ist und wenn ja, für was.

Nicht nur für Häuser gilt die Winterfitnesspflicht. »Ist Ihr Auto fit für den Winter?«, wird der Autobesitzer gefragt, denn der Sinn allen Besitzes besteht darin, sich immerzu um ihn zu sorgen. Und so muss selbst ein mit Füßen getretener Teppich »fit für den Winter« sein oder werden. Was nicht »fit für den Winter« ist, das wird »fit für den Winter« gemacht, so verlangt es die Winterhilfswerksordnung.

Das ist der Grund dafür, dass man so viele keuchende Teppiche, japsende Autos und schwitzende Häuser durch die Straßen walken, joggen und biken sieht, als wären sie ihre eigenen Eigentümer. Wie diese checken auch Teppich, Auto und Haus regelmäßig im Fitness-Studio ein, als »Power-Payback-Kunden« versteht sich. Anschließend geht es noch ein bisschen zu »Wellness & Beauty« und in den Salon »Vorher – Nachhair«, zur »Hair Affair« zwischen den Top-Haircuttern »Buddhar«, »Haircules« und »Haarald«, die »Hairline & Grooming« anbieten. (»Grooming« ist, wenn Ihnen jemand etwas in die Haare schmiert; schließlich sind Sie, vergessen Sie das nie, »born to be styled«.)

Beim »Grooming« treffen die inzwischen ziemlich »fitten« Autos, Teppiche und Häuser auch auf ihre Besitzer: Fußballspieler, die wissen, dass »fit« sein überhaupt nicht reicht, wenn man doch »topfit« zu sein hat, weil »top« sein einfach alles ist, gerade als Mensch: »Er ist nicht nur ein Top-Spieler, sondern auch ein Top-Mensch«, sagte der Fußballprofessionelle Mario Gomez in *Bild* über seinen Kollegen Lukas Podolski und strich sich anschließend eine gegroomte Haarsträhne glatt, ein für »Top-Menschen« unverzichtbares Accessoire.

Was aber ist und wie wird man »ein Top-Mensch«? Ist »Top-Mensch« der letzte Schrei der Menschheit, oder schwebte schon Nietzsche der »Top-Mensch« vor? Modellierte Arno Breker den »Top-Menschen«? Handelt es sich um das revolutionäre Ideal des »neuen Menschen«?

Kann sich zum »Top-Menschen« nur emanzipieren, erheben und aufschwingen, wer nicht damit zufrieden ist, bloß »ans Limit zu gehen« und »seine Leistung abzurufen«, sondern sich permanent »weiter optimiert«, weil er ja immer »noch Luft nach oben hat«? Und gehört es auch zu den Aufgaben der Sprache, Lebenswirklichkeit wiederzugeben, oder ist sowieso alles Reklame, Werbung, Marketing und Propaganda?

Die alte Darwin'sche Maxime vom »survival of the fittest«, dem Überleben des am besten Angepassten, wurde einigermaßen relativiert, als »fit« der Name eines Geschirrspülmittels wurde. Das geschah im Jahr 1954, im damaligen Karl-Marx-Stadt; besonders erstaunlich ist, dass diese Form von »fit« bis heute überlebt hat, obwohl der Name nicht zu »topfit« quasi »top-optimiert« wurde und sein Bekanntheitsgrad unter »Top-Menschen« eher gering ist.

Ob man mit »fit« aber sein Haus, sein Auto und seinen Teppich »fit für den Winter« machen kann, das weiß allein der Nesquik.

# Der Teufel steckt im Paket

Wer Deutschen etwas unterjubeln will, der verkauft es ihnen »im Paket«. Paket, das klingt doch wie Weihnachten, nach einem Geschenk oder zumindest nach einer schon sehnlich erwarteten Sendung.

Auch von der Bank und der Versicherung bekommt der Deutsche alles »im Paket«, denn »im Paket« ist »kompakt«, was immer mit »kompakt« gemeint sei; doch nicht etwa der Kompakt mit dem Teufel? Aber nein, »kompakt« hört sich »griffig« und »robust« zugleich an und hat auch die Anmutung von Rabatt beziehungsweise sogar von »Extras«. Im kompakten Paket, scheint es, hat man alles beisammen, »im Paket« ist auch praktischer und günstiger als in einzelnen Teilen; kurz: »im Paket« ist »die perfekte Lösung«, die »kompakte Paketlösung« eben.

Tatsächlich bekommt man »im Paket« mehr angedreht als einem lieb sein kann; »im Paket« ist wie »All you can eat«, alles was reingeht, auch wenn es wehtut. Im Paket ist wie »all inclusive« und schließt eben auch all das ein, was man auf gar keinen Fall haben oder erleben möchte. Wer etwas »im Paket« bekommt, kann sich des Unerwünschten, Unerbetenen gewiss sein; ob das, was er eigentlich bestellte, »im Paket« dann überhaupt noch vorhanden ist, fällt eher in den Bereich des Fakultativen. »Im Paket« bedeutet »Friss oder stirb« und ist also, mit einem anderen Haudraufundschlusswort gesagt, ganz und gar »alternativlos«.

Die Steigerung von »im Paket« heißt »im Doppelpack«; Doppelpack bedeutet zwei Pakete in einem, man bekommt also doppelt soviel bei gleichzeitiger doppelter Ersparnis, aber Ersparnis von was? Wer darüber einmal nachdenkt, und zwar kompakt, dem schwirrt schon bald der Kapet-, nein: der Paketkopf: Doppelpack schlägt sich, Doppelpack verträgt sich.

Paket ist ein anderes Wort für Mogelpackung: »im Paket« bekommt man zehn Dinge angedreht, von denen man mindestens neun gar nicht will oder braucht. Das gilt im – gepriesen sei das Wort »online Bestell-Shop« – ebenso wie im Bankwesen oder in der Politik. Pakethändler sind Trickbetrüger, und ein Anlageberater oder Finanzminister, der Ihnen etwas »im Paket« serviert, hat eine große Karriere als Hütchenspieler entweder schon hinter oder noch vor sich.

Pakete sind ein gutes Geschäft für den, der nichts zu bieten hat, aber jede Menge Schruuz und Schrapel loswerden muss. Sie haben kleine Kinder, die hin und wieder anderswo gern etwas zerdeppern oder Sie sind selbst ungeschickt und klumsig und möchten deshalb eine Haftpflichtversicherung abschließen? Im Paket geht das doch viel besser, und ehe Sie sich's versehen, sind Sie gegen alles versichert, das Ihnen außerhalb eines Versicherungsbüros niemals zustoßen kann.

Wer die Welt »im Paket« anbietet, betrachtet auch ihre Bewohner paketweise, als Herde und Abmelkmasse, die nicht en detail, sondern en gros Gewinn abwirft, eben »im Paket«. Denn die Geschäftsordnung besteht: Wer nicht allein zugrunde geht, der geht zusammen, im Paket.

# Super sagen

Alle sagen »super«, und das schon lange. Mindestens seit Beginn der Neunzehnhundertneunziger Jahre ist alles »super«, auf Österreichisch »ßuupá!«, auf Schweizerdeutsch »ßuuprr!«. Auch die beinahe schon verzweifelt deutliche Parodierung durch »Supi! Supi! Supi!«, die ich dem »Super«-Geschrei im Jahr 1993 entgegenwarf, richtete selbstverständlich nichts aus gegen die Inflation des »super« beziehungsweise sogar »das ist ja suuper!«

»Super« passt perfekt zur allgemein perfekten Superlativitis, in der nichts mehr »geht so«, »so lala«, »och ja, ganz gut« oder französisch »ça va« sein darf, denn das wäre dann schon »suboptimal«, also das Gegenteil von »super«. Die McKinseyisierung der Welt schafft eine eigene, mckinseyisierte Sprache, in der jeder Kosteneinsatz »minimiert«, jeder Gewinn »maximiert« und somit alles »optimiert« wird, zumindest theoretisch, und der einzige Laden, der garantiert immer verdient, heißt McKinsey. In Brechts Gedicht »Ein Fisch mit Namen Fasch« sind Funktion und Nutzen der McKinsey-Sorte Existenz treffend beschrieben. Niemals ist oder wäre die McKinseysprache das, was manche Leute als »rassistisch« oder »sexistisch« bezeichnen, wenn Geschlecht und Hautfarbe eines Menschen genannt werden; die McKinseysprache ist ganz neutral menschenfeindlich, sie kennt nur noch »Personen«, die man entlassen beziehungsweise »freisetzen« oder »freistellen« kann, und das ist unbedingt ein Fortschritt. Ungemein tröstlich aber ist, dass es einen Ort gibt, an dem man ohne Bedenken »Super« sagen kann. An einer Tankstelle.

# Männer, die »...und meine Wenigkeit« sagen

»Weniger wäre mehr gewesen«, lautet ein nicht selten zutreffendes Urteil. Manchmal will weniger aber auch nur mehr sein: Wenn jemand sich selbst »meine Wenigkeit« nennt, dann ist dieses Wenige weit mehr an Eitelkeit, als man sonst geboten bekommt.

»Meine Wenigkeit« klingt verdruckst und protzig zugleich und platzt schier vor geheuchelter Bescheidenheit. Wer »meine Wenigkeit« sagt, spricht von sich selbst in der dritten Person und ist schon gut fortgeschritten auf dem Weg in den Cäsarenwahn. Der hört sich im Endstadium dann so an: »Das hat ein Lothar Matthäus nicht nötig«, oder: »Der Papa geht jetzt mal in den Laden und dann kommt der Papa aber auch gleich wieder raus.« Es sind die Würstchen, die den Napoleon-Komplex kultivieren. Würstchen erkennt man daran, dass sie zu allem ihren Senf dazugeben müssen. Oder daran, dass sie »meine Wenigkeit« sagen.

Niemals hörte ich eine Frau sich selbst »Meine Wenigkeit« nennen. Keine Frau, und mag sie noch so mit sich hadern, bringt das über sich. »Meine Wenigkeit« ist männlich, eine Mischung aus Selbsterhöhung und Selbsterniedrigung. Man bläst sich auf, man macht sich runter, und dazwischen ist nichts. Beziehungsweise eben »Meine Wenigkeit«.

Welches Kind hätte »Mein Urgroßvater und ich« von James Krüss gelesen, wenn das Buch »Mein Urgroßvater und meine Wenigkeit« hieße? Robert Gernhardts Roman »Ich Ich Ich« dürfte unter dem Titel »Meine Wenigkeit

Meine Wenigkeit Meine Wenigkeit« kaum einen Leser gefunden haben, und Arthur Rimbaud wäre mit dem Satz »Meine Wenigkeit ist ein anderer« allenfalls als prätentiöser Selbstspreizer aufgefallen.

Vieles schon ist gegen den nicht sehr originellen und genau deshalb aber auch so gern genommenen und gehörten Satz »Ich liebe dich« vorgebracht worden. Verglichen mit »Meine Wenigkeit liebt dich« aber leuchtet er geradezu arsch- und sternenhimmelklar.

## Rahmen skizzieren

Einmal, als Gott noch auf der Erde wandelte, machte er sich selbstständig und verkleidete sich als Fotograf. Er verstand sich auf seine Sache gut und erwarb sich bald Rang und Namen. Durch seine Bilder von den »schwarzen Löchern« wurde er weltberühmt, aber das bedeutete ihm nicht viel.

Lieber fotografierte er Geschöpfe wie Gänse und Seehunde und Menschen, und weil Gott nicht altmodisch war, stellte er seine Arbeit ins Internet, damit alle Menschen Freude an ihr haben könnten, so sie das denn überhaupt wöllten. Er hatte auf irgendeinem Empfang einmal etwas vom »freien Willen« reden hören, das entsprechend »hochinteressant« gefunden und sich dann fix an die Bar verdrückt.

Durch das Internet wurde ein reiches Paar auf ihn aufmerksam, das sich nachts stark miteinander langweilte und deshalb gern »surfte«, wie man so sagte. Das Duo wollte eine »Ereignishochzeit« begehen und ihn dafür als Hausfotografen anheuern. Die beteiligte Dame schickte Gott eine Elektropost: ob er das zum Termin tun könne und was er denn dafür »aufrufen« werde.

In seiner Zeit auf Erden hatte Gott das Wort Kostenvoranschlag ebenso erlernt wie die Fähigkeit, sich darüber zu freuen. Es war ein Synonym dafür, beispielsweise ein Honorar von einer Million Moppen verbindlich zu vereinbaren und später acht Milliarden zu fordern.

Aber weil er sich aus anderem Lehm geknetet und aus härterem Holz geschnitzt hatte, schickte er einen fairen Honorarvorschlag; auch seinen Assistenten, dessen pittoreske Wundmale immer gut ankamen bei der Kundschaft, stellte er trotz grassierender Inflation nicht höher als mit den üblichen 30 Silberlingen in Rechnung.

Zügig erhielt er elektronische Antwort. Die Dame teilte ihm mit: »Ich konnte zwischenzeitlich mit meinem Mann sprechen und dabei feststellen, dass der skizzierte Rahmen für diesen ganz privaten kleinen Event wohl doch etwas zu groß ist ...«

Gott freute sich ein Loch in den Bauch. Von allem, das er je erschaffen hatte, war ihm die menschliche Spezies am trefflichsten gelungen. An ihrer Sprache erkannte man ihre Vertreter immer und zuverlässig. Der »skizzierte Rahmen« war schon ganz große Kunst, auch der »ganz private kleine Event« stand nicht dahinter zurück, aber die Formulierung »ich konnte zwischenzeitlich mit meinem Mann sprechen« war einfach nicht zu schlagen.

Kein Wunder, dass ich Adam und Eva damals vor die Tür gesetzt habe, schoss es ihm durch den Kopf. Und zwar achtkantig, dachte er noch und lächelte zufrieden.

# Zonenwelten

Es gibt die Fußgängerzone, die Tempo-dreißig-Zone, die Umweltzone, die Sicherheitszone am Flughafen und die Gebetszone. Frauennormierungszeitschriften erfanden die Bikini-Zone und, ganz besonders niederträchtig, die Problemzone. Auch die Michelhouellebecq'sche »Ausweitung der Kampfzone« steht jedem offen, der sowas mag, und der Fernsehmoderator Dieter Moor erklärte den brandenburgischen Landstrich, dem er zuzog, gleich gewinnbringend zur »arschlochfreien Zone«.

Ein geographisch kleinerer Teil Deutschlands wurde jahrzehntelang als »die Zone« beziehungsweise »sowjetisch besetzte Zone« oder »Ostzone« bezeichnet und nach der Aneignung durch den größeren Part wahlweise durch Partyzonen oder durch »national befreite Zonen« ersetzt.

An Zonen herrscht also keinerlei Mangel, an einer Zonengrenze möglicherweise schon, denn Zonen gibt es so überreichlich, wie es »Kulturen« gibt, beispielsweise die von Wolfgang Thierse ausersonnene »Entfeindungskultur«, auf die Eckhard Henscheid schon vor Jahren hinwies.

Das Wort »Zone« hat die Qualität von »Universum«, »Welt« oder »Philosophie«; jeder Gastronom erklärt seine »Geschäftsphilosophie« – Philosophie bedeutet Liebe zur Weisheit –; Installateure, die Herren von Gas, Wasser und Exkrement, erfinden gänzlich unerbeten die »Erlebniswelt Sanitär«, und schon lange staunen wir über das »Teppich-Universum«, den Perserteppich ad perversum.

Seit dem Frühjahr 2013 gibt es noch eine Zone mehr: die »Komfortzone«. Das klingt komfortabel und ist dennoch offenbar ungeliebt; vielleicht liegt es an den drei »o« in einem Wort, das aber bei weitem nicht so schön klingt wie der auf vier »o« laufende »Ottomotor«?

Oder daran, dass »Komfortzone« an Eltern oder Lehrer erinnert, vor denen man sich unter dem Sofa oder in der Turnhalle hinter dem Mattenwagen versteckte und die dann in scharfem Ton befahlen: »Komm ma' vor«?

Man weiß es nicht; medial bekannt wurde allerdings, dass die Tatort-Kommissarindarstellerin Maria Furtwängler erklärte, »ihre Komfortzone verlassen« zu wollen, um, wie das branchenüblich heißt, »neue Herausforderungen zu suchen«. Was, ins Deutsche übersetzt, ja meistens bedeutet, dass man in finanziell lukrativere Bequemzonen wechseln möchte und sich zu diesem Zweck öffentlich äußert und anbietet.

So verhält es sich auch mit dem Ex-Shampoo-Model Oliver Bierhoff, seit 2004 Angestellter beim Deutschen Fußball Bund, als – ideales Fitnesswort – »Teammanager« der Nationalmannschaft. Außerhalb des DFB ist weit mehr Fußballgeld zu holen, und so hielt es Bierhoff in seiner Komfortzone kaum mehr aus und wollte raus aus dem Komfort.

Sowas kommt vor in der Welt der Komfortzonen. Wir aber widmen uns lieber einer gefährlichen, reizenden Amazone.

# Im »freilich«-Museum

Man kennt das Freilichttheater und die Freiluftsaison, und man kennt, wenn man seine Nase in eine deutsche Zeitung steckt, auch das deutsche Wort »freilich«. Es klingt so feierlich, wie es von Leitartiklern verwendet wird, von jenen Leuten, die immer schon alles gewusst haben, und zwar nicht nur genau richtig, sondern vor allem immer auch alles besser, und die das jahrzehntelang aus dem Repertoire erzählen können.

Das Wort »freilich« bedeutet nichts; es dient allein der Selbstversicherung des Autors, der, wenn er das Wort »freilich« schon zweimal in ein und demselben Text verwendet hat, auf die ähnlich gut abgehangene Vokabel »gewiss« zurückgreifen kann. Wer ahnungs- oder skrupellos »freilich« schreibt, ist eben auch Gewissträger, dessen Horizont mit einem schönen Reklamereim beschrieben ist: »Wer es kennt, nimmt Kukident.«

In einem Anflug von Übermut versuchte ich einmal, das Wort »freilich« in einen eigenen Text hineinzuschmuggeln. Es gelang mir nicht, diese Hürde der Hässlichkeit zu überspringen. Jahre später begriff ich: Erst wenn man sich mit der einen Hand die Eier krault, sich mit der anderen abwechselnd auf die Schultern klopft und zum Schreiben keine Hand mehr frei hat, erscheint im Text wie von ganz allein das Wort »freilich«. Dann aber ganz gewiss.

# Gefühlte Zeiten

Man habe ihn »aus gefühlten zehn Zentimetern angeschossen«, beteuerte ein Fußballspieler, dem ein Ball aus einem Meter Entfernung gegen den Ellenbogen flog; einem seiner Kollegen wurde von einem Journalisten später sogar eine »gefühlte Unsportlichkeit« unterstellt. Dass manche unbeglückte Frau von »gefühlten zehn Zentimetern« ein traurig' Lied zu singen weiß, liegt bedauerlicherweise im Bereich des Wahrscheinlichen; was aber soll eine »gefühlte Unsportlichkeit« sein, wenn nicht das unfreiwillige Eingeständnis eines Journalisten, dass er ein Rhabarbermann ist, ein Schwätzer, der bloß der ältesten Regel seines Berufs folgt: Man weiß es nicht, man munkelt's nur.

Gefühlt wird egalweg alles; Rezensenten beschweren sich über die »gefühlte Ewigkeit«, die sie über der Lektüre eines Romans zubrachten; das sagt möglicherweise etwas über den Rezensenten, aber auch bloß dann, wenn man ihn kennte, und wer kennt schon freiwillig Rezensenten? Temperaturen werden seit vielen Jahren ohnehin nicht mehr gemessen, sondern gefühlt, und Theateraufführungen dauern, wenn man denen, die darüber schreiben, Glauben schenken will, im Schnitt »gefühlte fünf Stunden«. Gefühlt heißt in solchen Fällen aber nicht erlebt und empfunden, sondern bloß, dass man nichts zu sagen weiß, nicht mal das Einfachste.

In der gefühlten Welt wusste die *FAZ* sogar von einer »gefühlten Rückkehr in den alten, ungemütlichen Ostblock« zu raunen. Ob bei solch gefühlter Rückkehr unsere Heimatvertriebenen noch mal so richtig aus dem Sulky kommen? Von mir aus, höre ich mich grollen, sollen sie doch alle fühlen, was sie wollen und sich dann bitte trollen und abrollen, nur hätte man ja manchmal auch noch gern so etwas wie eine klitzekleine Information. Dauert der neue Film mit Gérard Dépardieu tatsächlich länger als vier Stunden, oder hat bloß jemand 100 Minuten ganz schwer und wichtig öffentlich verzweieinhalbfacht, um seinen – übrigens längst ausgelatschten – Markenabdruck als gefühlter Feuilletonist zu hinterlassen? Wer Auskunft über die von ihm »gefühlte Zeit« gibt, fühlt dabei zwar den Coolness-Faktor tausend, der aber nur dem eines lausigen »Wie geil ist das denn!«-Sagers entspricht.

Dass man im Restaurant bislang noch keine gefühlten Auberginen bestellen kann, trifft unsere Gefühlskulturmenschen sicherlich hart. Wenn sie aber einmal eine Auskunft über die Länge einer Veranstaltung geben und nicht nur ihre höchst uninteressante Befindlichkeit auspetern wollten, hätte ich einen kleinen Rat parat: Einfach am Anfang und am Ende auf die Uhr schauen. Das geht so leicht, das schafft sogar ein Journalist, und bei der Wahrheitsfindung hilft es ungemein.

# Präterium

## I.

Das Präteritum gefiel mir schon immer besser, als das Perfekt mir je gefallen hat. Zwar kann man sagen, »Ich habe einen Apfel gegessen, einen Kuchen gebacken und ein Steak gebraten«, aber »Ich aß einen Apfel, ich buk einen Kuchen und briet ein Steak« ist kürzer, dichter und bündiger, und schöner sowieso.

Ich traf eine alte Freundin. Wir tranken etwas Brause, plauderten, tranken noch etwas Brause, plauderten und tranken noch etwas Brause. Ihre Augen schimmerten und ihre Aussprache geriet ein ganz klein wenig auf die Achterbahn, als sie sagte: »Ich habe oft an dich gedacht.« Das rührte mich, ich sah sie an und antwortete: »Danke. Könntest du das nur für mich auch im Präteritum sagen?«

Sie sah mich leicht verwirrt an. »Wie? Präterium?« Ihr Blick verdunkelte sich. »Merkt man das schon, dass ich im Präterium bin?«

Präterium gefiel mir sehr, ich bestellte augenblicklich mehr Brause und gratulierte ihr. Sie hatte der deutschen Sprache eine neue Zeitform geschenkt, das Klimakteritum.

## II.

»Präterium, Präterium«, sagte meine alte Freundin, stieß mit mir an, nahm einen Schluck Brause und lächelte mich honigsüß an. »Du willst doch nicht etwa irgendwelche Sauereien von mir?«

Ich verneinte das entschieden, kam aber ins Nachdenken. So hatte ich die Sache noch gar nicht betrachtet.

# À la Putain

»Putain!«, stößt die schöne Schauspielerin durch die Zähne, »Putain!« flucht auch der Weinhändler, denn beide sind des Französischen mächtig. »Putain« ist französisch und wird niemals ohne Ausrufungszeichen gesprochen: »Putain!« Es bedeutet »Schlampe!«, »Hure!«, »Flittchen!«, aber nichts davon meinen die Schauspielerin oder der Weinhändler, denn »Putain!« heißt auch schlicht »verdammt!«, »verflucht!« oder »verfickt!«, was man eben so sagt, wenn einem etwas herausrutscht.

»Putain!« klingt weniger abgemeiert als das ewige banale »Fuck!«, von jedem hilflosen und plumpen deutsch-analen Fluchversuch ganz zu schweigen. »Putain!« ist prima, das nehmen, hören und sagen wir gern, und es ist daran zudem ja auch angenehm, wenn nicht jeder gleich mitbekommt, dass man überhaupt flucht. Man hat eben nur ein französisches Wort gesagt: »Putain!«

Besonders schön ist, dass man »Putain!« durchaus noch steigern kann, zu »Putain de merde!«, oder, deutlich heftiger und deftiger, zu »Putain de merde au cul!«, wo dann alles zusammenfindet: Hure, Scheiß und Arsch, oder, wie Ringelnatz schrieb: »The whole life is vive la merde.« Dagegen lässt sich nicht argumentieren, das ist eine Sache der Stimmung, in der das Instrument niemals schief klingen darf, nur tief. Und so gibt es wenig Friedlicheres, als der schönen Schauspielerin und dem Weinhändler bei frühlingshaften Temperaturen und einem schönen Getränk dabei zuzuhören, wie sie lebhaft miteinander sprechen, friedlich, freundlich und kultiviert, eben ganz à la Putain de merde au cul.

# Erdbeererregung im Christstollen

Eins meiner Lieblingswörter ist Erdbeererregung. Im harten Finish der 15 Buchstaben um Platz eins hat das e gegen das r mit 5:4 ganz knapp die Nase vorn; für die zwei g gibt es einen Trostpreis, während d, b, u und n sich den letzten Platz teilen dürfen. Die anderen Buchstaben des Alphabets kommen in Erdbeererregung nicht einmal vor; selbst schuld, diese Versager!

Dabei ist die Erdbeererregung in aller Munde, und das sogar wörtlich, denn manches Berliner Kind erbrach die Erdbeere, die man ihm im Herbst 2012 servierte. Beim Erdbeerenerbrechen steht es bei insgesamt 18 Buchstaben zwischen e und r sogar 7:4, das ist sensationell und muss gewürdigt werden. Doch der Journalismus, diese Missgeburt aus Analphabetismus und Niedertracht, brüllt stattdessen: »Skandal!«

Groß ist das Geschrei darüber, dass chinesische Erdbeeren an deutsche Menschen verfüttert wurden, und das im Herbst! Diejenigen Deutschen, deren Lieblingsdisziplin neben dem Schnäppchenjagen das Gratisausstrecken des moralischen Zeigefingers ist und deren permanente Empörung darauf fußt, dass sie das Denken längst an andere delegierten, haben mal wieder etwas zu jaulen und zu maulen.

Wenn im Oktober der Herbst gerade mal zwei bis drei Wochen alt ist, feiern viele Deutsche schon Weihnachten. Nahezu überall werden Weihnachtsgeschenke angeboten, die man kaufen soll. Man kann es auch lassen, es geht ganz einfach. Aber offenbar gibt es einen inneren Zwang; wenn die Erdbeere verspielt hat, ist der Weihnachtsstollen an der Reihe, der Christstollen. Den muss man ebenfalls ganzjährig essen können, sonst käme man ja um. Aus Gründen der religiösen Toleranz werden aber auch Dresdner Mohammedstollen hergestellt; das ist eine schöne Aufgabe für die beiden Künstlersimulanten Uwe Tellkamp und Jan Josef Liefers, die sich wechselseitig als Zitronat und Orangeat feinhacken; die grünen Plocken im Stollen sind aus der tiefgekühlten Afghanistan-Uniform von Til Schweiger geschnitzt.

Auch Judasstollen sind im Angebot; Verräter sind schließlich auch Menschen und dürfen nicht länger ausgegrenzt werden. Oder wird da etwa das Blut von deutschen Kindern, die chinesische Foltererdbeeren essen mussten, in die Matze gebacken? Und wurden diese Erdbeeren nicht in Palästina angebaut und dann arglosen Deutschen, die beim Juden nichts kaufen wollen, auf dem Umweg über China angedreht? Ist nicht allen alles zuzutrauen, vor allem denen da?

Wird schon so was sein. Aber das Erbrechenserdbeerenandrehensverbrechen ist eben nicht nur ganz schlimmschlimmschlimm für die armen, immer wieder betrogenen Deutschen, sondern eben auch ein Wort, in dem e gegen r mit 12:7 gewinnt.

# Fanfollowers in Leipzig

Am 4. Juni 2012 teilte die Universität Leipzig ihren »lieben Mitarbeiterinnen und Mitarbeitern« mit, dass sie eine »Social-Media-Offensive« starte und ab sofort »auf mehreren Social-Media-Plattformen präsent« sei, »auf Facebook, Twitter, XING und YouTube«. Zukünftig wolle »die Alma Mater verstärkt über diese Kanäle kommunizieren«, und so feuerte die Leitung der Uni Leipzig ihre Angestellten an: »Sind Sie dabei? Wir sind dabei!« Vom Dabeisein zum Dabeiseiern ist es nur ein kleiner Schritt. Wie sagt es schon ein altes Lied: Und dann sind sie alle wieder dabei, in der Partei, in der Partei ... Hauptsache zusammen, wobei spielt keine Rolle.

Die Restwürde des Menschen ist antastbar: »Werden Sie Fan der Universität Leipzig auf Facebook oder Follower des offiziellen Twitter-Kanals«, hieß es in dem Schreiben weiter; der imperative Werbesprech wäre schon Kündigungsgrund genug. Auch die Begründung dafür, sich zum »Fan« und »Follower« degradieren zu sollen, zum Rumjubler und zum Anschlussmitläufer, ist von ähnlicher Qualität: »Wir brauchen Ihre Unterstützung, denn die Konkurrenz ist groß – die HTWK (Hochschule für Technik, Wirtschaft und Kultur) Leipzig hat annähernd 2.000 Facebook-Fans und die TU Dresden sogar fast 6.000.«

Schon klar, da muss man hinterher als Universität. Die akademische Ausbildung in der digitalen Steinzeit gewinnt an Matschkontur: Be Fan and follow. Mediale – und damit universelle – Konsumfähigkeit wird perfektioniert, bevor man Fans und Followers auf den Sklavenmarkt entlässt, auf dem sie dann akzentfrei »gefällt mir« sagen können. Dass genau dafür das DIN-A-Normierungswort »Anforderungsprofil« in die Welt gegüllt wurde, ahnte der ehemalige Leipziger Student Gottfried Wilhelm Leibniz noch nicht, aber die geschlechtsneutralen »Studierenden« der chipsfrischen Freddy-Bahlsen-Universität wissen es umso besser und ehren als Fans ihre Uni mit einem Lied: »For he's a jolly good Follow...«

# Dicker Brocken Welt am Draht

Journalismus ist nicht distanzierte Betrachtung der Welt, ihrer Bewohner und ihrer Gegenstände, sondern Ranschmeiße ans Publikum und praktiziertes Helfersyndrom für schwankende Politiker. Journalismus stellt Politik nicht in Frage, er berät vielmehr, macht Vorschläge und beteiligt sich. Politik und Medien verkleben in Sache und Rhetorik zu einem nicht mehr in seine einzelnen Bestandteile zerlegbaren Ganzen. Man kann auch Brei dazu sagen. Um wenigstens den Tonfall von Distanz und den Anschein von demokratischer Gepflogenheit zu wahren, ersannen Radiomacher die Beteiligung von Hörern, denen man Redezeit einräumt für das – pa-damm! – freie und offene Wort. Das sich dann so anhört: »Griechenland ist nicht nur der Klotz am Bein, sondern auch das Damoklesschwert, das über dem Euro schwebt.«

So spricht ein Hörer auf NDR Info in reinem Journalistisch. Ein Klotz am Bein, der schwebt: die Metaphorik des deutschen Leitartikels ist perfekt getroffen. Quo vadis, Eurozone? Den Hades hinab und über den Rubikon, in der Hand das Schwert des Damokles? Vom Zeichner Rattelschneck aber weiß die Welt, dass diese drohende Waffe »Damenkloschwert« heißt.

Aus der Radiodamentoilette quengelt und quäkt die Stimme einer Hörerin. »Deutschland und Europa hätten Vorreiter sein müssen beim Umweltgipfel«, schnappt sie und drückt auf Tube und Stimmband. Es ist Claudia Roth, die gerade ein Interview gibt, das kess nach Schülermitverwaltung klingt. Sind jetzt also wieder die Profis zugange im Äther?

Gibt es im Radio eigentlich noch Radio? Richtiges Radio? Auf der Suche danach an der Sendereinstellung des Radios herumdrehend, höre ich eine Stimme sagen: »Radio Brocken – Nachrichten aus Sachsen-Anhalt und der Welt«. Sachsen-Anhalt und die Welt, das ist die Rang-, Erb- und Reihenfolge: Erst kommt die Scholle, dann kommt der schäbige Rest. Die Welt mag es geben, irgendwo da draußen, aber über ihr schwebt, als Damenkloschwert, der dicke Brocken Sachsen-Anhalt.

# Fressenkladde

Immer, wenn jemand den Begriff »Facebook« erwähnt, fällt mir das Gedicht »Arschgesichterkonferenz« von Robert Gernhardt ein. Menschen aus Blödmannsk gab es ja immer schon; dass sie sich in sogenannten Netzwerken aufbauschen und dicketun, macht sie allerdings penetranter und aufdringlicher.

Depeschen von allergrößter Nichtigkeit werden massenhaft multipliziert; die Digitalier stammeln begeistert von »Information«. Was heißt »Facebook« auf deutsch? Fressenkladde? Glommsenglossar? Visagenbuch? Hutständerkalender? Oder eben doch Arschgesichterkonferenz?

# Draußen nur Kännchen. Eine Erinnerung

Zu den Seltsamkeiten des Lebens gehört, dass man sogar Dinge vermissen kann, die man niemals mochte; zu diesen Dingen wiederum zählen die kleinen Plastikaufsteller auf Cafétischen, die jedem, der seinen Kaffee im Freien trinken wollte, mitteilten, dass es »Draußen nur Kännchen« gebe.

Diese Botschaft wurde gern mit einem herrischen Ausrufungszeichen versehen: »Draußen nur Kännchen!« Derart verblos angebellt, wagte kein Cafébesucher, bei der Serviererin nur um eine einzelne Tasse Kaffee zu bitten, für die der weite Weg nach draußen einfach nicht lohnte. Wer dem Luxus eines Heißgetränks unter freiem Himmel frönen wollte, der hatte dafür gefälligst den doppelten Preis zu entrichten. Das draußen Kaffee trinkende Publikum, zum Kännchenverzehr genötigt und gezwungen, wurde vom Cafépersonal intern weiter degradiert und unter dem Titel »Kännchenterror« zusammengefasst.

Kännchen bestellen und sich dafür Kännchenterror nennen lassen müssen: So rüde waren die Zeiten des »Draußen nur Kännchen!« Und was für scheußlicher Kaffee serviert wurde! Säuerlich wie ältere Achselnässe roch er, bitter und brandig wie aufgekochte Schuheinlage war sein Geschmack. Nur eine Tasse davon war schon schwer in sich hineinzuzwängen, doch der »Draußen nur Kännchen!«-Sadismus nötigte den Kaffeetrinker, sich sogar die doppelte bis zweieinhalbfache Menge davon einzuverleiben. (Die Alternative, den teuer bezahlten Zwangskaffee einfach stehen zu lassen, kam nicht in Frage; nur nichts umkommen lassen, nichts dem Kellner, hieß die Devise in jenen vergangenen, sogar ernstjüngerhaft »verwehten« Zeiten.)

So präsent und derart fest in die rhetorische Folklore eingegangen war der deutsche »Draußen nur Kännchen!«-Imperativ, dass er unbedingt in das Lied »In 80 Phrasen um die Welt«gehörte: »Der Tod ist ein Meister aus Deutschland, und draußen gibt's nur Kännchen...«.

Dann aber war wie über Nacht Schluss; die Filialen der Kaffeeketten schossen wie Giftpilze aus dem Boden. Dort wird seitdem ausgeschenkt, was der urbane Mensch von heute als Symbol seiner dauermobilen Lebensart vor sich herträgt: das Heißgetränk im Pappbecher, gern auch so aufgeschäumt wie die Gehirne der Konsumenten.

Und so fiel mich doch ein sentimentales Sehnen an nach den Schrecken des »Draußen nur Kännchen!«, das ich, in Anlehnung an Marlene Dietrich, in einem alten Lied verarbeitete:

Wo sind all die Kännchen hin,
wo sind sie geblieben?
Wo sind all die Kännchen hin,
was ist geschehn?
Mit den Kännchen ist es so:
Kaffee gibt's nur noch to go.
Wann wird man je verstehn,
wann wird man je verstehn?

# Idylle und Mobilität

Woran erkennt man eine Idylle? An der permanenten Fluchtbereitschaft ihrer Bewohner. Niemand ist so gut motorisiert wie die Bewohner ländlicher Idyllen. Sie wissen sehr genau, dass die Paradiese der Welt nur zu ertragen sind, wenn man sie jederzeit verlassen kann. In einer bis zur Irrsinnigkeit mobilen und mobilisierten Gesellschaft ist die Landbevölkerung Avantgarde.

Das liegt nicht nur daran, dass es so etwas wie öffentliche Verkehrsmittel ebenso wenig gibt wie die Möglichkeit, die Dinge des täglichen Bedarfs an Ort und Stelle zu bekommen. Es hat auch mit der Angst zu tun, dass man in der Idylle des himmlischen Friedens, die als Grabesstille empfunden wird, irgendwann tot überm Zaun hängen könnte. Während das wahre Leben, das ja immer eine Projektion ist, angeblich ganz woanders tobt und glitzert, schluchz!

30 Kilometer südlich von Berlin liegt Rangsdorf; gleich gegenüber der »Seniorenresidenz Rangsdorf« ist ein Gewerbehof angesiedelt, in dem die Mobilitätsbedürfnisse der Landbevölkerung sehr gut abgebildet sind. Der ansässige Fahrradladen heißt nicht nur »Das ZweiRadCenter«, sondern auf gut global auch »X Treme Mobility«. Gleich nebenan residiert die Fahrschule Olberg, die sich nicht nur der Erfüllung des größten Fahrschulkundenwunsches »Mein Ziel / endlich mobil« verschrieben hat, sondern damit auch beweist, dass in Kleingewerbetreibenden mehr lyrisches Format stecken kann als in einem deutschen Literaturnobelpreisträger.

Wer der Idylle nicht mehr mit dem Fahrrad, dem Automobil und nicht einmal mehr zu Fuß entkommen kann, dem bleibt immerhin ein Rest interner Altersmobilität, für den die ein paar Meter von der Fahrschule abliegende Firma »Agilah Treppenlift Systeme« zuständig ist. Wenn es mit der Mobilität dann einmal ganz und gar vorbei ist, übernimmt das »Bestattungsinstitut Reichelt«, bei dem der kurze Rundgang durch den Hof endet, die finale Etappe eines mobilen Landlebens und bietet allen, denen es auch auf dem letzten Weg noch pressiert, sogar einen »Tag- und Nachtruf« an.

Nach geruhsamem und gemütlichem Landleben klingt das nicht und ist dennoch Magnet für den Berliner, der immer wieder raus will aus sich und rein ins Idyll. Was bei anderen Städtern dem Wunsch nach Ruhe und Natur entspringen mag, ist bei Berlinern nekrophil motiviert: Berlin ist eine Stadt, die ein »Zuhause« nur nennen kann, wer dort begraben liegt. Und so laufen die Berliner immerzu vor sich fort und suchen instinktiv Orte auf, von denen sie sich wünschen, sie könnten ihnen dereinst als Friedhof dienen. Denn die einzige Ruhe, zu der ein Berliner imstande ist, ist seine letzte.

# Blasphemie?

Was ist eigentlich Blasphemie? Wenn einer »Gottverdammt« sagt oder »Gottverflucht«? Wenn Nina Hagen Friedrich Nietzsches »Gott ist tot« zitiert? Wenn ein Achtjähriger Verse wie diese von sich kräht: »Allah ist groß, Allah ist mächtig, wenn er auf den Stuhl steigt, ist er Einmetersechzig«?

Gesetzt den Fall, Gott existierte; würde ihn interessieren, was die Leute über ihn reden? Kaum vorstellbar. Anders verhält es sich, wenn Gott eine Erfindung oder eine Projektion ist von Menschen, die mit sich und ihrem Leben alleine nicht zurande kommen und an Autoritätsgläubigkeit leiden. Teil ihrer Zwangsvorstellung ist, dass der von ihnen halluzinierte Gott auch von jedem respektiert werden müsse, der diese Vorstellung nicht teilt; tut er es nicht, dann darf man ihn, den Ungläubigen, der seinen Unglauben womöglich auch noch freimütig bekennt, dafür zur Rechenschaft ziehen und ihn bestrafen, sogar mit dem Tod.

Als der Schriftsteller Salman Rushdie in seiner Phantasie dem Propheten Mohammed sinnliche Vergnügungen gönnte, wurde er dafür von der islamischen Inquisition zum Tode verurteilt. Der Katholik Martin Mosebach »will nicht verhehlen, dass ich unfähig bin, mich zu empören, wenn in ihrem Glauben beleidigte Muslime blasphemischen Künstlern – wenn wir sie einmal so nennen wollen – einen gewaltigen Schrecken einjagen.« Das schrieb Mosebach wörtlich und ergänzte: »Es wird das soziale Klima fördern, wenn Blasphemie wieder gefährlich wird.« Wenn islamische Klerikalfaschisten unmissverständlich zum Mord aufrufen und mit der Aussetzung von Kopfgeldern zum Mord anstiften, dann handelt es sich dabei, unaufgeregt gesagt, um Straftaten, mit denen Martin Mosebach offen sympathisiert: »Ich begrüße es, wenn es in unserer Welt wieder Menschen wie Jean Jacques Rousseau gibt, für die Gott anwesend ist.«

Ob umgekehrt Gott die Anwesenheit von schwach denkenden, voraufklärerischen Ödemeiern und Drögebäckern begrüßte, nur weil sie ihm schwärmerisch schmeicheln, kann nicht ermittelt werden. Es ist Glaubenssache. Ich glaube nicht, dass Gott, so es ihn gäbe, sich für irgendeinen Repräsentanten des Katholizismus interessierte, selbst dann nicht, wenn er, wie Mosebach, den ganzen Quatsch ganz furchtbar ernst und ehrlich meint und nicht bloß einer der Feuilleton-Einstecktüchleinkatholiken ist, die aus Langeweile an sich selbst anderer Leute Blut fließen sehen möchten.

Relativ wahrscheinlich scheint mir dagegen, dass Herr Mosebach, der im Zusammenhang mit Blasphemie von »Ungezogenheit« spricht, dieses Wort dem Milieu der Domina-Studios entlehnt hat, die unter Hardcore-Katholiken ihre treueste und anhänglichste Kundschaft finden. Ich glaube zwar nichts, aber doch an dieses Eine: dass Sprache nämlich verräterisch ist, möchte diesen Glauben aber Herrn Mosebach nicht aufzwingen. Schließlich ist der Mann Büchnerpreisträger und muss als solcher, siehe auch Wolf Biermann, Durs Grünbein, den 1. FC Delius oder Tidele Hümsenpümsen aus Hameln, von Sprache nicht das Geringste verstehen.

PS: Nichts Gutes ist über Islamisten zu sagen, auch mir fällt zu den salafimosegesteuerten Herren nichts Erfreuliches ein; sie sind zweifellos eine Geißel der Menschheit. Da ich in einem Teil der Welt lebe, der von 2000 Jahren organisiertem Christentum verwüstet worden ist, wäre es aber schäbig und feige, mit dem Finger auf islamgläubische Fanatiker zu zeigen, statt sich den hiesigen zu widmen, den Christianisten.

Islamisten und Christianisten unterscheiden sich in Haar- und Barttracht, in der Wahl ihrer Kleidung und ihres Schuhwerks, in Sprache und Gebräuchen und in Details ihrer religiösen Folklore. Innen aber sind sie gleich hohle Napfsülzen, deren Existenz nur ein Ziel kennt: die weltanschauliche, politische und auch ganz persönliche Unterdrückung anderer zur Mehrung der Macht ihres eigenen Vereins.

Ihre Mittel reichen von falschen Versprechungen über Einschüchterung, Bedrohung, demagogische Beseppelung und Kujonierung bis hin zum Analpfadfindertum, zur seelischen und physischen Erniedrigung und sogar Vernichtung. Genau das sind die »christlichen Wertvorstellungen« von denen Christianisten schwärmen. Eine menschliche Würde existiert für Nichtmitglieder ihres eigenen Klüngels nicht, und wer nicht glauben will, muss eben fühlen, damit er nicht denkt.

Der katholischen Kirche läuft zwar das große Publikum davon, aber die zurückbleibenden Anhänger radikalisieren sich. Das war ganz im Sinne ihres früheren und im Jahr 2013 zu einem Kasten Klosterfrau Melissengeist verdunsteten Anführers Benedikt Ratzinger, der, bei allem massenmedialen Lieber-Onkel-Getue, mehr auf einen kleinen Kreis von Fanatikern setzte als auf eine größere Herde von Mitläufergläubischen.

Die Aufklärung ist um ein Vielfaches jünger als das Christentum, und die christliche Gehirnwäsche sitzt tief. Dass man einen zum Angriffskrieg predigenden Protestanten wie Joachim Gauck oder den bayerisch-römischen

Oberratzen Benedikt nicht in eins der Verliese sperrt, in denen gute Christen wie sie über Jahrhunderte Menschen erniedrigen ließen, ist für manchen schwer zu begreifen; es ist ja auch nicht streng logisch. Aber eine Aufklärung, die ihre barbarischen Feinde gleichfalls barbarisch traktierte, wäre keine; der Humanismus macht den Unterschied. Man kann das auch ganz persönlich zum Ausdruck bringen: Wenn der Christianist Martin Mosebach noch so eindringlich um Schläge bettelt, wird jeder aufgeklärte Humanist ihm diese Befriedigung verweigern. Das wird dem Maso Mosebach wehtun, aber damit muss er leben.

## Rad & Rhetorik

Neben den Friseuren, die der Welt Geschäftsnamen wie »Hairy up« bescheren, drehen auch die Besitzer von Fahrradläden am Rad. Als eine Berliner Fahrradwerkstatt sich »jeht nich, jibs nich, hamwanich« nannte, fand ich das noch lustig; bei »Rad & Tat«, »RadSchlag« oder »RadLos« wird es dann schon sehr bemüht und bräsig, und der Hinweis »Hier ist guter Rad nicht teuer« zieht nicht nur den Freunden von Orthographie und Grammatik vollends die Schuhe aus.

Wo immer Zwanghaftigkeit sich austobt, sind der Steigerung von Irrsinn keine Grenzen gesetzt. Wie wäre es mit dem proletarischen »Arbeiter- und Soldaten-Rad«? Dem »RevolutionsRad«? Oder, für die eher an Goethe orientierte Kund- und Radfahrerschaft, mit dem »GeheimRad«?

»Radalbert Stifter« und »RadEtzky« importieren Räder aus Österreich, frankophile Fahrradfahrer wissen das »Radatouille« zu schätzen, das im Deutsch-Fränkischen sogar als »Radadouille« Erfolge feiern kann. Das »Radieschen« ist auf Kinderräder spezialisiert, während das »Rad der Weisen« seine Kundschaft unter rüstigen Greisen sucht. »Radmandu« bietet Trekking-Touren an, Christen kaufen gerade zu Weihnachten im »Mein Schöpfer reich von Rad«, und am Abend treffen sich alle im »Rad ab«, auf Einladung der Firma Radeberger.

# Badelatschen, Fragensschlappen

Im Sommer lässt die Fußbekleidung stark nach und zu wünschen übrig. Ungeniert zeigen Damen wie Herren ihre Mauken vor, notdürftig bedeckt nur von Flip-Flops, Badelatschen, Adiletten und ähnlichem Gewürg. Der deutsche akademische Austauschdichter Durs Grünbein macht die Mode mit und zwängt seine Quanten in Fragensschlappen ein. Fragensschlappen? Genau: Grünbein schenkte der *FAZ* »Die Morgenstern-Suite«, einen Eimer Kunsthonig über Christian Morgenstern, der bei Grünbein allerdings zu »Schaumstein« aufgeschäumt wird: *»Warum / Bleibst du nicht wie die andern stumm?«/ Mag Schaumstein fragen, fragensschlapp. / Dies unterbleibt. Er schweigt im Grab.«* Schreibt Grünbein, dem F.W. Bernstein schon vor Jahren den »Büchnergreis«-Preis verlieh, und der nun in Fragensschlappen durch die Welt schlappt: fragensschlapp, schlapp-schlapp, schlapp-schlapp...

# Jewel Case

Jewel Case heißt auf deutsch Juwelenkästchen; ein Jewel Case ist aber auch die Plastik- beziehungsweise Plaste-Verpackung für CDs, und zwar die billigste, die es gibt. Wenn man eine in einem Jewel Case verpackte CD per Post zugeschickt bekommt, und das in einem weich gefütterten Umschlag, ist die Verpackung entweder schon zerbrochen oder sie zerbricht, sobald man die CD öffnet. Die kleinen Nupsis für das Auf-und-zu-Klapp-Scharnier gehen offenbar bei der geringsten Nutzung kaputt.

Zur Zerstörung einer Jewel Case-Verpackung genügt aber auch, sie einmal auf einen weichen Teppich fallen zu lassen: Chrrrsspptt, und schon ist das Juwelenschatzkästlein hin. Falls das Jewel Case aber ganz bleibt, ist es nach etwa sechs Monaten durch Lichteinfall und Verschrammung blind geworden, schäbig und oll. Soviel zu diesem Juwel unter den Lügenwörtern.

Der bekannte Judaismusforscher Jakob Augstein fand unterdessen heraus, dass Jewel etymologisch von Jew = Jude herkommt. Diese Entdeckung wirft noch einmal ein ganz anderes Licht auf die Juwel Cases dieser Welt: Jews, die in Juwels wühlen, quasi anthropologisch determiniert, und arme Deutsche, die von ihnen betrogen und instrumentalisiert, also quasi zur Arschgeige gemacht werden, wogegen sich tapfere Deutsche wie Grass und Augstein nach Jahrzehnten der Zinsknechtschaft aber endlich, endlich wehren. Jakob Augstein, der visagistisch und vom Hemd-offen-Gestus her dem mittleren Udo Jürgens immer ähnlicher wird, kommen die Ideen, die fixen, beim Wandern, und schuld sind immer die andern.

# Von der Flying Pizza zum Mut-Institut

Die Ankunft im Altstadt-Ringhotel Güstrow machte uns mit den Gepflogenheiten der Mecklenburger Hotellerie vertraut. An der Eingangstür stand zu lesen: »Sehr geehrte Gäste! Bitte klingeln Sie einmal und wir sind in wenigen Minuten für Sie da!!!«

Sagenhaft: Schon in nur wenigen Minuten würden wir eintreten dürfen. Das waren gute Nachrichten, zumal es auch nur ein kleines Bisschen regnete und wir nicht völlig durchweicht vor verschlossener Türe standen. Man kann aber nicht sagen, dass die Gastronomiearbeiter es sich selbst besser gehen ließen als ihren Gästen; Rezeption und Frühstücksraum befanden sich im Kellergeschoss, wo das Personal in einem müffelnden Odeur aus Speiseresten diverser Jahrzehnte und Toilettentrakt vor sich hin verdarb.

Wir gingen ein wenig durchs Städtchen. Feilgehalten wurde »Junges Eiweißbrot jetzt auch als Brötchen«; Eiweißbrot klingt nach Praktiken des Backens, denen man nicht näher auf den Grund gehen möchte, aber wenn schon Eiweißbrot, dann lieber junges als altes? Ach nein, die Bäckerei hieß Junge, so war das.

In der Güstrower »Genusswelt« wurden »Senfe« offeriert; dieser Plural hat Seltenheitswert. Ein »Flying Pizza«-Service warb mit dem Slogan »... Sie sitzen / wir flitzen ...«; schon wieder zeigten beseelte Amateure, was Poesie ist. Nimm das, Günter Grass!

Im Dom war Barlachs Skulptur »Der Schwebende« zu sehen; die Anführerin einer Besuchskleingruppe vertrieb uns mit Informationsgebrüll; obwohl Agnostiker, weiß ich Kirchen durchaus zu schätzen, unter anderem wegen der

Stille, die üblicherweise in ihnen herrscht. Und doch gibt es Hoffnung in und für Güstrow, denn in Güstrow ist auch ein »Mut-Institut« ansässig, in dem man Kurse in »Encouraging« belegen kann, um »sich selbst und andere zu ermutigen«, zu was auch immer; die »Ermutigungs-Trainerin« Marion Freudenberg vom »Mut-Institut« wird es möglicherweise wissen, aber sicher ist das in einem so windigen Gewerbe wie dem der »Ermutigung« naturgemäß nicht.

Für alle, die Güstrow verlassen müssen oder dürfen, bietet der Nahverkehr der Bahn »Betreutes Fahren« an.

# Schippen, shoppen, floppen

Stuttgart hat nicht nur die grün-rot durchgewinkte Großabgreifbaustelle »Stuttgart 21«; auch sonst werden jede Menge »Shopping Malls« errichtet. Das Gerberviertel muss unbedingt zu einem Kreditkartenfriedhof aufgerüstet werden, sonst geht es nicht weiter. An der riesengroßen Baustelle zeigt die Werbeabteilung schon mal, zu welchen Leistungen das menschliche Gehirn fähig ist, wenn man es nur lange genug zurichtet und drillt: »Heute: schippen. Morgen: shoppen. Hier wächst Stuttgart zusammen.«

Dafür studieren junge Menschen Kommunikationswissenschaft und Kommunikationsdesign: damit sie dann als Marketingtruppe zusammen wichsen. Das Ergebnis der kollektiven Anstrengung ist nicht nur »ein Ort, der die Stadt verbindet«, sondern einer, »der uns noch näher zusammenbringt.« Aber wozu wollen die PR-Söldner »noch näher zusammen« gebracht werden? Hundertprozentige Substanzabwesenheit lässt sich nicht mehr steigern.

Keine Stadt »wächst zusammen« durch die Errichtung eines Profitmaximierungsklotzes, die auch Werbetextern ermöglicht, durch Absonderung von Laich und Seich ihr Stückchen vom Kuchen zu ergattern: »Hier wachsen 24.000 m² Ladenfläche – für alle Bedürfnisse des täglichen Lebens genauso wie für exklusive Marken, die es in Stuttgart bisher noch nicht gegeben hat.« Es wäre ja auch schrecklich und geradezu unverantwortlich, den Stuttgarterinnen und Stuttgartern die Markenexklusivität von Schischi vorzuenthalten, ohne den sie bislang vor sich hin vegetieren mussten. Kein vernünftiger Mensch brauche eine Shopping Mall, hört man immer wieder. Das stimmt zwar, aber es gibt ja auch andere Lebewesen: Immobiliendealer, Bauunternehmensriesen, Hochpreisschrotthersteller, Wachdienstgrossisten und schmiergeldempfangsbereite Politiker. Sie alle sind auf Shopping Malls dringend angewiesen. Dafür lassen sie erst schippen und dann shoppen. Die Frage aber bleibt bestehen: Warum nur lässt man sie nicht endlich floppen?

## Interpretieren und lesen

Es gehört zum Wesen der Massenabfüllbranche, dass sie sich sprachlich aufplustert. Schon dem bedauernswerten Dauerstreber Matthias Sammer wurde nachgesagt, dass er erstens »die Rolle des Liberos neu interpretiere« und zweitens »ein Spiel lesen« könne; nun verfügt auch noch der Fußballtrainer Pep Guardiola über diese Fähigkeit. »Er kann ein Spiel lesen«, schwärmt *Bild*, das Fachblatt für Alphabetismus, und stellt schon mal den Kaffeesatz warm.

Zwar wissen Grouchomarxisten, dass es nicht darauf ankommt, die Rolle des Liberos zu interpretieren, sondern sie zu verändern; die Spieleleserei aber gibt Rätsel auf: Kann einer, der ein Spiel zu lesen imstande ist, auch eins schreiben? Oder sind das, wie beim Bücherlesen und Bücherschreiben, zwei verschiedene Paar Schuhe? Gibt es demnächst eine Spiele-Bestsellerliste? Wird *Die Zeit* sich stark machen für die Lektüre guter und wertvoller Spiele? Wird Spielelesen Schulfach? Stellt der Hanser Verlag schon morgen auf Spiele um? Kann Michael Krüger ein Spiel lesen? Gibt es gelesene Spiele auch als Hörbücher, in der Edition Pep oder bei Sammer Audio Books?

Und, Hand aufs Herz, haben wir als Kinder nicht auch immer heimlich Spiele gelesen, unter der Bettdecke, mit der Taschenlampe? Das sind Fragen, die die Welt bewegen.

# Ist Gier geil?

Gier ist ein Begriff, der übel aus dem Leumund riecht. Millionenfach wurde in den letzten Jahren die Gier von Immobilienmaklern, Spekulanten und Bankiers beklagt und angeprangert. Gegner von »Stuttgart 21« plakatierten: »Gier frisst Hirn«, und die *Süddeutsche Zeitung* berichtete, dass die britische Großbank Barclays für ihren Chef Bob Diamond sieben Millionen Euro Steuerschulden ans Finanzamt überwies, obwohl er ohnehin ein Gehalt von 20 Millionen Euro bezieht. Kommentar der *SZ*: »Die Gier kehrt zurück.«

Ähnlich schlecht angesehen wie die Gier ist der Hunger auf der Welt. Unzählige Kampagnen fordern dazu auf, ihn zu bekämpfen und für eine gerechte Verteilung der Ernährungsressourcen zu sorgen; auf einem Titelbild der *Titanic* von F.K. Waechter hieß es: »Hungerproblem gelöst. Einfach mehr spachteln«. Als Unmenschen und Verbrecher werden Leute angesehen, die Gier und Hunger zu ihrem Nutzen kombinieren, indem sie aus schierer Gier mit dem Hunger anderer Geschäfte machen. Wer davon lebt, auf steigende Grundnahrungsmittelpreise zu spekulieren, darf gewiss sein, von jedem außer seinesgleichen als Menschenfeind betrachtet zu werden.

Dennoch sind die Worte Gier und Hunger in Deutschland zurzeit so beliebt wie nie zuvor. Das Einfallstor für die Positivbewertung von Hunger und Gier ist der Fußball. Der Trainer Jürgen Klopp wird nicht müde, seine Spieler dafür zu lobpreisen, dass sie »nie die Gier verlieren« und dass sie »immer hungrig« sind und bleiben.

Es geht bei dieser Gier nicht (oder jedenfalls nicht unmittelbar) um die Gier nach Geld und bei diesem Hunger nicht um einen knurrenden Magen. Es geht um die Gier und den Hunger nach Erfolg, darum, ein Fußballspiel oder eine Meisterschaft gewinnen zu wollen. Seitdem die Worte Gier und Hunger respektive gierig und hungrig in die Welt gekloppt wurden, werden sie von medialen Multiplikatoren nicht nur endlos repetiert, sondern auch gleich zu entscheidenden Kriterien und Maßstäben verklärt.

Klopp, der bereits durch einen sehr hohen »Geil!«-Anteil in seinen Redebeiträgen auffiel, hat die Gier und den Hunger populär gemacht, auch bei seinen Kollegen, die mittlerweile von »geilen Spielen« und »gierigen Spielern« schwärmen beziehungsweise nach einem verlorenen Spiel handkehrum beklagen, dass die Spieler »nicht hungrig genug« gewesen seien und ihnen »die Gier gefehlt« habe.

Ist Gier also »geil«, so wie ja auch Geiz, einer der scheußlichsten Charakterzüge, die Menschen zeigen können, angeblich einmal »geil« war? Und müssen wir jetzt immer hungrig bleiben?

Das Gehirnwäschediktat des »You've got to stay hungry« ist nicht neu; Bruce Springsteen und Arnold Schwarzenegger ventilierten es, unabhängig voneinander, schon in den 80er Jahren des 20. Jahrhunderts. Wenn Jürgen Klopp, der Fußball mit der Ausstrahlung eines Lebenslänglichen betreibt, das ganz ähnlich von sich gibt, handelt es sich um eine professionelle Deformation, wie sie eben vorkommt bei monothematisch oder monotheistisch ausgerichteten Aufsteigerexistenzen, die vom Showgeschäft aus Politik, Medien, Kultur und Sport gebraucht und hergestellt werden.

Ein Journalismus jedoch, der jede Distanz dazu aufgibt, parasitär hinterherjabbelt und die »Gier« und den »Hunger« anpreist, zeigt gleichermaßen die stumpfe Reflexhaftigkeit wie die Reflektionsunfähigkeit eines Gewerbes, das mit allem Recht als Karlkraus'sche »Journaille« beschrieben wird, weil stets die Canaille zum Vorschwein tritt. Man nennt das auch Qualitätsjournalismus; dieser besteht unter anderem in der Kunstfertigkeit, der Gier und dem Hunger dann auch außerhalb des Sportteils wieder viel Positives abzugewinnen.

# Keine Lust auf breite Brust

»Mit breiter Brust geht die Mannschaft in die Partie«, quakelt es aus dem Sportreporter, sei es in der Zeitung, im Radio oder im Fernsehn. Allgegenwärtig brodelt, brommt und bramabasiert die alliterierende »breite Brust« wie brünftig aus den professionellen Brabblern heraus. Denn die breitbrustige Mannschaft hat »Selbstbewusstsein getankt«, wahrscheinlich an der Selbstbewusstseinstankstelle, wo es noch einen »leckeren Snack« gab aus »Sieger-Genen« und dem »absoluten Willen«, und deshalb ist die Brust jetzt aber sowas von breit und brall vor Selbstgewissheit.

Geschwollen sind Siegerbrust wie Sportaufpumpjargon; um wie vieles lustiger wäre doch der Plural! Dass »die Spieler mit breiten Brüsten aus der Kabine kommen«, möchte ich mir zwar nicht unbedingt bildlich vorstellen, würde es aber gern einmal hören aus der medialen Sportabteilung, der diese breiten Brüste gut zu Gesichte stünden.

# Wohlfühlmomente vom Feinsten

In Züssow, zwischen Anklam und Usedom, kann man exemplarisch studieren, wie die Deutsche Bahn arbeitet. Der Bahnhof ist personell deaktiviert und besteht aus einem zugesperrten Gebäude, einigen Fahrkartenautomaten und Gleisen mit Bahnsteig. Schatten ist für Reisende nirgends erreichbar; Wartende können kein Wasser und keinen Kaffee bekommen, es gibt nichts. Das sehr kurze Bähnchen fährt ein, hunderte Reisende versuchen Platz darin zu finden, unter ihnen sehr junge Urlauber in Kinderwagen, Rollstuhlfahrer und Menschen mit Begleittier. Nicht alle finden Platz, aber die ihn finden, werden die Erfahrung intimster Nähe zu Fremden nie wieder missen müssen. Der Rest muss draußen bleiben, schutzlos der Witterung ausgesetzt.

In der Werbung der Bahn liest sich das etwas anders: »Entspannt reisen und genießen: Im Bistro und Restaurant servieren wir Ihnen Dallmayr Kaffeespezialitäten vom Feinsten.« Entspannt möchte man im Zwangsentspannungsland Deutschland schon lange nicht mehr sein, und wer »vom Feinsten« sagt, ist so empfindungsentspannt, dass Empfindungen in ihm nicht mehr stattfinden.

Auch im »bahn.bonus-Prämien«-Heft der Deutschen Bahn wird eine Kuschel-Wohlfühl-Welt zum Davonempfinden ausgebreitet: Wer 2.500 Bahn-Bonus-Punkte sammelte, kann sie gegen eine »Kuscheldecke für Wohlfühlmomente vom Feinsten« eintauschen, ausgestattet »mit wunderschöner Wendeoptik«, wie sie seit 1989 Pflicht ist in Deutschland, wo eine etwas weniger »wunderschöne« Annektionsoptik hingegen als unentspannt und wenig kuschelig gilt und deshalb äußerst unerwünscht ist. Zur Erwachsenenwelt Infantilien gehört das »kuschelige Flauschmaterial« genauso wie das »Wellness-Wohlfühl-Set«. Während die Deutsche Bahn schon als Pflichttreffpunkt zum »Entspannen, Verwöhnen, Wohlfühlen« aufschimmert, wird die »Dallmayr Kaffeespezialität vom Feinsten« vorbeigetragen. Sie verströmt, wie immer, zuverlässig den Hautgout schwitzender Reisender, die sich der Deutschen Bahn anvertrauten; wenn die Schwaden sich wieder verzogen haben, erlebt man einen der so raren »Wohlfühlmomente vom Feinsten«.

# Rand voll

Das Hotel-Restaurant »Deutsches Haus« in Ückeritz auf Usedom kündigt seinen Gästen auf einer Reklametafel an, sie bekämen bei einem Besuch dieses Lokals, das sich »seit 1940 in Familienbesitz« befindet, »... nicht nur den Mund voll ...«. Die Lektüre der ungewöhnlichen Eigenwerbung ließ mich stutzen: Was, außer dem Mund, hat der Gast nach einem Aufenthalt im »Deutschen Haus« denn sonst noch voll? Die Nase? Den Kanal? Die Schnauze? Oder kriegt er so richtig die Jacke voll? Lautet die Lieblingsbestellung in der Ückeritzer Traditionsgaststätte »Einmal Arsch voll nach Art des Hauses«? Der Versuch einer Risikorecherche schlug allerdings fehl; das »Deutsche Haus« hatte Ruhetag.

# Top-Schnäppchen

Das Wort »Schnäppchen« klingt nach Schnappatmung, nach Schni-Schna-Schnappi, nach zuschnappenden Fallen und nach einem Schnapphahn, wie Georg Weerth ihn in seinem Roman »Leben und Taten des berühmten Ritters Schnapphahnski« beschrieben hat. Trotz des Beigeschmacks beziehungsweise in diesem Fall sogar Beigeschnapps von Wühltisch, Hektik und Abgreife bekommt man allüberall »Schnäppchen« angeboten; mancher kerndeutsche Mann lobt seine kataloggekaufte Frau dafür, dass sie »ein echtes Schnäppchen« gewesen sei.

Die Steigerung des Schnäppchens ist das »Top-Schnäppchen«, also quasi das First Class- und Premium-Schnäppchen, das Schnäppchen de luxe. Im »Top-Schnäppchen« wird der preislich nicht mehr unterbietbare Massenwarencharakter des Schnäppchens mit der behaupteten exklusiven Spitzenwertigkeit des »Top« zusammengefügt. Dieser Vorgang kann nicht gelingen, das »Schnäppchen« reißt das »Top« mit in den Abgrund des Billigen und macht sichtbar, was von allem zu halten ist, dem das Etikett »Top« anhaftet.

Ein »Top-Angebot« ist die »Top-Erotik« öffentlicher Damen, besonders wenn sie ein »erotisches Top« tragen, oder fränkisch, »ein erroodisches Dobb«. »Top-Spiele« gibt es täglich, »absolute Topspieler« sind Dutzendware, im Sportjournalimus geht nichts ohne »Top-Leistungen« und »Top-Qualität«, sogar manche Obleute sollen »Top-Leute« sein.

Digitale Medien bieten stündlich »Top-Themen«, die auch »Top-News« oder »Breaking News« heißen, was mit

Brechnachrichten zutreffend übersetzt werden kann. »Top-Nachrichten« sind die Belange von »Top-Models« und »Top-Schauspielern«, wobei mir der Begriff »Top-Mime« noch besser gefiele. Wenn der »Top-Mime« mit dem »Top-Spion« verschmolzen wird, landet man bei »Topkapi«, einem »Top-Agenten-Thriller« aus der Zeit, als Peter Ustinov noch nicht zum Weltkulturerbe und zum »Sir« herabgesunken und also auch noch nicht »top« war. Während James Cagney mit dem Satz »Made it, Ma! Top-Schnäppchen of the World!« unsterblich wurde.

Den Sirup »Tri Top« kennt und trinkt niemand mehr, und auch den Schokoriegelreklamesatz »Topset is groovy« habe ich seit einer halben Ewigkeit nicht mehr gehört. Dabei waren Tri Top und Top Set in den siebziger Jahren sowas von Pop, also quasi die Vorläufer von Top-Literatur und Top-Diskursen. Noch mehr top als Pop geht sowieso nicht, aber das ist ein anderer Topos.

# Drei Doofe Regieren

Lieber Nudeln von Birkel als Hammer und Zirkel, summselte man in der Bundesrepublik Deutschland, als es diese, wie auch die zu ihr in Konkurrenz stehende Unternehmung namens Deutsche Demokratische Republik, noch gab. Es waren gute Zeiten; nie ist es der Welt besser gegangen als in den wenigen Jahrzehnten, in denen Deutschland geteilt war.

Die Deutschen sahen das aber nicht ein (und tun es, immer an sich selbst blöder werdend, bis heute nicht), und strebten, jedenfalls die Verstandesfernen unter ihnen, einander wieder zu. Zu diesem Vorgang gehört es, wie man es von Eheleuten kennt, die besser für alle Zeiten die Finger voneinander ließen, dass man tagaus, tagein aufeinander herumhackt. Und so hatte die Bundesrepublik einen Dämon auf Billigbasis: die DDR, ein Land, mit dem ich so wenig zu tun hatte wie mit beispielsweise Venezuela, wobei sich Venezuela allerdings wesentlich besser anhört als DDR. Aber das ist vielleicht nur Akustik.

DDR? Was sollte man damit anfangen, oder was sollte man andererseits dagegen haben? Niemals rückte mir jemand, den man damals herablassend »DDR-Bürger« nannte, persönlich auf die Pelle. Wenn man aber im Alter von elf oder zwölf Jahren im Erdkundeunterricht erst die Magdeburger Börde und dann einen Todesstreifen aus einem Buch abzeichnen muss, kann einem ein Land schon ziemlich auf den Sack gehen. In dem Fall gingen mir sogar zwei deutsche Länder gleichzeitig auf die Nüsse; das war lästig, aber verglichen mit den Ereignissen nach der Wiedervereinigung der Deutschen unfassbar harmlos. Seit

1990 regiert in Deutschland wieder politische Pornographie. Was der teilhabende Betriebs- und Betreibungsjournalismus selbstredend liebt, feiert und forciert.

Die DDR ist perdu und kommt nie wieder, hin ist hin, weg ist weg. Das wäre nicht weiter schlimm, wenn dieser dem Kapitalismus weggenommene Teil der Welt nicht wieder etwas geworden wäre, das ich ohne Anführungszeichen nicht auszusprechen vermag: »Deutschland«.

Wie schade. Die DDR war einmal, und sie war, wie im Märchen, ein wunderbar sinnloses Land. Bei meinen Mitschülern und mir hieß DDR nichts anderes als »Drei Doofe Regieren«, und das ist ganz wahr, auch wenn es womöglich nicht nur drei Doofe waren, sondern dreizehn oder dreiundzwanzig oder dreiundachtzig? Wer weiß das schon noch, und wer will es wissen?

Drei Doofe Regieren: das ist besser als alles, was ich seit dem Ende der deutschen Teilung erlebt habe. Wer die DDR nachträglich zu verbieten verlangt, macht sich nicht nur lächerlich, sondern will auch eine Form der Poesie untersagen, die zu dichten lohnt.

# Wir kommen auf Sie zu

»Wir kommen auf Sie zu«, sagt oder schreibt der Vorgesetzte dem ihm Untergeordneten; das klingt warm- und offenherzig, sogar herzlich und familiär: »Wir kommen auf Sie zu.« Die Hand ist ausgestreckt, die Arme sind weit geöffnet, ein freundliches Lächeln heißt den Angesprochenen Willkommen. »Wir kommen auf Sie zu«, ist das nicht so richtig menschlich und dufte?

Nicht ganz. »Wir kommen auf Sie zu« heißt eben nicht, dass jemand kommen und etwas geben oder bringen wird, frohe Botschaft, Gemeinschaft oder vielleicht sogar Geld. »Wir kommen auf Sie zu« heißt vor allem eins: »Bitte belästigen Sie uns nicht. Falls – und wir betonen: falls – es zu einer weiteren Begegnung kommen sollte, dann bestimmen wir den Zeitpunkt. Sie machen bitte gar nichts, Sie verfallen in Schockstarre und warten gefälligst ab. Rufen Sie uns nicht an, wir rufen Sie an – möglicherweise, aber diese Entscheidung liegt, wie alles andere auch, ganz allein bei uns. Sie haben hier gar nichts zu melden, also bleiben Sie uns vom Hals und verhalten Sie sich ruhig. Und jetzt aber raus bitte.«

Rhetorisch lebt der deutsche Mensch im 21. Jahrhundert in der entgegenkommendsten aller Welten. Wenn er naiv wie Candide den Wörtern glaubt, kann er sich über die Freundlichkeit seiner Mitmenschen nicht nur wundern, er kann sich an ihr regelrecht begeistern. Niemand sagt etwas Böses oder Verletzendes, alle sind so respektvoll und höflich im Umgang; wie kommt es nur, dass er trotzdem mittellos auf der Straße liegt? Die Menschen sprachen doch so gut und geradezu ehrerbietig, an ihnen kann es also nicht liegen. Es gibt keine sexuelle Belästigung am Arbeitsplatz mehr, und falls doch, kümmert sich eine Beschwerdestelle darum, die den Schurken – oder auch die Schurkin, schließlich herrscht Gleichberechtigung – maßregeln wird. Niemand darf wegen seiner Hautfarbe, seiner Herkunft, seiner Religionszugehörigkeit oder seiner sexuellen Orientierung benachteiligt werden; kommt das dennoch vor, so kann er sich auf dem Klageweg Recht verschaffen. Besser geht es nicht, oder?

Nur ist da eben dieses »Wir kommen auf Sie zu«, will sagen: Wir haben die Macht, und du hast sie aber nicht. Dieses so familial formulierte und großzügig klingende Diktum regelt die Verhältnisse sehr nüchtern und kühl: Du hältst dich zur Verfügung, und wir bestimmen, wie mit dir verfahren wird, und wenn du das nicht verstehst und von »Mitbestimmung« redest, dann erklären wir dir das sogar ganz geduldig: Du bestimmst ja mit, indem du unsere Entscheidung über dich mitträgst. Einer trage des anderen Last, also du unsere. Capito?

»Wir kommen auf Sie zu«: Böse Zungen könnten von blankem Hohn reden und von »einseifen«, aber diese Wörter sind viel zu klar und deutlich, also negativ, und negativ ist verboten. Man muss positiv denken; wo soll das Positive sonst herkommen? Wenn Sie es also wagen sollten, negativ zu denken, dann kommen wir auf Sie zu, aber so richtig.

# Von Baustellen und Hausnummern

Baustellen gibt es jede Menge, Autofahrer wissen das und fluchen oder stöhnen, je nach Situation und Temperament, wenn die Stadt schon wieder an jeder dritten Ecke aufgerissen und zur nahezu unpassierbaren Ganzjahresbaustelle wird oder sie baustellenbedingt stundenlang im Stau stehen müssen. An Baustellen jedenfalls herrscht nicht der geringste Mangel im Land, übel beleumundet sind sie auch, und doch scheint es darüberhinaus einen großen rhetorischen Bedarf an Baustellen zu geben.

Ob es an dem Film »Das Leben ist eine Baustelle« liegt, dass alle Welt ständig von Baustellen redet, die mit dem Straßenverkehr nicht das Geringste zu tun haben? Er habe gerade »viel zu viele Baustellen« behauptet einer und meint damit seine Arbeit, seine Familie und seine, auch ein sehr schönes Wort, »Kreditlinie«. Wer Frau und Geliebte zu bedienen hat, ist auf mindestens zwei »Baustellen« beschäftigt, aber das ist schon wieder »eine ganz andere Baustelle«.

Von der ästhetischen wie substantiellen Unangemessenheit des Wortes »Baustelle« abgesehen könnte man ganz plebejisch einwenden, dass all diejenigen, die permanent von »Baustellen« reden, niemals auf einer Baustelle gearbeitet haben – wie ja auch all die wichtigen Menschen, die sich einen Termin erst »freischaufeln« müssen, noch nie im Leben eine Schaufel respektive eine Schippe oder Schüppe in der Hand gehalten haben. Das ist ja auch überhaupt nicht Pflicht, aber rhetorische Klassenzugehörigkeitsaneignung möge bitte unterbleiben; es handelt sich um sprachsoziologischen Diebstahl, und der ist ungehörig.

Manche Baustellen haben auch Hausnummern. Bei Vertrags- oder Honorarverhandlungen hört man häufig den Satz »Sagen Sie doch mal eine Hausnummer.« So versucht derjenige, der eine Arbeit gemacht haben will, dem Arbeitenden die Last des ersten Angebots aufzudrücken: »Sagen Sie doch mal eine Hausnummer.« Diesen schwarzen Peter kann man zurückspielen, indem man eine veritable Hausnummer nennt: 73 oder 19 oder 128 b, dann ist der andere dran und kann seine Hausnummer aufsagen, oder er sagt wissend oder wissend sein simulierend: »Aaah, die Abteilung...!« und versucht, den anderen »ins Boot zu holen«.

Auch berühmte Künstler werden als »eine ganz schöne Hausnummer« bezeichnet, und wenn die Frau, die »eine ganz andere Baustelle« ist, auch noch als »ziemliche Hausnummer« firmiert und durchgeht, ist die Baustellenhausnummer perfekt. Soviel Wortarbeit macht hungrig, und so wird das Thema dann »abgefrühstückt«, und zwar so lange, bis es »auserzählt« ist »am Ende des Tages«, was aber nicht abends bedeutet, sondern bloß unterm also auf dem Strich, oder, in der Analarithmetik des Bundeskanzlers a.D. Helmut Kohl gesprochen: »Wichtig ist, was hinten rauskommt.«

Das ist zwar eine ganz andere Baustelle, aber eben auch eine ziemliche Hausnummer.

# Bonusfahrtzeit

Wenn die Bahn an genau dem Tag, an dem ihre jüngste Preiserhöhung in Kraft tritt, für die Strecke von Mannheim nach Essen 105 Minuten länger benötigt als angekündigt, ist das ein Ausdruck von gesteigertem Selbstbewusstsein und prosperierendem Geschäftssinn. Zermürbte Reisende sind die leichtere Beute; spiel sie kaputt und dann plündere sie aus, so macht man das als organisierter Wegelagerer.

Unschön und störend aber ist es, wenn dieses marktstrategische Verkaufskonzept nicht stringent umgesetzt wird, sondern einzelne Mitarbeiter sich den Reisenden quasi zu Füßen werfen und von »Verspätung« sprechen, für die sie um »Entschuldigung« bitten. Das führt nur zu Verdruss; man wird so ungern verhöhnt.

Es gibt keine Verspätung bei der Bahn; es ist der Bahn vielmehr gelungen, 105 Zusatzminuten herauszufahren! Das ist groß und der Größe des Unternehmens angemessen. Wenn man die Lebenszeit von Menschen schon willentlich zerdrischt und zermahlt, soll man das offensiv und vor allem positiv vertreten. Das Wort »Verspätung« entspringt altem, negativem Denken; es wird ersetzt durch »Bonus-Fahrtzeit«, oder, noch besser, durch »kostenlose Bonus-Fahrtzeit«. Die gibt es bei der Bahn geschenkt, und das sollte die Bahn auch sagen. Oder können die da jetzt nicht mal mehr Marketing?

# Wenn aus Leipzig »Hypezig« wird

Leipzig heißt jetzt »Hypezig«. Das vermeldete zumindest die Gruner & Jahr-Illustrierte *stern* im Herbst 2013 und fand das, völlig unabhängig vom Wahrheitsgehalt, ganz toll. »Hype Hype Hurra« lautet die Überschrift eines *stern*-Kommentars, der »Massenbegeisterung als Grund zur Freude« feiert und diese zweifelhafte Weltsicht auch der Stadt Leipzig an- und umhängen möchte. »Ist es nicht schön, dass Deutschland endlich auf eine Stadt im Osten guckt, die nicht Berlin ist – 24 Jahre nach der Wende? Auf ihre Geschichte, die Kunst, die Kneipenkultur, die Musik und Modeszene. Der Hype weist den Weg«, schreibt die *stern*-Autorin.

Abgesehen davon, dass die Formulierung »Wende« durchaus zum Arsenal des Propagandavokabulars gezählt und durch »das große Andersrum« oder durch »Annexion« ersetzt werden könnte, ist ein Satz wie »Der Hype weist den Weg« nicht nur peinlich wegweiserfixiert, sondern vor allem Ausdruck einer trostlosen Affirmation des Vorgefundenen. Was einem von der Werbung als großartig um die Sinne gehauen wird, muss großartig sein und ist also auch großartig, schließlich gibt es nichts anderes, da sind die Apologeten des Hype bei der angeblichen »Alternativlosigkeit« angelangt, jenem so aggressiv wie redundant eingesetzten Instrument der Denk- und Diskussionsbeendigung, Einschüchterung und Erpressung zur Unterwerfung.

Ein Hype, auf deutsch das organisierte Übertreiben und Aufbauschen zu Zwecken der Selbstausstellung, »lenkt« laut *stern* »den Blick auf etwas, das uns bisher entgangen ist«, drückt einem also penetrant und übergriffig etwas auf, das man hanskuckindieluftig glücklich oder mit Absicht ignoriert hat. Diese Aufdringlichkeit wird zumindest beim *stern* goutiert. »Ein guter Hype bedeutet Spaß, gerade weil er übertrieben ist und unvernünftig.« Wo Lebensfreude sich aus gesteuerter Hysterie generieren muss, hat die Depression längst das Regiment übernommen.

Deutlich wird das auch, wenn Leipzig beziehungsweise »Hypezig« als »The better Berlin« bezeichnet beziehungsweise eben »gehypet« wird: Leipzig ist besser als Berlin? Noch besser? Noch besser als die Hauptstadt des prekären Lebens, das sich als »kreativ« ausgibt, wenn es mit mindestens einem Bein in der existentiellen, künstlerischen und materiellen Prostitution steht? Wer das als Fortschritt feiert, hat nichts Gutes im Sinn – beziehungsweise »nischds Gudes«, wie man in Leipzig sagt, aber das ist selbstverständlich nicht »Hypezig«-tauglich.

Vom Dummen ins Dreiste rutscht der *stern*-Text, wenn auch noch Gustave Le Bons im Jahr 1895 veröffentlichtes Buch »Die Psychologie der Massen« in die Kronzeugenschaft für das gleichermaßen krude wie hilflos trendanflanscherische »Hype«-Gerede gezwungen wird. »Um Menschenmassen zu begeistern, müssten ihre Emotionen angesprochen werden«, subsummiert die Autorin, »wichtig sei dabei auch, einfache Botschaften und Bilder stetig zu wiederholen.« Um dann fröhlich auszuposaunen: »Das ist in Zeiten von Twitter und Facebook einfacher als je zuvor.«

Nur dass Le Bon eben nicht schrieb, um die Massen in den Irrsinn zu peitschen, sondern um sie vor ihm zu bewahren. Aber Le Bon arbeitete ja auch nicht für eine »Hype Hype Hurra«-Illustrierte.

# Schon wieder so ein Unwort, urggs...

Kann man mit dem Unfug des Wortes »Unwort« bitte aufhören? Und nicht mehr einmal per annum das »Unwort des Jahres« aus sich herausorrnanieren, jurygesättigt?

Am Anfang des Jahres 2014 wurde von der »Unwort des Jahres«-Jury die Vokabel »Sozialtourismus« als sprachlicher Gottseibeiuns auserwählt. Es gehört zu den Pflichten der aufklärungsverpflichteten Gedankenarbeiter, wenn sie denn solche sind, Hetze als solche zu benennen. Wenn man allerdings die Begründung der von einer Prof. Dr. Nina Janich angeführten »Sprecherin der unabhängigen Jury« liest, ahnt man, warum sozialdemokratischer Kitsch die Welt ungefähr um so vieles besser macht wie rechte Gewalt. Die Stammelei hat exakt diesen Wortlaut:

»Im letzten Jahr ist die Diskussion um erwünschte und nicht erwünschte Zuwanderung nach Deutschland wieder aktuell geworden. In diesem Zusammenhang wurde von einigen Politikern und Medien mit dem Ausdruck ›Sozialtourismus‹ gezielt Stimmung gegen unerwünschte Zuwanderer, insbesondere aus Osteuropa, gemacht. Das Grundwort ›Tourismus‹ suggeriert in Verdrehung der offenkundigen Tatsachen eine dem Vergnügen und der Erholung dienende Reisetätigkeit. Das Bestimmungswort ›Sozial‹ reduziert die damit gemeinte Zuwanderung auf das Ziel, vom deutschen Sozialsystem zu profitieren. Dies diskriminiert Menschen, die aus purer Not in Deutschland eine bessere Zukunft suchen, und verschleiert ihr prinzipielles Recht hierzu. Der Ausdruck ›Sozialtourismus‹ reiht sich dabei in ein Netz weiterer Unwörter ein, die zusammen dazu dienen, diese Stimmung zu befördern: ›Armutszuwanderung‹ wird im Sinne von ›Einwanderung in die Sozialsysteme‹ ursprünglich diffamierend und nun zunehmend undifferenziert als vermeintlich sachlich-neutraler Ausdruck verwendet. Mit ›Freizügigkeitsmissbrauch‹ wird denjenigen, die die in der EU jetzt auch für Menschen aus Bulgarien und Rumänien garantierte Freizügigkeit nutzen, ein kriminelles Verhalten unterstellt. Der Ausdruck ›Sozialtourismus‹ treibt die Unterstellung einer böswilligen Absicht jedoch auf die Spitze.«

Unterzeichnet wurde der hanswurstdesgutenartige Schwall mit der Formulierung »Sprachkritische Aktion UNWORT DES JAHRES«; sowas muss man ja auch erstmal können.

Gesellschaft ist die Gesellschaft, in der man lebt, die man sich nicht ausgesucht hat, die man aber denkend, fühlend, handelnd schafft. Ich ziehe beispielsweise rumänische Akkordeonisten von exquisiter und jedes Klischee im äußersten Maß übererfüllender Öligkeit jedem Trottel und jeder Trottelin vor, die als unmusikalische Deutsche durchs Land trampeln oder, alteregoistisch, sich als Unwortdesjahresbessermenschen aufmandeln.

# Groschenprosa

Über Erich Mühsam schreibt eine Mona Grosche: Er war »politisch aktiv, bis er ins KZ kam und 1934 von der SA totgeprügelt wurde. Ein interessanter Mensch mit einem schillernden Leben.«

Da fragt sich dann nur noch, ob das Totgeprügeltwerden »interessant« war oder doch eher »schillernd«.

# Endmoränen

Ich hatte das Wort seit ewigen Zeiten nicht mehr gehört, als es mir aus dem Mund eines Jungmannes von etwa 19 Jahren plötzlich ins Gesicht sprang: »Wir waren auf der Piste, super Schnee. Das war endgeil!«

Endgeil? Sagt man noch endgeil? Oder sagt man es wieder? Ist es das, was manche Leute »retro« nennen? Oder »Vintage«?

Ich konnte das Wort »endgeil« noch niemals ausstehen. Es klingt wie Endmoräne oder Ententanz, und in ganz furchtbaren Assoziationsmomenten nach »Endlösung«. Ich will das nicht hören, es fährt mir durch Leib und Seele und schaudert mich.

Der hübsche Bengel, der es unbefangen aussprach, hatte kein Problem damit. Warum auch? Er war jung, blond, blauäugig und deutsch, er sah exakt so aus wie die Mörder von einst, nur dass er nicht ihre Uniform trug, und er wäre nie auf die Idee gekommen, sich selbst als solcher anzusehen. Er hatte mit Geschichte nichts zu tun, fertig ab. Dass er sie genau deshalb wiederholen könnte, würde man ihm nicht beibringen können.

Den Glauben an die Unschuld von Wörtern verlor ich vor langer Zeit. Jene, die ihn noch haben, sind möglicherweise leichter dran, weil sie jedes Wort ohne zu zucken aussprechen können. Ich kann ja nicht mal »Schwellenländer« sagen, ohne mich zu schütteln. Erklärt mir bitte mal einer, was »Schwellenländer« sind? Schwellen die an oder schwellen die ab? Oder handelt es sich um »G'wschellti«, wie man Pellkartoffeln in der Schweiz nennt?

Man lässt viel Ballast (und zum Glück auch Ballack, pardon, aber der Kalauer musste sein) zurück auf der Reise durchs Leben: dass Vernunft und Aufklärung sich durchsetzen gegen die Doofheit der Religion. Dass der Kommunismus eine gute Idee wäre und eben nicht auch religiöser Wahn. Und dass die menschliche Sprache ein Instrument sei, aus der man in toto, nicht aber im Lotto die ganze Welt erklären könne.

Kann man aber nicht, jedenfalls nicht immer. Wortschöpfungen wie »endgeil« und »Schwellenländer« sind meine Zeugen.

# Grüner Strom und Menschenrechte

Die Grünen haben die solar- und windenergieerzeugungsbedingte Erhöhung der Strompreise verteidigt. »Grüner Strom ist Menschenrechtsstrom«, sagte Claudia Roth der *taz* und betonte: »Menschenrechte haben ihren Preis, und den wollen wir zahlen. Es sind die Grünen, die durchgesetzt haben, dass für Elektroschocks an politischen Gefangenen ausschließlich Ökostrom verwendet werden darf. Das ist unser Standard. Und den werden wir durchsetzen, weltweit.«

Denn Sonne, Wind und Schatten hat / die grüne Gurke Nimmersatt.

# Frühbucherrabattkunden

Etwas ebenso notwendigerweise wie zwischendurch beiläufig nebenbei und dennoch entschlossen und unmissverständlich deutlich zu Sagendes über die Frühbucherrabattkunden

Frühbucherrabattkunden, ich verachte euch!

Hey, Frühbucherrabattkunden, plant ihr eigentlich euren Geschlechterverkehr auch im Voraus? Monatelang? Auf die Minute? Nein, tut ihr nicht? Weil es dann keine Ermäßigung gibt? Und wofür auch? Ach so, ihr habt nie Geschlechtsverkehr? Wundert euch das, Frühbucherrabattkunden? Oder ist euch das sowieso egal?

Frühbucherrabattkunden, seid ihr eigentlich ALLE Lehrer? Viel frei haben, aber immer klamm sein? Wegen der Doppelhaushälfte und der Scheidung? Bitter, bitter ...

Frühbucherrabattkunden, hört auf zu maulen! Ihr seid nicht arm, ihr seid bloß geizig. Also miesestes Kleinbürgertum. Verräter an allem, an euch selbst und jedem sonst. Was für ein sparkassendividendenpackendes, bausparvertracktes Leben!

Frühbucherrabattkunden, ihr popelt! Schon am Flughafen, und im Flugzeug sowieso. Und zwischendurch kratzt ihr euch mit demselben Popelfinger eure riesigen Hämorrhoiden. Kratz, kratz. Und dann popelt ihr wieder. Und schnüffelt am Finger. Und kratzt wieder. Und schnüffelt.

Und popelt, im Grabe noch. Das ewige Leben der Frühbucherrabattbucher eben.

Frühbucherrabattkunden, warum gibt es euch eigentlich? Wer hat euch erlaubt?

Frübucherrabattkunden, immer schön auch auf Twitter und FaceBook? Ja? Frühbucherrabatte weitergeben, von Fressenkladde zu Fressenkladde? Oder von Kladdenfresse zu Kladdenfresse?

Frühbucherrabattkunden, früher habt ihr immer vorgedruckte Postkarten geschrieben, um zehn Pfennig Porto zu sparen, stimmts?

Frühbucherrabattkunden, ihr habt eine Eigentumswohnung in Manhattan und schenkt Freunden zur Hochzeit zehn Euro in bar – ich weiß es doch!

Frühbucherrabattkunden, ihr habt Mundgeruch!

Frühbucherrabattkunden, ihr geht doch immer schön brav in die »Ich bin doch nicht blöd!«-Läden, sonst wärt ihr ja blöd, oder?

Frühbucherrabattkunden, ihr seid die Gehorsamenleiter des Konsums. (Aber das versteht ihr jetzt nicht, ihr seid ja nicht blöd.)

Frühbucherrabattkunden, wart ihr früher Bettnässer? Also quasi Frühwindelrabbattkunden?

Frühbucherrabattkunden, ihr hört gern Lieder, die »Buchstaben über der Stadt« heißen, denn von Stadt zu Stadt gibt's auch Rabatt, stimmts?

# Ergattern

Peinlich und äußerst uncool ist es, etwas zu »ergattern«; in dem Wort ist der Streber ganz bei sich: konkurrieren, jagen, schnappen, besser noch abschnappen, wegschnappen. Der neoliberalen Parallelgesellschaft, die sich für die Ordnung der Welt ausgibt, gilt es als »Natur des Menschen«, sich mit anderen zu balgen, um seinen Happen zu bekommen als Hund in der Meute des Herrchens. Soziale Verwahrlosung decouvriert sich in ihrer Sprache; das Niedrigste wird zum Höchsten erklärt, und das darf man dann schön brav ergattern.

# Salatkopf

Beim Aufräumen fand ich einen Prospekt wieder, den ich mir vor Jahren in Bremen eingesteckt haben musste. »Günter Grass: Menschen sind Tiere, die kochen können«. Es handelte sich um das Programm einer Tagung der Günter Grass Stiftung Bremen im Kulturhaus Stadtwaage im Herbst 2006 und um den Titel einer Ausstellung von Skulpturen, Radierungen und Lithographien von Günter Grass. Sein Bild »Ich als Koch« war abgedruckt, auf dem man Grass sieht, wie ihm ein Salat aus der Kochmütze oder gleich aus dem Kopfe wächst.

Und ich begriff, was das Wort Kopfsalat bedeutet.

# Aus der Grube

Das religiöse und das nationale Gerede haben vieles gemeinsam: Bei beidem muss salbungsvolles Pathos den nicht vorhandenen Verstand ersetzen, beides kostet den, der es von sich gibt, nicht das geringste an geistiger oder materieller Anstrengung, beides lenkt von der wirklichen Wirklichkeit ab, und beides bildet den Nährboden für Massenhysterie und Krieg.

Im Bahnmagazin *mobil* plumpelt Rüdiger Bahnchef Grube seine Kundschaft auf die nationale Tour an: »Sie werden beim Lesen feststellen, dass *mobil* ein neues Lebensgefühl ausstrahlt: ehrliche Begeisterung für Deutschland.« Im Gegensatz zur unehrlichen Begeisterung für Deutschland, die es demnach ja auch geben muss? Idiotie macht nichts, wenn sie nur national verstrahlt ist, und so plätschert's aus der Grube: »Denn seit der FIFA WM 2006 schwenken viele ungezwungen unsere Fahne und lächeln gleichzeitig unsere Nachbarn offen an.«

Das Marketingmärchen von den freundlichen, weltoffenen Fahnenschwenkern wird nicht wahr, wenn man es Jahre später nochmals erzählt. Bahnchef Grube hat noch mehr branchenferne Nachrichten im Angebot: »Urlaub in Deutschland ist beliebt wie nie. 2010 machten neun Prozent mehr Deutsche Ferien im eigenen Land als 2009. Und wenn Lena Meyer-Landrut beim Eurovision Song Contest 2011 wieder antritt, fiebern Millionen mit.«

»Ruhig, Brauner!«, möchte man dem Vorstandsvorsitzenden der Deutschen Bahn AG zurufen – und ihn dann fragen, was das alles mit der Bahn zu tun hat: das neue Lebensgefühl und die ehrliche Begeisterung für Deutschland, das Fahnenschwenken bei und nach einer Fußballweltmeisterschaft, der Urlaub in Deutschland und der Auftritt einer Sängerin bei einer Eurovisionsveranstaltung.

Fahren, wenn man nur oft genug »Deutschland« sagt, mehr Züge von A nach B? Werden, wenn man alle Welt andeutscht, Lokführer fair bezahlt? Wer weder seinen Kunden noch seinen Angestellten etwas Substantielles anzubieten hat, greift zum Surrogat, und ein billigerer Ersatz als nationale Dünnsäure ist eben nicht zu haben. Religion gönge auch noch; die wird spätestens dann serviert, wenn ein aus Deutschland stammender Papst nach Deutschland kommt.

# Gelinde Verwunderung

Wenn jemand »ich persönlich« oder »mir persönlich« sagt, zucke ich wegen dieser selbstverständlich-unnötigen Doppelung jedesmal ganz persönlich zusammen.

Mir persönlich ist es beispielsweise, wie aber auch andererseits, völlig egal, ob ich irgendwann über die Wupper oder aber über den Jordan gehe, und dann gibt es jedoch – was für ein Joch! – deutsche Linke, die beim Geschlechts- oder auch Geschlechterverkehr auf (oder sogar aus?) einem Gaza-Steifen bestehen, und dazu fällt mir dann tatsächlich und ganz persönlich gar nichts mehr ein.

# Wer wem dient

Universitäten dienen der Forschung und der Lehre, und weil das so ist, bekam ich eine Elektropost von der Uni München, die mich belehrte, dass »der deutsche Antisemitismus nur dazu dient, die eigene, liebevoll gepflegte Deutschfeindlichkeit zur Schau zu stellen«. Denn die Universität dient auf die Weise, dass sie erforscht und lehrt, wem der deutsche Antisemitismus dient: der Deutschfeindlichkeit, die nicht nur liebevoll gepflegt und zur Schau gestellt wird, beispielsweise im Pflegeheim, in der Menagerie oder auf dem Theater, sondern die auch zuerst da war, jedenfalls vor dem Antisemitismus von Deutschen, den sich die Deutschfeindlichkeit im Gegenteil raffitückisch dienstbar zu machen weiß.

Denn nicht der Antisemitismus von Deutschen ist ein Grund für Abneigung gegen deutsche Antisemiten, das wäre zu einfach gedacht; vielmehr ist der deutsche Antisemitismus eine Erfindung von Leuten, die schon immer etwas gegen die Deutschen hatten.

Soweit der Stand von Forschung und Lehre an der Uni München. Was machen die da sonst eigentlich so?

# Verarbeiten

Verarbeitet wurde schon immer: das Rohe zum Gekochten, was den Menschen vom Tier unterscheidet und eine seiner größten Kulturleistungen ist; ein herrlicher, lebendiger Thunfisch zu tristem, in Öl eingelegtem Fitzel- und Fledderkram, der aber immerhin Marilyn Monroe in Billy Wilders Jahrhundertkomödie »Some like it hot« darüber spekulieren ließ, wie so ein großer Fisch in so kleine Dosen komme. Verarbeitet wird das grob Vorgefundene zu fein Ausgedachtem; was als schmutziger Klumpen aus der Erde herausgebuddelt wurde, trägt man viele Verarbeitungsschritte später beispielsweise als Armbanduhr. Das ist vielleicht nicht unbedingt notwendig, aber schon recht erstaunlich.

Auch seelisch respektive schyschisch muß allerhand wegverarbeitet werden: Vater scheiße und sogar zum Sterben zu doof, Mutter feige oder beide plemmplemmski und pillepalle, als Kind reichlich Haue mit dem Teppichklopper, der Reitgerte oder dem Eisenlineal: allesamt Instrumente, die ja auch aus Rohstoff zu Feinstofflicherem verarbeitet wurden, auch wenn damit wiederum höchst rohe, also niederste Werke verrichtet werden.

Seit einiger Zeit wird auch auf dem Feld der professionellen Fernsehfußballkommentierung enorm viel »verarbeitet«, bevorzugt wahlweise ein Spieler vom anderen oder aber der Ball. Trifft der Ball das gegnerische Tor nicht, hat der Schütze den Ball beziehungsweise, dumpfestes Fußballreportersprech, »das Spielgerät« nicht »eingenetzt«, also nicht »verarbeiten« können; hindert ein Spieler einen der anderen Mannschaft an einer Aktion, so hat er diesen »gut verarbeitet«, und weil einer von den Logopädie-Verweigerern einmal mit dem »Verarbeiten« anfing und seine muntere Kollegenschar nach der Methode copy and waste time einander ja alles nachquatscht, wird eben verarbeitet, verarbeitet, verarbeitet. Eines schönen Tages aber kommen auch die großen Fußballbrabbler in ganz kleine Dosen, und niemand wird sie öffnen.

# Grenzen, zu oder ab?

In einer Sprachwelt, die den »Gesprächsbedarf« und adäquat selbstverständlich dann eben auch den »Handlungsbedarf« kennt, sind drei »Meetings« pro Tag Pflicht, sonst ginge es ja nicht; erfreulich ist daran, daß man sich noch wundern kann, und Wunder soll man nicht unterschätzen.

Ähnlich gefällig ist das »Abgrenzen«, eine psychisch sehr wichtige und entsprechend »positive« Angelegenheit, die aber niemals etwas mit dem »Ausgrenzen« zu tun haben darf, denn das »Ausgrenzen« ist ein nicht näher definiertes und also leicht zu habendes Übel, und solche sind die beliebtesten.

Fest steht nur soviel: in – Todeswort Nummer eins – »Beziehungen« muß man sich »abgrenzen«, darf aber auf gar keinen Fall irgendwen »ausgrenzen«, das wäre ja noch schöner und zöge ja »Handlungsbedarf« mit und nach sich, und davon, seien wir nachsichtig, lebt die Gesprächsbedarfsindustrie doch sehr kommod.

# Im Lande Simulantien

Wenn man sich nicht sieht und spricht, trotzdem aber »kommuniziert«, entsteht der Kontinent Simulantien, der mit dem Land Digitalen verschwistert und verschwägert und, ekelhaftestes Wort der Welt, »vernetzt« ist.

Ich bin analog und im Zweifelsfall sogar für Anna log – das aber wenigstens nicht im Digital, dann wäre ich schon halbwegs über den Berg.

Das Unpersönliche nehme ich persönlich, bin jedoch im Einzelfall nicht unversöhnlich.

# Er & Leben

»Ich will etwas mit dir erleben!«, sagt, nein ningelt die Frau, und er, der Mann, denkt: Wieso denn? Und was? Man erlebt doch ständig etwas, häufig auch sein Sprichwort gewordenes »blaues Wunder«, sich selbst ja sowieso rund um die Uhr, und dann gibt es auch noch »Erlebniswelten«, sogar im Plural, also quasi Zahnschmerzen worldwide, was soll dieser Erlebnis-, ja Erlebensdruck? Kann man nicht einfach so da sein im Dasein?

Nein? Immerzu erleb, erleb? Leben ist genug, erleben wird sehr überschätzt und muss überhaupt nicht sein, weder für »sie« noch für »ihn«, wie man im Jeanstragealter sagte, unisexistisch quasi, was jetzt aber nichts mit »der Uni« und »Diskursen« und Ich-bin-eine-dumme-Nuss-und-kriege-auf-diesem-Ticket-eine-Sex/Gender-Professur, obwohl es das gar nicht gibt«, aber egal, Hauptsache eben: erleben. Und der Mann sagt: Er lebe hoch!? Ach, Hauptsach', er lebt noch.

# Leben gestalten

»Es ist so toll, sein Leben zu gestalten!«, sagt die Frau ganz euphorisiert oder eurofrisiert, wer weiß das schon noch, wenn er solche Sätze hört: »Es ist so toll, sein Leben zu gestalten!«?

Toll ist ein anderes Wort für wahnsinnig, aber Wahnsinn mit drei Ausrufungszeichen hat in Deutschland spätestens seit 1989 wieder Randvollkonjunktur, und wer sein Leben auch für alle anderen sichtbar als eine Gestalttherapie betrachtet, der tut das eben. Muss er oder in diesem Fall sie das aber anderen mitteilen? Ja, unbedingt, denn das Labern ist des Labernden Zwang, vulgo sein Vergnügen, und zwar sein einziges und letztes.

Könnte es nicht sein, dass man, ganz selbstbestimmt und so gesehen und meinetwegen, wenn es denn sein muss, auch »gestaltend«, gar nichts »gestalten« will? Und das Sein als solches nicht für ein Design hält oder es einfach nur das sein lassen und als das ansehen und durchleben möchte, was es möglicherweise ist? Und das dabei, mit etwas Glück und gutem Willen, herauszufinden so bereit ist wie zu der Feststellung, dass man es nicht herausfinden kann noch wird?

Und sich also einen Illustrierten- und Simulantenquatsch von der Lebensgestaltungsfraktion sowas von verbittet?

Doch, könnte sehr gut sein.

# Schwarm ist ohne Charme

»Schwamm drüber!«, hieß es in meiner Jugend, wenn man etwas vergeigt hatte. Dem Ton dieses Beschlusses war die Verärgerung über den Patzer zwar noch anzumerken, aber das lebensklug gnädige Element hatte sich schon durchgesetzt: »Was solls, scheißt der Hund drauf, wir machen das eben nochmal, anders geht es ja sowieso nicht, da hilft kein Lamentieren, also von vorne jetzt, und wenn es geht, bitte ein bisschen mehr Konzentration, meine Herren!« Und ab dafür, wie man damals sagte.

Später verschwand das »Schwamm drüber!« und wurde zu einem eher sumpfigen »Schlamm drüber!« verkalauert und vor allem vergröbert; »Schlamm drüber!« bedeutet eher so etwas wie das auch nicht schöne »Ende Gelände!«, das war es dann.

Wenn heute einer etwas sagt oder tut, das einer Interessengruppe oder irgendeinem online-Pusemuckel nicht passt, heißt es: Schwarm drüber. Da darf dann aus der dümmsten Hülle die allerdünnste Gülle fließen, das ist alles »Netzdemokratie«, mit der man ganz klar auch »Revolution« machen kann, zum Beispiel einen »Irischen Frühling«. Oder war es ein arabischer? Ist eh wurst, Hauptsache brummender Schwarm statt funkelndem Charme.

Ich würde niemals behaupten, dass früher (oder, gremlizaesk, führer) alles besser gewesen wäre, denn eins ist klar: Goebbels hätte getwittert. Und hätte von der »Schwarmintelligenz« des »deutschen Folliks« geschwärmt, das in Wahrheit aber »Frolic« heißt und ein Hundefutter ist. Oder eben ein online-Shampoo.

# Human Flatrate

An wärmeren Tagen ist es in manchen Quartieren Berlins unmöglich, auf jemanden zu treffen, der seine zweifelhafte Existenz nicht an eine Flasche Bier anklammert. Zur Bestätigung und Selbstversicherung des Auf-der-Welt-Seins ist außer der demonstrativ mit sich geführten Pilspulle eine Gruppe vonnöten, und so wird man beinahe rund um die Uhr belöffelt und belästigt von durch die Stadt latschenden oder strunkelnden Gruppentruppen, die klirrend und unter Missachtung sozialer Minimalabsprachen ihrer Wege ziehen.

Zwanzig- bis dreißigjährig sind die Grüppler, die Männchen bewaffnen sich mit einem Sauerbart und mit seltsamen halben Hosen, die als Kleidungsstücke im eigentlichen Sinne des Wortes nicht durchgehen können. Und eben mit der obligatorischen Bierflasche, aus der ambulant getrunken wird zum Beweise von – ja, von was eigentlich? Mobilität? Vom Recht auf permanenten Dschumm, auf Unzurechnungsfähigkeit in ästhetischer wie kopfmäßiger Hinsicht?

Geradezu zerdrückend präsentiert sich die brütende Trübnis beim allabendlichen Abhängen auf der Kreuzberger Admiralsbrücke. Mit dem Arsche am schmutzigen Trottoir klebend, säuft das Jungvolk Bier, ist auch rhetorisch und musikalisch mau, malträtiert die Mitmenschheit und legt sich als Haufen Elend anderen vor Füße, Nasen und Augen.

Stumpf ist Trumpf lautet das Motto der tristessegesättigten Dauerparty. Man hat es offenbar mit Leuten zu tun, die keinerlei Selbstwertgefühl haben. Zu Konsumenten wurden sie degradiert, und genau das sind sie auch geworden: Dämonen des Konsumismus, entkernt, dabei medial hochgerüstet, was mit Intelligenz verwechselt wird. Den Kopf auf die Fähigkeit zu beschränken, jederzeit zu glotzen und zu telefonieren, tut weder dem Kopf noch seinem Träger gut. Dass eine Welt, in der man allen Ernstes etwas substantiell Inexistentes wie »Kommunikationsdesign« studieren darf, irrsinnig ist und naturaliter Irrsinnige produziert, darf niemanden wundern.

Freiheit, heißt es in einem Song, der in den Siebzigerjahren erklang, sei nur ein anderes Wort dafür, nichts zu verlieren zu haben; in einem anderen Lied hieß es, Freiheit heiße, keine Angst zu haben, vor nichts und niemandem. Im Revival der Siebziger – wobei Revival nicht künstlerische Renaissance bedeutet, sondern kommerzielle Wiederverwertung – bedeutet Freiheit das Recht auf Konsum. Dieser Zwang wird weltweit in den Rang des höchsten und einzigen Menschenrechts gestellt. Das Ergebnis kann man ganz international als »human flatrate« bezeichnen.

# Schwarmintelligenz

Als die vorsätzlichen und in Spendengeld gut eingebetteten Promotionsbetrügereien von Karl-Theodor zu Guttenberg herauskamen, hielt sich die Internetgemeinde viel auf etwas zugute, das sie selbstloberisch »Schwarmintelligenz« nennt. Es war ja auch nicht unbeeindruckend, in welcher Geschwindigkeit die Schutzbehauptungen und Lügen des falschen Doktors von einander anfeuernden Suchmaschinisten entlarvt wurden. Vor allem war es konkret und deshalb hilfreich. Dabei ging ein bisschen unter, dass ein Schwarm vor allem aus Mitschwimmern besteht, für die Dabeisein instinktiv alles ist. Wenn man las, was kurz nach der Affäre Guttenberg anlässlich der nuklearen Katastrophe in Japan öffentlich-digital weggebetet wurde in Deutschland, ahnte man, dass Kernschmelze etwas sein muss, das sich zuerst im menschlichen Kopf vollzieht. Die Einsicht, dass Schnabelhaltenkönnen die adäquate Reaktion darauf ist, nichts Genaues zu wissen oder zu sagen zu haben, war nie sonderlich verbreitet; das Zeitalter der technischen Multiplikation von jeder Art Nichtigkeit rafft die spärlichen An-hänger der Schweigsamkeit endgültig dahin. Digital beten geht nicht; Gott hat kein Internet, er ist nicht auf öffentliche Toiletten angewiesen.

Mein Freund Jamiri, Comiczeichner in Essen, schrieb mir: »Ich bin bei Facebook, wo man sich aus nächster Nähe ansehen kann, wie die so genannte ›Schwarmintelligenz‹ funktioniert hat bei Erdbeben, Tsunami und AKW-Desaster. Ich kriege Pusteln. Gegen den kollektiven Mitgröl-Reflex wirkt die Kernspaltung so gefährlich wie ein Kindergeburtstag.« Kann man es schöner sagen?

Die eigentliche Katastrophe der Menschheit ist ihre selbstgewählte Dummheit; aus ihr folgen alle anderen. Dass die Grünen von atomaren Unfällen profitieren, ist klar. Ihr »AKW? – Nee!« ist eine Position, die von der Kriegsbefürwortungsmehrheitsbeschaffungstruppe noch nicht geschleift wurde. Dem Ankuschelverhalten ihrer angstgeborenen Zuläufer liegt schieres Schwarmverhalten zugrunde, das eben nicht intelligenzgesteuert reflektierend ist, sondern im Gegenteil rein reflexhaft und andockend, begeistert anflanscherisch und mitmachend; sie denken von der Hand in den Mund, also eben nicht.

Erst unterziehen sie sich begeistert der Gehirnwäsche des positiven Denkens, dem Gegenteil von Denken, und wenn die Schaumblase dann naturgemäß platzt, werden sie hysterisch und wollen zu Mutti Grün: zu Claudia Roth, deren Existenz allenfalls als Versuch begreifbar ist, ein Plädoyer für die Abschaffung der Menschheit zu sein. Doch auch das wäre nur die Hybris einer grünen Gurke, deren einziges Gewürz die Heuchelei ist. AKW Nee? / Ja, wenn es denn sein muss. / Aber vorher bitte auch Mitläuferschluss- / verkauf und: Facebook adé!

Liebste, könnt' man die Welt neu erschaffen, / wir schüfen sie in den Dünen / mit Liebe und Freuden herbei! / Aus wär's mit den Grünen, / aus also mit nicht-erotischen Waffen / und aus mit den Mitmacher-Looks / cool sich gebender, dünkender Facebooks.

# Das Verschwiden des »n«

Es war das klassische gefundene Fressen für die rotstiftaktive Sorte Mensch in Deutschland. Aus der Staatskanzlei der rheinland-pfälzischen Ministerpräsidentin Dreyer ging im Herbst 2013 ein Brief an Bundeskanzlerin Merkel, der reichlich Fehler in Orthographie, Grammatik und Interpunktion aufwies. Dass die Öffentlichkeit davon erfuhr, muss mit einer sehr großzügigen Interpretation des Briefgeheimnisses zu tun haben. Irgendjemand beim Absender in Mainz oder beim Empfänger in Berlin spielte der Springerpresse eine Kopie vulgo Ablichtung des Schriftstücks zu. Es gibt Entlassungsgesuche, die man nicht ignorieren soll.

Unter dem Briefkopf der »Ministerpräsidentin des Landes Rheinland-Pfalz« findet sich Frau Dreyers Bitte an Frau Merkel, »zeitnah ein Spitzengespräch mit Vertretern der Länder und den Datenschutzbeauftragten von Bund und Länder zu führen«. Hier fehlt eindeutig ein »n«, und dieser Buchstabe scheint bei der Autorin oder dem Autor des Briefs, den die Ministerpräsidentin später unterschrieb, überhaupt in sehr schlechtem Ansehen zu stehen. Auch in der Formulierung »die amerikanische und britische Geheimdienste« fehlt das »n«, und das sogar gleich zweimal.

Singular und Plural sind ebenfalls eher eine Angelegenheit von Glück oder Willkür. Wo »Informationen verunsichert«, da versickern der Kopf, und für ihre Kommasetzung haben sich die Deutschen schon lange eine dem Salz- und dem Pfefferstreuer nicht unähnliche Interpunktionsbüchse angeschafft, aus der sie die Kommata munter aufs Papier und in ihre Rechner streuen.

Dieses Gerät wird auch in Mainz zur Anwendung gebracht; in dem Satzbeginn »Wir, als diejenigen die in diesem Land Verantwortung tragen ...« das Komma nach »wir« zu setzen statt nach »diejenigen«, gibt dem »Wir« geradezu dröhnende Bedeutung. Ob die rheinland-pfälzische Sozialdemokratie noch ganz fest an die parteieigene Propaganda »Das Wir entscheidet« glaubt oder, in ihrer Sprache, glauben?

Die Lieblingsbeschäftigung der Verfasserin oder des Verfassers aber bleibt das Verschwindenlassen des Buchstaben »n«: Die »Grundrechte unserer Bürger und Bürgerinne« werden angemahnt; das Recht auf ein »n« zählt anscheinend aber nicht dazu, nicht in Mainz jedenfalls, das ab sofort »Maiz« heißen sollte. Das wäre ur kosequet.

Auf achfrage bei der rheilad-pfälzische Staatskazlei hieß es später, Regierugssprecheri Moika Fuhr fide de Brief »iakzeptabel«. Durch ei »Büroversehe« sei die ukorrigierte Fassug des Briefes verschickt worde. »Es tut us leid, dass diese fehlerhafte Fassug des Briefes a die Budeskazleri gesedet wurde«, erklärte Fuhr. »Der Büroleiter useres Hauses hat sich dafür im Büro der Budeskazleri etschuldigt.

Die Regierugssprecheri bat um achsicht: »atürlich ist ei fehlerhafter Brief – wie er aus der Staatskazlei a die Budeskazleri verschickt wurde – icht akzeptabel.« Aber »wo Mesche arbeite, passiere leider auch Fehler.«

Ud aus Fehler – aders ka ma sie icht ee – lere wir.

# Kommunikation als Glücksache

Nachdem ich einer französischen Kollegin mit dem Vornamen Lysange eine Elektropost geschickt hatte, bekam ich digitale Antwort. Es sei ja alles sehr schön, was ich schreibe, aber warum ich sie denn Lasagne nenne?

Lasagne? Niemals, nicht einmal im Scherz, hätte oder hatte ich Lysange Lasagne genannt, da war ich mir sicher. Ich sah noch einmal in meine Mail an sie, und tatsächlich: Lasagne, so stand es da. Sogleich schrieb ich zurück, bat um Entschuldigung und las meine neue Nachricht an sie, bevor ich sie auf den Weg brachte, vorsichtshalber noch einmal durch. Und wieder lautete meine Anrede: Liebe Lasagne..., aber diesmal konnte ich das noch korrigieren, eigenständig und per Hand.

Wenn ich dem automatischen Korrekturprogramm, das Lysange nicht von Lasagne unterscheiden kann, nicht in den Arm falle, wird Kommunikation zur reinen Glücksache. Ob er schon von dem Cava – dem spanischen Champagner, der aus weinanbaugebietsjuristischen Gründen aber nicht Champagner genannt werden darf –, den ich ihm zum Geburtstag geschickt hatte, probiert habe, wollte ich von einem Freund wissen. Mein digitaler Brief an ihn erkundigte sich allerdings zunächst nach Lava, die klatschkalt sicher besonders köstlich ist, und dann nach Java, der Insel beziehungsweise dem gleichnamigen Kaffee.

Nach einem gemeinsamen Auftritt mit dem formidablen Jazzpianisten Uli Gumpert wollte ich mich bei ihm für den schönen Abend bedanken; ohne mein umsichtiges nochmaliges Durchlesen hätte sich Uli Gumpert der Anrede »Uli Gummiert« ausgesetzt gesehen, sie wahrscheinlich recht despektierlich gefunden und mich für nun vollendet wahnsinnig gehalten. Micha wird zu Mich verfälscht, aus Rayk wird zuverlässig ein Rank, aus dem Vornamen Rahel macht die automatische Korrektur eine Rahe, an die man Freibeuter zu hängen pflegte, aus der ligurischen Stadt Imperia, als wäre sie ein Protzhotel oder ein Ismus, Imperial, und aus dem immer eindeutigen stets ein verwirrendes stehst. Während die permanente Benutzung des Taschenrechners dazu führt, dass die Fähigkeiten, im Kopf zu addieren, subtrahieren, dividieren und multiplizieren, entweder gar nicht erst entwickelt werden oder aber verkümmern, hat die Verwendung eines automatischen Korrekturprogramms immerhin eine unterhaltsame und eine sportliche Seite. Man erlebt viele Überraschungen und bekommt Wörter und Begriffe geschenkt, die man sich selbst nicht hätte ausdenken können oder wollen: Tante Taten – gemeint war der französische Apfelkuchen namens Tarte Tatin – und Lavoir viere, das aus dem guten alten savoir vivre generiert wurde. Lavoir viere? Ja, so steht es geschrieben: Alle viere sollst du gründlich waschen / Goethen, Brecht und Hacks und Thomasbraschen.

Die Zumutungen und Übergriffigkeiten der elektronischen Welt sind eine Herausforderung, immer wieder zu reflektieren und durchzusetzen, was zu sagen man sich entschließen will, statt zum Sklaven eines digital vorgegebenen absurden Regelwerks zu werden. Autokorrektur ist ein anderes Wort für elektronischen Autismus, gegen den es aber ein Mittel gibt: die menschliche Autonomie. Solange Menschen analog hergestellt werden, soll mir nicht bange sein.

# Fakultativ I und II

Man kennt, wenn man ihn kennt oder das zumindest sich erwünscht, den Nominativ und auch den Akkusativ, der erfreulich wenig mit den Akku-Schraubern gemein hat, den die »Ich-bin-ja-nicht-blöd!«-vulgo-»Yippieh-ja-ja!«-Sager als Kopfersatz bei sich tragen, wenn auch noch nicht als die Rollkoffer, die sie längst schon sind, daran arbeiten sie noch globalnational, also »arbeiten« in dem Sinn, den solche Leute oder ihre Presseabteilungen eben für Arbeit nicht nur ausgeben, sondern auch tatsächlich halten. Muss man auch erstmal können oder sogar, auch ein Wort für Solchemolche, »erlernen«.

Dann gibt es noch den Flachwietiv, so hats der Medienprengel oder -sprengel ganz besonders gerne, und obendrauf oder auch untendrunter, ist in dem Fall tatsächlich so egal wie Jacke wie Hose, auch noch das Dativ und dem Genitiv, weil jemand damit Geld verdienen muss, dass deutsche Deutschlehrer über sowas lachen. Was die dann auch zuverlässig tun, denn alleine dazu sind sie da, selbstverständlich abgesehen von dem, was sie »Freizeitgestaltung« nennen, also Frau und Kinder, Singular ist Plural und sosowieso egal, öftermal ist öftermal.

Zur reinen Freude existieren aber auch der Intuitiv, der Impulsiv und der Fakultativ, und alle drei in ihrer nicht vergleichlichen, mir am schönsten aufzuschimmern scheinenden Trias des Menschengeschlechts, wollen mir so wohl gefallen, dass ich sie weder dem allgemeinen, prostitutiven Wohlgefallen ausstellen noch einem beurteilenden Vergleich aussetzen möchte.

Wenn ich jedoch, und sei es nur für einmal, dem Fakultativ den Vorzug gebe, dann allein aus Gründen des Klangs. Des Menschen, Medien fassungslos bestarrend, tiefster Fall, ist der dort wahr-, doch nicht im Sinne einer Wahrheit angenommene Fuckyou!-ltativ, und der ist selbstverständlich, ultima- und defini-, nein, delphinitiv, denn Greenpiv sitzt in jedem Ri-Ra-oder-sonstwie Reise-Rettungsboot, weswegen »delphinitiv« bleiben wird, wofür und zu wessen Werken und Zwecken auch immer.

Post Scriptum: (nicht Post Skrotum, allein schon deshalb, weil allein der Klang des Wortes mich recht lange abzustoßen in der fürchterlichen Lage wäre):

Nachdem ich neulich, oder wie Omma immer so schön sagte, »erstens« mit dem Wort »fakultativ« gespielt hatte, schrieb mir Freund und Kollege Friedrich Küppersbusch: »›Fakultativ‹ begegnete mir bei einer Recherche durchs bierfürzige Land der Burschenschaften. Wo jene, die noch Alter Herren Geld versoffen, doch schon dafür nicht mehr im Gesicht metzgern wollten, sich ›fakultativ schlagend‹ nannten im Gegensatz zur ehedem ›Pflichtmensur‹. Allerdings waren die Burschen, so oder so, allesamt dumm, Klaftertiv.« Womit der Klaftertiv als Fall in die deutsche Falle ja auch zauberhaft versenkt ist.

»Burschen«, erinnerte ich mich, hatte ich vor gut 20 Jahren in einer Veranstaltung an der Uni in JenaoderErfurt erlebt, wo diese Müllwürfel wieder frei herumlaufen durften, weil alles, was in der DDR verboten war, ja nun nach dem großen Andersrumunddumm also gut sein musste.

Die Burschen waren so fies, wie sie sich mutig Feigheit angetrunken hatten; Michael Stein und ich warfen sie zwei gegen fünf aus dem Saal, ohne Gewalt, nur mit der Macht des Wortes und der Klarheit, dieser Macht des Wortes auch ohne Worte zu ihrem Recht zu verhelfen, wenn das denn sein müsste, und so verzogen sich die kokardierten Möchtegernherrn der Welt, die uns oder unsere Texte, die sie allerdings als »Schrifttum« deutschdenunziert hätten, zwar überhaupt nicht kannten oder, Schon mal die Birne!-birnemäßig, zur Kenntnis gar nicht hätten nehmen können, aber so allgemein wie hundsgemein »mal was gegen Linke« machen wollten, für die sie uns, und da lagen sie, obwohl sie davon, was das ist und will und meint und vielleicht werden könnte, nicht die geringste Ahnung hatten, ausnahmsweise einmal gar nicht völlig falsch.

Sie waren übrigens allesamt selbstverständlich Akademiker, was, wie Geschichte lehrt, gegen das Niedrige noch nie geschützt hat, sondern im Gegenteil beim Niedrigen in dem steht, was das Niedrige dann »Ansehen« nennt.

Ich dachte, in einem schlechten Kostümfilm zu sein und war es auch. Die Burschen, die sich als »echt« empfanden, waren echt, also »echt« im Sinne von »echt geil, Alter!« oder, elterngenerationsgespensterhaft noch eine Runde vorher drehend, »Echt authentisch, dieses Nein, Eleven!, und das Christo heißt jetzt Karstadt oder Reichstag!«, wegen dem oder, darauf legen wir, weil es ja um Werte geht, sehr Wert beziehungsweise »des Wertes«, was das Akademische für das »Milieu« beziehungsweise also ganz egal Mülljö hält, das es, klassisch, ist.

# Dankbar und demütig

»Wir müssen dankbar und demütig sein«, sagt der Schauspieler. Er sitzt im Fernsehkasten, in der Talkshow, und macht Werbung für seinen neuen Film, der, wie könnte es anders sein, »eine große Herausforderung« war, »a challenge« eben, und gerade speziell mit diesem Regisseur – wie hieß er noch gleich? – »zu arbeiten«, war selbstverständlich »eine großartige Erfahrung«, aber na klar, was denn sonst.

Als »reisender Artist«, wie der verehrte Dichter und Vortragskünstler Joachim Ringelnatz sich bezeichnete, hat man der Natur der Arbeit gemäß mit vielen Leuten zu tun; es hat sich aber eingebürgert, dass Schauspielerinnen und Schauspieler nach getaner Arbeit noch das betreiben, was der Brite kühl als »brown-nosing« bezeichnet, als das Kriechen aus Kalkül oder Neigung – oder, dann geht es am reibungslosesten, einer Mischung aus beidem. In entsprechenden Künstlerkreisen nennt man das Professionalität.

Doch nicht nur vor Produzenten, Regisseuren und berühmteren Kolleginnen und Kollegen wird auf dem Bauch gelegen, auch das Publikum wird, um eine andere Phrase zu zitieren, »mit ins Boot geholt«, gern mittels der Behauptung »Wir müssen dankbar und demütig sein« – und zwar dafür, dass ein im Normalfall allzu duldsames Publikum angesichts der Darbietungsqualität nicht Reißaus nimmt, sondern gutmütig oder auch nur entkräftet ausharrt bis zum Ende.

Selbstverständlich stände radebrechenden Kleiderständern wie beispielsweise Frau Ferres, Herrn Schweiger oder dem dauerschmunzelmuffenden Heinz-Rühmann-

Wiedergänger Liefers echte Demut an; dass sie für ihr Simulantentum mit Geld, Ruhm und Bewunderung reichlich versorgt werden, sollte sie tatsächlich dankbar und demütig stimmen.

Aber wie es so ist im Gewerbe: Die beste Demut ist die öffentlich ausgestellte, die kostet nichts, und sonst hätte man ja auch nichts davon. Dabei gilt die alte Regel: Was die Leute vorne ins Schaufenster legen, das haben sie hinten nicht am Lager.

Es ist eben so, wie der jüdisch-texanische Schriftsteller und Musiker Kinky Friedman in seinem ersten Kriminalroman »Greenwich Killing Time« schrieb: »Im Schauspielergewerbe ist Ehrlichkeit das Allerwichtigste. Wenn man die heucheln konnte, dann konnte man auch fast alles andere.« Also auch dankbar und demütig sein, zum guten Zweck der Selbstreklame.

# Korrekturfraktur

Wenn eine sich »Korrekturprogramm« nennende Terrororganisation, gegen die beide RAFs, also die Royal Air Force wie auch die Rote Armee Fraktion, und, um den schönen Schrecken zu vervollkommnen, dazu ebenfalls die von beiden gern genommene, vulgo also »eingeworfene« Alkaida Seltzer als ein »gemütliches Beisammensein« von allerlei schon in den Siebzigerjahren »Seniorengruppen« genanntes, fideles Trüppchen älterer, recht bummellustig und unzerstörbar rüstig zu Busreisen aller Art aufgelegtes Völkchen aufschimmern, von dem ein »Pfundskerl«, was ein Zwielicht- wie Zwillingsdeutschwort von »Erschießungskommando« ist, also ein Synonym für Richard von Weizsäcker, wegen mangelnder revolutionärer Kompetenz oder auch Kontinenz in der warum auch immer sonst, aus dem nicht allzu ungewöhnlichen Wort »wegen« aus derjenigen Art schierer Willkür, die nur existiert, weil »Willkür«, warum auch immer?, stets »schier« zu sein hat, das Verb oder auch Tuwort »bergen« macht, was mir, dem alten Arbeitersamariter, und ich bekenne es, von mir also von der Welt aus mitunter angespiene, oder, nicht allzu unguten guten Menschen, und diesen Satz sollen mir ungerührte Rühreier wie, um exemplarisch noch kurz, aber akademisch bescheiden, auszuholen, Dietmar Dreht am Rad und Jürgen Droht und Verbrecher versuchen in Berlin einen Teppich zu verlegen, erst einmal nachmachen, denn vormachen können sie ihn mir nicht, was sie freuen könnte, wenn sie denn wüssten, wie das geht, sich freuen, und weil auch der außerhalb jedweden derridaiden Quarks ein Satz, um ein Satz zu sein und zu werden – sein und werden, darüber ließe sich mancherlei piekfeines Feuilleton zusammenerbrechen, das machen wir dann im nächsten Lehrjahr, aber jetzt ist, wie man so sagt, wenn man es so sagt, »gut für heute« – also nicht für die »guten Leute«-Leute, über die schon Brecht ... doch nein, es reicht mir oder reimt sich gern auf mich beziehungsweise rächt sich.

# Doktor spielen

Zu den misstrauenauslösendsten Berufsbezeichnungen in Deutschland zählt, neben »Creativdirektor« oder »Textchef«, der Doktor. Nach den aufgedeckten Plagiaten von Karl-Theodor zu Guttenberg, Silvana Koch-Mehrin und der Stoiber-Tochter Veronica Saß manifestierte sich der Eindruck, dass zur Beförderung einer politischen Karriere die Ausschöpfung krimineller Energie gang und gäbe ist. Erstaunlich daran ist die Aufregung und Verblüffung: War das denn nicht immer so, dass Betuppskis, Pfuscher und Schmumacher mit der Devise »Frech kommt weiter« eben auch weiterkommen? Und dafür als schlau und intelligent angesehen werden?

Der Begriff Elite lässt sich so definieren: Ein falscher Doktor steht besser da als ein echter; er hat seine Zeit nicht mit jener Art Arbeit vergeudet, die man naiv »ehrlich« nennt, sondern stattdessen lieber seine Kontakte geölt. Der nebenher und vergleichsweise aufwandsarm erworbene akademische Titel ist die Eintrittskarte in Kreise, die auf so etwas noch Wert legen. Wenn man beim Betrügen erwischt wird, ist das zwar etwas peinlich, aber nicht tragisch, denn die Parallelgesellschaft aus Politik, Wirtschaft und Medien lässt keinen lange verkommen, der zum Kartell gehört. They ever come back.

Das Seltsamste an manchen Doktoren ist, dass sie, egal, ob der Titel »echt« oder »falsch« ist, ihn geradezu bewohnen, sich am Telefon mit ihm melden, ihn in ihrer Elektropostadresse verwenden. Das sind Leute, die sogar im Schlaf Plateauschuhe tragen.

Wieviel sympathischer ist doch der heitere Umgang österreichischer Kellner mit Ehrenbezeichnungen; im Wiener Kaffeehaus kann jeder zum »Geheimrat« avancieren, wenn er sich einigermaßen benimmt, und auch in italienischen Restaurants ist die Anrede »Dottore« oder »Dottoressa« üblich. Der ironische und spielerische Umgang mit Titeln hat sich in Deutschland noch nicht durchgesetzt; es gibt immer noch ein inneres Strammstehen und Salutieren vor Hochstaplern. In Deutschland zählt der Rang, nicht der Mensch.

In eigener Sache soll deshalb ein potentielles Missverständnis ausgeräumt werden: Seit einigen Jahren gibt es im mdr-Figaro-Kulturradio die Serie »Dr. Drostes Sprachsprechstunde«. Der von der Redaktion ausgedachte Titel ist kein akademischer und beanspruchte auch niemals, einer zu sein; er gehört nur zum Rollenspiel zwischen dem an Verbalmüll leidenden Patienten und dem Arzt, der hilft, Gehirn und Gehör zu schärfen, ohne dabei den Humor zu verlieren. Es handelt sich also um ein Doktorspiel, und die Doktorspiele der Kindheit sind überhaupt das Beste, das mir beim Wort Doktor einfallen will.

INHALT

**Aus der Reihe Critica Diabolis**

21. Hannah Arendt, Nach Auschwitz, 13.- Euro
45. Bittermann (Hg.), Serbien muss sterbien, 14.- Euro
65. Guy Debord, Gesellschaft des Spektakels, 20.- Euro
171. Harry Rowohlt, Ralf Sotscheck, In Schlucken-zwei-Spechte, 15.- Euro
223. Mark Fisher, Gespenster meines Lebens, 20.- Euro
225. Eike Geisel, Die Wiedergutwerdung der Deutschen, 24.- Euro
246. Mark Fisher, Das Seltsame und das Gespenstische, 18.- Euro
253. Wolfgang Pohrt, Werke Bd. 10, Kapitalismus Forever & Texte, 22.- Euro
254. Wolfgang Pohrt, Werke Bd. 3, Honoré de Balzac, 2. Aufl., 18.- Euro
260. Wolfgang Pohrt, Werke Bd. 5.1, Zeitgeist & Texte 85-86, ca. 26.- Euro
261. Wolfgang Pohrt, Werke Bd. 5.2, Hauch von Nerz & Texte 87-89, 26.-
262. Wolfgang Pohrt, Werke Bd. 4, Kreisverkehr & Texte 82-84, 30.- Euro
267. Wolfgang Pohrt, Werke Bd. 2, Ausverkauf & Endstation u.a. Texte, 30.-
268. Wolfgang Pohrt, Werke Bd. 1, Theorie des Gebrauchswerts u.a., 32.-
271. Eike Geisel, Die Gleichschaltung der Erinnerung, Essays, 26.- Euro
272. Mark Fisher, k-punk, Nachgelassene Schriften (2004-2016), 34.- Euro
278. Wolfgang Pohrt, Werke Bd. 6, Massenbewusstsein BRD 1990, 30.-
282. Wolfgang Pohrt, Werke Bd. 8.1, Harte Zeiten & Texte, 26.- Euro
284. Caroline Fourest, Generation Beleidigt, 18.- Euro
286. Ingo Müller, Furchtbare Juristen, erweiterte Neuausgabe, 24.- Euro
287. Wolfgang Pohrt, Werke Bd. 8.2, Brothers in Crime, 26.- Euro
288. Thomas Williams, Selbstporträt in Schwarz und Weiß, 24.- Euro
289. Stefan Gärtner, Terrorsprache. Wörterbuch des Unmenschen, 14.-
291. Wiglaf Droste, Chaos, Glück und Höllenfahrten, Autobiographie, 24.-
292. Hallische Jahrbücher # 1, Die Untiefen des Postkolonialismus, 24.- Euro
294. Wolfgang Pohrt, Werke Bd. 9, FAQ & Ergänzungstexte, 26.- Euro
295. Léon Poliakov, Vom Hass zum Genozid. Das 3. Reich und die Juden, 34.-
297. Walter Benn Michaels, Der Trubel um Diversität, 24.- Euro
298. Pascal Bruckner, Ein nahezu perfekter Täter, 26.- Euro
301. Klaus Bittermann, Unruhestifter Wolfgang Pohrt, Biographie, 32.- Euro
303. Sara Rukaj, Die Antiquiertheit der Frau. Eine Kritik, 18.- Euro
304. Uli Krug, Krankheit als Kränkung in pandemischen Zeiten, 16.- Euro
305. Caroline Fourest, Lob des Laizismus, 26.- Euro
306. Kathleen Stock, Material Girl. Kritik der Geschlechteridentität, 26.-
307. Hans Zippert, Wie Hitler mir das Leben rettete, 18.- Euro
308. Bari Weiss, Wie man Antisemitismus bekämpft, 20.- Euro
309. Josef Joffe & Michael Miersch, Schöner Denken 2, 16.- Euro
310. Valentine Faure, Als ich aufstand, nahm ich das Gewehr, 22.- Euro
311. Ingo Elbe u.a., Probleme des Antirassismus, 34.- Euro
312. Laure Adler, Die Reisende der Nacht. Über das Altern, ca. 24.- Euro
313. Wolfgang Pohrt, Werke Bd. 11, Briefe & Mails 1976–2016, 38.- Euro
314. Charles King, Odessa. Leben und Tod in einer Stadt der Träume, 32.-
315. Stefan Gärtner, Tote und Tattoo, Kritik der Dummheit, ca. 24.- Euro
316. Funny van Dannen, Angst vor Gott. Neue Geschichten, ca. 20.- Euro
317. Wiglaf Droste, Vollbad im Gesinnungsschaum. Sprachkritik, ca. 24.-
318. Vojin Saša Vukadinović, Rassismus für Einsteiger, ca. 20.- Euro
319. Matthew Beaumont, The Walker. Die Stadt und die Moderne, ca. 30.-